不读《老子》，难解人事

老子

道家圣人的10堂智慧课

司徒司空 著

台海出版社

图书在版编目(CIP)数据

老子：道家圣人的10堂智慧课 / 司徒司空著.--北京：台海出版社,2016.3

ISBN 978-7-5168-0711-8

Ⅰ.①老… Ⅱ.①司… Ⅲ.①老子-哲学思想-通俗读物 Ⅳ.①B223.1-49

中国版本图书馆 CIP 数据核字(2015)第 210337号

老子：道家圣人的10堂智慧课

著　者：司徒司空

责任编辑：阴　鹏

装帧设计：虞　佳　　　　版式设计：通联图文

责任校对：晁　凡　　　　责任印制：蔡　旭

出版发行：台海出版社

地　址：北京市朝阳区劲松南路1号，　邮政编码：100021

电　话：010-64041652(发行,邮购)

传　真：010-84045799(总编室)

网　址：www.taimeng.org.cn/thcbs/default.htm

E-mail：thcbs@126.com

经　销：全国各地新华书店

印　刷：北京柯蓝博泰印务有限公司

本书如有破损、缺页、装订错误,请与本社联系调换

开　本：710mm×1000 mm　　　　1/16

字　数：180 千字　　　　印　张：16.5

版　次：2016 年 3 月第 1 版　　　印　次：2016 年 3 月第 1 次印刷

书　号：ISBN 978-7-5168-0711-8

定　价：36.00 元

老子,是中华民族智慧的一个高峰。

《史记》记载:"老子者,楚苦县厉乡曲仁里人也。姓李氏,名耳,字聃。"这里所说的"曲仁里",位于现在的河南省鹿邑县东。关于他的出生与形象,有很多传奇。有的说他"身长八尺八寸,黄色美眉,长耳大目,广额疏齿,方口厚唇,日角月悬,鼻有双柱,耳有三门,足蹈二五,手把十文。周时人,李母八十一年而生。"

也有人说,"李母怀胎八十一载,逍遥李树下,乃割左腋而生"。还有一种说法是,"李母昼夜见五色珠,大如弹丸,自天下,因吞之,即有娠",是非真假,莫衷一是。老子的生卒年无从查考,寿命也是未解之谜,160岁、200岁等说法都言之凿凿,却无从考证。我们目前知道的,只是道家学派创始人、被后世尊称为"太上老君"的智者老子。

骑青牛、御紫气、列仙班,是后人对老子的主要刻画,也包含了后人对老子的尊崇和敬仰之情。

老子也曾经做过官。他曾是周朝的"守藏史"——管理周朝的王室藏书。但在看到周朝王室破败的萧条之后,他决定弃职西去。在路过函谷关时,老子被颇具慧眼的关令尹喜留住,并在其要求下,"著书上下篇,言道德之意五千余言而去,莫知其所终",这就是《道德经》的来历。

此后,这位先贤再也没了消息,留给后人无尽的想象。

老子是一位不善言谈的思想家,然而他说出来的每句话都字字珠玑,短短81章的《道德经》,蕴含了老子的智慧精华。老子的《道德经》含有丰富的辩证法思想,他的哲学与古希腊哲学一起,构成了人类哲学的两个重要源头,老子也因其深邃的哲学思想而被尊为"中国哲学之父"。老子的思想被庄子所传承,并与儒家和后来的佛家思想一起构成了中国传统思想文化的内核。

时至今日,他的智慧究竟能给我们带来什么?他的精神又究竟能够影响到我们什么呢?

老子的智慧可谓是"非常道"的智慧,他的智慧中蕴含着许许多多的哲学。他主张抛弃心机智巧,但谋略家却尊他为宗师;他主张清静无为,但历代帝王却将他的学说作为治国方针;他反对建功立业,但兵家却视他的言论为圭臬。这或许就是老子的智慧在几千年后的今天,依然受人重视的原因。当许多人走到人生尽头,或者被困于三尺围墙之中时,才会恍然悔悟:他们虽然得到了金钱或名利,抑或舒适的生活,然而他们失去了人生的根本——自由与快乐!

老子的智慧除了能让人拥有一个快乐的心境之外,还能在为人处世方面给人们指导,让人们以平常的心态、正确的方法去完成那些看似复杂的人生难题,使人们以一种轻松的心态去感悟、去印证人生的真谛!

老子指出:"道可道,非常道。"能够用语言表达出来的道就不是常道。同样,人生的苍茫,也非三言两语所能明白的,只有把诸多感悟融注于身心,细细体味"老子的智慧",才能以正确的心态处世、正确的方法做事,从而拥有快乐、成功的人生。

本书从做人准则、处世准则、做事之道、修身养生等方面,对老子之道进行了较为透辟的分析,以古今中外一些经典事例为背景,采用浅显易懂的文字进行叙述,让读者在一种轻松的氛围下感悟老子的人生智慧,为自己的人生之路增添几缕色彩!

目录

第一章　有无相生,辩证地看待问题　/ 1

1.祸兮福所倚,福兮祸所伏　/ 1

2.因祸为福,转败成功　/ 3

3.智者善于抓住事物的本质　/ 6

4.用"非常道"的思维出奇制胜　/ 9

5.将复杂的事简单化　/ 12

6.于无形处发掘"有形"　/ 14

7.突破思维定式,穷则变,变则通　/ 17

8.运用积极的心态去思考　/ 20

第二章　善始慎终,于细微处见精妙　/ 23

1.不积跬步,无以至千里　/ 23

2.大处着眼,小处着手　/ 26

3.前事不忘,后事之师　/ 28

4.治大国如烹小鲜　/ 31

5.慎终如始,则无败事　/ 34

6.千里之行,始于足下　/ 38

7.暂时的退让是为了更好地前进　/ 40

第三章　以柔克刚,曲以求全方能成大事 / 44

1.至柔治刚的智慧 / 44

2.审时度势,看清楚自己的实力 / 47

3.不必烦恼,办法总比困难多 / 49

4.要勇敢,更要勇于"不敢" / 52

5.功成身退才是真英雄 / 54

6.宽容他人就是善待自己 / 58

第四章　自知者明,做自己的人生舵手 / 63

1.切忌不懂装懂 / 64

2.自知之明比才华更重要 / 66

3.自知不自见,自爱不自贵 / 70

4.留有余地,才能持续发展 / 73

5.不自大才能真的"大" / 76

6.克服不足,迎头赶上 / 80

7.战胜自己才是真正的强者 / 83

8.巧妙而适度地推荐自己 / 86

9.有瑕疵才是美玉 / 88

10.好高骛远终是梦 / 91

11.学会"忘我" / 94

12.迎难而上,不畏风雨 / 98

13.生于忧患,死于安乐 / 101

第五章　上善若水,拥有水一样的胸襟 / 104

1.像水一样从容圆通 / 104

2.以德报怨,赐人恩典 / 106

3.包纳万物,因而也能拥有万物 / 110

4.在适当的时机施惠于人 / 113

5.施恩不图报,恩情才可贵 / 116

6.一视同仁,尊重每一个人 / 119

7.以心换心,厚道做人 / 121

第六章 藏而不露,虚实并用的人生智慧 / 124

1.小不忍则乱大谋 / 124

2."虚实并用"的人生智慧 / 127

3.藏而不露,待时而动 / 130

4.沉着冷静,处变不惊 / 132

5.未雨绸缪,防患于未然 / 134

6.不显山不露水,真君子也 / 138

7.天之道,不争而善胜 / 140

第七章 知舍善得,虚怀若谷,永葆长久的秘诀 / 144

1.少一分贪婪,多一分幸福 / 144

2.学会知足,该放手时就放手 / 147

3.绝交一些人,才能交往另一些人 / 149

4.物盛则衰是常理 / 152

5.不畏名利遮望眼 / 155

6.少私寡欲,心无忧 / 159

7.永葆长久的秘诀 / 163

8.放低姿态,虚心进取 / 165

9.摒除傲气,才能取得进步 / 167

10.不居功,功自言 / 170

11.要"慎"也要"重" / 173

12.诚实守信,务实无虚 / 176

13.忠言多逆耳,美言常害人 / 179

14.老子的三件法宝 / 182

第八章 合作双赢,发挥团队的力量　/ 186

1.取人之长,补己之短　/ 186

2.求同存异,皆大欢喜　/ 188

3.分工合作,各司其职　/ 191

4.付出是安身立命的基础　/ 194

5.切勿轻视对手　/ 197

6.能吃亏的人才能赢得更多　/ 200

7.合格领导者的标准　/ 203

第九章 敦厚朴实,保持淡泊虚静的心境　/ 207

1.得意时莫忘形　/ 207

2.当于静处品人生　/ 210

3.淡泊名利,顺其自然　/ 213

4.宠辱不惊,淡看人生枯荣　/ 216

5.与世无争的奥秘　/ 222

6.保持纯真的本性　/ 225

7.幸福不设限,俯首即拾　/ 228

第十章 无为而治,最高明的管理之道　/ 231

1.不要炫耀自己的权力　/ 231

2.领导者要以身作则　/ 234

3.洞察别人,反观自身　/ 236

4.善用人者,不摆架子　/ 238

5.让下属感觉不到自己的存在　/ 240

6.学会授权,让自己从琐事中解放出来　/ 244

7.和谐是企业发展的必要条件　/ 250

第一章

有无相生,辩证地看待问题

1.祸兮福所倚,福兮祸所伏

祸兮,福之所倚;福兮,祸之所伏。

——《道德经》第五十八章

"祸兮福所倚,福兮祸所伏"是老子朴素辩证法思想的集中体现。其基本的含义是:坏事可能包含了变成好事的苗头,而在好事到来的时候,坏事也可能随之来到。福和祸是可以相互转化的,如果我们只是看到了呈现在当下和眼前的东西,而忽视了那个可能变化的东西,我们就会在事情发生变化的时候措手不及。

在这里,老子强调的最根本的东西,就是变化的可能性和认识变化的重要性。按照这个思路，在我们面临种种危难的时候，其实已经孕育了转机的苗头和种子；而在各种繁华的背后，则隐藏着危机与毁灭。这一思想和他关于道的认识一脉相承，对我们认识世界具有十分重要的价值。

有这么一个故事：

几年前，电视转播音乐大师梅达的音乐会。梅达出场前挂了一个花环。当他上台起劲指挥乐队时，花瓣纷纷落到脚下。一位女士议论说："等他指挥完，他会站在一堆可爱的花瓣中。"另一位男士则不无忧伤地说："到演出结束时，他的颈上只会挂着一道绳索。"同一件事，由于视角不同，思维方式相异，便得出了截然相反的结论。

有这么一个传说：

有一位盲人，性格十分开朗，生活也十分愉快。有人问他："作为盲人，你不感到痛苦吗？"盲人笑着回答："我痛苦什么呢？和聋子相比，我能听见声音；和哑巴相比，我能说话；和下肢瘫痪的人相比，我能行走。"眼睛瞎了，却不觉得痛苦，这是因为他调整了比较的对象和方法，用自己的优势去比人家的劣势，用自己的长处去比人家的短处，凡事从有利于自己的方面思考。

"横看成岭侧成峰，远近高低各不同。"看问题的角度不同，所看到的东西就不同。同样一件事情，如果从不同的角度去观察和思考，就会有迥然不同的结果。因为任何事物都有两面性，既可以从正面理解，也可以从反面理解。从辩证法的观点看，世界上没有绝对的好事，也没有绝对的坏事，好事中潜伏着坏的因素，坏事中也包含着好的成分。

人的思维有利导思维和弊导思维之分。所谓利导思维就是遇到对自己不利的事情时，把思考导向对自己有利的方面，即从积极美好的方面去想;所谓弊导思维,就是凡事往坏的方面想。

日本学者春山茂雄在《脑内革命》一书中说:"想好事,好事降临;想坏事,坏事敲门。"他还说:"人在生气发怒的时候,大脑分泌大量肾上腺素。这是一种有害的激素,它使人疾病丛生,加速衰老甚至早逝。"因此,我们应该倡导用利导思维思考问题,减少用弊导思维思考问题。

学会利导思维,不只是思考的技巧问题,还涉及人的心态、性格和生活态度。一个人性格开朗,乐观向上,心情舒畅,往往就能正确面对现实,正视事实,能够协调和控制自己的情绪,保持良好的心态,从积极和美好的方面考虑问题。

反之,一个人如果心胸狭窄,自惭形秽,缺乏自信,甚至悲观绝望,往往容易陷入弊导思维的泥坑不能自拔,甚至会导致自我伤害、自我折寿。

正如老子所说,"祸兮福所倚,福兮祸所伏",这就要求我们在观察和思考问题时,把一切思考导向对自己有利的方面,从不利的事情中寻找美好,提取美好,放大美好。这样不仅能使自己在不利的境遇下保持积极向上的生活态度,激励自己克服困难,战胜挫折,而且也有益于身心健康。

2.因祸为福,转败成功

天下皆知美之为美,斯恶已;皆知善之为善,斯不善已。有无相生,难易相成,长短相形,高下相盈,音声相和,前后相随。恒也。

——《道德经》第二章

如果天下人都知道美好的东西是美好的，就显露出什么是丑恶来；如果天下人都知道善的东西是善的，就显露出什么是不善来。

所以，有与无在对立中相互生成，难与易在对立中互相转化，长与短在对立中互相对比，高与低在对立中互相映衬，音节与旋律在对立中互相和谐，前与后在对立中互相追随。这是永恒的道理。

在这里，老子用每个人都能明白的生活中的道理，阐述了一套深刻的辩证观：世上的一切事物，都存在着矛盾，是相互依存的关系。他举出一组概念：有无、难易、长短、高下、音声、前后，都是相互对立的，然而这对立双方分别存在着相生、相成、相形、相倾、相和、相随的关系，亦即相辅相成的关系。这在哲学上有极高的价值，对于我们从事实际工作的人来说，也有重要的启迪作用，教给我们一种观察事物的方法和思考问题的方式。

怎样才能辩证地看待一切事物呢？我们不妨打个比方，比如现实社会中的人都会追求美，可是什么是美呢？很多人都说不出来，那是因为很多人都不知道要用什么确切的词语来形容，只能说出"太漂亮了""太精美了"之类笼统称赞的话。虽然人们不知道什么是美，却能说出丑陋来，丑的反面就是美。俗语说得好，"红花还得绿叶来衬托"，说的就是这个意思。

法国作家左拉曾经写过一篇小说《陪衬人》，讲述了一些贫苦女子在巴黎出卖自己的容貌，为那些贵小姐做陪衬人的故事。这个故事从一个侧面说出了美的容貌正是在丑容貌的衬托下显现出来的。

人们之所以向往真善美的极乐天堂，是因为现实中有太多的假恶丑。不过也有很多人愿意生活在无穷无尽的苦海中，我们经常听到一句话，就是"以苦为乐"。人们也有将丑当作美的，法国著名的雕塑家、艺术家罗丹在看到一件叫《老妓》的作品时，突然惊叹道："丑得如此精美！"丑和美还没有绝对的标准，如果我们把中国古代的四大美女之一西施作为标准的美女的话，那么东施就是典型的丑女了，否则也就不会出现"东施效颦"的典故。

老子认为，知道什么是美，也就知道什么是丑了。正因为如此，大家才会有宣扬美贬低丑的举动出现，同样的道理，若都知道了什么是善，也就知道什么是不善了。我们经常听到一句话，就是"苦海无涯，回头是岸"，不仅要参透这些，还要往好的方面转化。

季文子是春秋时期鲁国的名臣，以勤俭闻名于天下。他的妻子也十分勤俭朴素，直到季文子做官之后仍是简朴如故，而且谨守本分，从不夸耀。季文子担任宰相后，生活逐渐富裕了，然而他的妻子仍旧不穿光鲜的衣服，也从不喂马粮食。有些人看不过去，就劝季文子说："您作为鲁国的高官，妻妾不穿华丽的衣服，喂马也不喂粮食，别人就会认为您吝啬。这样会影响您的形象，而且对国家也不体面。"

季文子不以为然地说："我看到京城里面那些老年人，他们都穿着粗布衣服，吃着蔬菜，我怎么能像你们说的那样奢侈呢？何况我听说人只有品德好，别人又有所得，这才是应该做的，君子更是应该修养品德，为国家争取荣誉。如果每天纸醉金迷，沉迷于享受腐化，怎么能为国家争光呢？"那些劝说他的人哑口无言，纷纷告辞。鲁国的老百姓听说了这件事情，都称赞季文子，他们都以之为榜样，鲁国的民风也为之一变。

老子深切地明白，有和无、难和易、长和短、高和下都是对立的两面，他们都是相反相成的，谁也离不开谁。所以，当一件事情发生以后，不论它多么复杂棘手，我们都要看到其有利的一面，从而驾驭矛盾，解决矛盾，收到良好的效果。要像汉代杰出的政论家贾谊所说的那样："善为天下者，因祸而为福，转败而为功。"

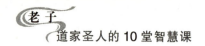

3.智者善于抓住事物的本质

夫物芸芸,各复归其根。归根曰静,是曰复命;复命曰常,知常曰明。不知常,妄作凶。知常容,容乃公,公乃全,全乃天,天乃道,道乃久,没身不殆。

——《老子》第十六章

世间万物的种类纷繁众多,但是最终都要回归到其根本。回归到其根本就会安静下来,这就叫归复其命运。命运是不会改变的,名字叫作"永恒",能识知这种永恒者,就是聪明的人。不能识知永恒之道,轻举妄动者,就会遭遇凶险。认识到永恒之道者是宽容的,宽容就会公平,公平就能做王者。王者顺于天,天顺于道。顺于道则能长久,就永远不会失败。

老子发现事物千变万化,但是最后终归要回到其根本上。举一个例子来说,树木长高了,最后还是脱离不了他的根,落叶归根就是这个道理。人们离家远走,年纪大了就会思念自己的家乡,很多人总是想从哪里来回哪里去的。

白居易写过一首诗:"离离原上草,一岁一枯荣。野火烧不尽,春风吹又生。"草的生命力这么强,这是为什么呢?就是因为它的根。这里面总是有一个不变的根本,用我们今天的话说就是要把握住事物发展的规律。也唯有把握住了这个根本,我们才能更好地解决问题。

大禹是上古三代著名的部落首领,他是鲧的儿子,传说出生于今天的宁夏、甘肃一带,后来跟随父亲迁徙到了河南登封附近,在尧当政时期,他被封为夏伯,因此被称为夏禹,他也是中国第一个王朝夏朝的建立者。

传说在尧当政期间,黄河发大水,百姓遭灾,庄稼都被淹了,房子也毁了,老百姓没有办法,只得四处迁徙。于是,部落首领尧就召开了联盟会议,商量治水的办法,他征求了大家的意见,大家都推荐了大禹的父亲鲧去治理洪水。当尧问有没有比鲧更好的人时,大家都说没有,应该先让他去试试,尧同意了。

鲧在治水的时候,想四处堵住洪水,不让它泛滥,可是越堵洪水越泛滥,这样九年过去了,洪水不仅没退,反而更加严重。尧非常生气,就下令将鲧处死,又任命其子大禹前去治水,大禹改变了他父亲的做法,带领民众开凿龙门。当时,黄河中游有一座大山,叫龙门山(在今四川),它堵塞了河水的去路,把河水挤得十分狭窄。奔腾东下的河水受到龙门山的阻挡,常常溢出河道,闹起水灾来。禹到了那里,观察好地形后,便带领人们开凿龙门,把这座大山凿开了一个大口子。这样,河水就又畅通无阻了。后来,大禹又挖通了河流,把洪水引导到大海中去。他与老百姓一块劳动,带着蓑笠,身体力行,甚至连腿都磨掉了皮,艰苦程度可见一斑。大禹新婚仅仅几天,还来不及照顾妻子,便为了治水到处奔波,三次经过自己的家门,都没有进去。经过十年的努力,终于把洪水引到大海里去,地面上又可以供人种庄稼了。

大禹治水就是我们学习善于把握事物的根本的典范。

某公司车间角落放置了一架工作使用的梯子。为了防止梯子倒下伤着人,工作人员特意在旁边写了条幅"注意安全"。这事谁也没有放在心上,几年过去了,也没发生梯子倒下伤人的事件。有一次,一位客户来洽谈合作事宜,他留意到条幅并驻足很久,最后建议将条幅改成"不用时请将梯子横放"。

上面的这则小故事,告诉了我们一个很简单的道理:要抓住事物的本质。在上文中,一开始虽然经过条幅提醒,路过的人引起了注意,没有发生意外,但安全隐患却一直存在,总有一天会出现问题,事情没有从根本上得到解决。而后来条幅修改成"不用时请将梯子横放",避免了梯子倒下的事情发生,从根本上杜绝了安全隐患,再也不会伤人了。

在生活中,这个道理可以解释生活中的许多现象。比如说,对于同一件事,不同的人会有不同的理解和看法,这就是他们对这件事本质的认识程度不同所导致的。智者之所以成为智者,能给普通人指引方向,主要是因为他们能抓住事物的本质,能有一个清醒准确的认识,能"对症下药"。所以,我们在分析和思考时要看到事物本质,这样能使视野更开拓,心智更成熟,看事物更全面。

抓住事物的本质,说起来很简单,但实践起来却很难。怎样才能抓住本质呢?首先,要勤学习,让自己的阅历更丰富,知识更多样,眼界更广阔,从而更能够把握事物的本质。其次,要努力从多个角度分析问题,不能将思维只局限在一个侧面,要更全面、更严谨,这样才能接近事情的真相。最后,要将理论融入到生活实践中去,用理论指导实践,用实践不断地丰富理论。

能够把握住事物的本质,你就拥有了打开成功之门的钥匙。在工作方面,你将可以运筹帷幄,稳操胜券;在学习方面,你将可以融会贯通,举一反三。总之,只要你能够时刻抓住事物的本质,那么你的一生将少走弯路,遇到困难的问题也可以迎刃而解。

事事都能够把握住本质,你就是一名成功的智者。成为智者的过程,就如同你在攀登的一道道石阶,虽然付出了辛苦的汗水,但将会领略到高处的风景,"不畏浮云遮望眼,只缘身在最高层!"

4.用"非常道"的思维出奇制胜

道,可道,非常道;名,可名,非常名。

——《道德经》第一章

可以说出来的东西,就不是恒常的东西;可以用名去称谓的,就不是恒常的名称。

老子的"常道"我们可以理解为一般的做事方法,那么"非常道"自然就是非一般的做事方法,它可以是逆向思维,也可以是特殊的思维方法,总的来说就是一种突破性思维方法。

"非常道"的思维往往是运用不平常的方法,出奇制胜。"非常道"的思维并不是否定一切平常的思维模式,而是在"常道"的基础之上引申而来。

三国时期,司马懿率领几十万大军直逼诸葛亮把守的西域。而当时蜀军的主力不在城中,城里只有一些老弱病残者,按常理而言,面对来势汹汹的大军,自己的实力又弱,理应紧闭城门,坚守城池,等待援军的到来。然而诸葛亮审时度势,命令士兵大开城门,自己则坐在城楼上安闲地抚琴。结果,司马懿几十万大军被吓退了。

诸葛亮之所以能吓退司马懿的大军,采取的就是"非常道"的方法。司马懿深知诸葛亮用兵一向谨慎,从不打无把握之仗。正是基于这种"常道"之上,当诸葛亮采取这种"非常道"之时,司马懿也就不知虚实了!谨慎的司马懿为防止遭到伏击，只能不战而退。

当然，诸葛亮的这种"非常道"对于大多数人来说是不现实的，毕竟诸葛亮在古代历史上也是神仙般的人物。然而"非常道"并不一定都是那些高深莫测、难于思考的东西，有时他就存在于"常道"之中，只是我们将它们忽略了而已！

20世纪，美国宇航局曾悬赏10万美元向全世界征集设计一种在任意方向下都能书写的笔：不用吸水、不受地球引力限制，可以供宇航员在太空中较长时间使用的笔。

人们都普遍认为，这种笔要求那么多，一定很先进，科技含量一定很高。于是，全世界许多人设计了许多种科技含量很高的笔，但都无法通过最后的检验。一个德国科学家突破了常人认以为的"需要高科技"的思维定式，给美国宇航局写了一封信，信中写道：用铅笔。

仅仅三个字，既解决了宇航员太空书写的难题，又赢得了10万美元，可见逆向思维的重要所在。

事实上，人们在日常生活中常常会凭着"想当然"的思维定式去分析和解决问题。这样的结果往往不那么见效，反而常会导致失败的结果。如果人们能够在常态中采取常法解决问题，在非常状态中采取一种突破性思维进行思考，那么很多难题都会迎刃而解的。

1943年，第二次世界大战进入白热化的阶段。为了能够更有效地打击法西斯势力，盟军决定给希特勒设一个圈套。而策划实施这一计划的是盟国中的英国。

为了让希特勒彻底相信盟军的进攻重点是萨迪尼亚和希腊的伯罗奔尼撒，而不是西西里，他们决定在海上投放一具尸体，在其口袋里装入与进攻计划有关的内容。

他们将实施这一计划的地点确立在西班牙海岸,因为那里是德国人活动的地方。如果一切进展顺利的话,尸体就会被德国人发现,那么假情报也就会使他们受骗上当。

英国人根据人们"想当然"的思维方式,把所有的细枝末节都策划得天衣无缝,连尸体都像经历了一场空难而掉进海里一样。

经过仔细搜寻,他们终于找到一具最合适不过的尸体——一名死于肺炎又暴尸荒野的男性,他们给他取名为威廉姆·马丁少校。

策划者们在尸体的口袋里装入的东西有戏票、银行开出的一张透支通知单、几封未婚妻的情书,当然还有绝密的进攻计划。

在一个风平浪静的日子里,他们悄悄将"马丁少校"送入大海……

几个月后,盟军在西西里登陆,发现敌人的兵力果然分散到了别处,从而轻而易举地赢得了胜利。

事后获悉,德军果然因自己的思维定式而中计。

"非常道"正是一种突破平常思维的智慧,它的手段极新、极异,用"匪夷所思"与"不可思议"的方法去解决那些难解或本不可解的问题。正是如此,才使众多的难题有了突破口,有了解决的方法。

许多人遇到困难之后,常常会苦思冥想却不得其解。然而运用"非常道"的智慧,从另一个角度,从通常想不到的方面出发,常会收到事半功倍的效果。我们不妨学一点逆向思维,突破常人的思维定式,从相反方向或非"常人"的角度去思考问题,唱点反调,也许会取得意想不到的效果。

5.将复杂的事简单化

治人事天,莫若啬。

——《道德经》第五十九章

"治人事天,莫若啬。"说的就是将复杂的事简单做,或者说,简单的事不要做得过于复杂。

老子认为,提高效率、克服困难的有效办法就是行事精简。在日常生活中,人们在事情完成之后,常常会发现自己走了很多冤枉路,究其原因,就是将事情考虑得过于复杂烦琐了。

不论待人或处世,行事都应该单纯精简。因为唯有行事精简,才能早日达成目的。而能早日达成目的,即是"高效率"。行事如果都能很有效率,那就没有不能克服的困难。

一位游客到某国观光,返程时发现机场内排起了两条长龙。

游客按照牌子上的指示先排上了一条队,等了好半天终于排到了缴费柜台,原来是缴"机场税"。缴完"机场税"之后,游客又按照指示赶往另一条长龙,又排了近二十分钟才到了缴费柜台,原来是缴"都市特别捐"。这样耽误了游客将近半个小时的时间,游客和周围的旅客们都怨声载道的。

倘若这个国家的机场将这两个缴费柜台合并到一处,两项款一起缴,不知能省下旅客多少时间,省下机场人员多少劳力。

其实很多时候，将事情做复杂的大部分原因，都是在开始时将事情想得过于复杂了，所以办起来才显得事倍功半、毫无效率可言。

成功和生活一样并没有那么难，只要我们按照单纯精简的行事原则对事情进行分析处理，就会从简单中获得不简单的效果。

一个农场主人，让他的孩子每天在农场上辛勤工作，朋友对他说："你不需要让孩子如此辛苦，农作物一样会长得很好的。"农场主人说："我不是在培养农作物，我是在培养我的孩子。"培养孩子很简单，让他吃点苦头就可以了。

住在田边的青蛙对住在路边的青蛙说："你这里太危险，搬来跟我住吧！"路边的青蛙说："我已经习惯了，懒得搬了。"几天后，田边的青蛙去探望路边的青蛙，却发现它被车子轧死了。掌握命运的方法很简单，远离懒惰就可以。

一家商店每天晚上所有的灯管都是亮的，有人问："你们店到底是什么牌子的灯管？那么耐用。"店家回答说："我们的灯管也常常坏，只是坏了就换而已。"保持明亮的方法很简单，只要常常换就可以了。

一个网球教练对学生说："如果一个网球掉进草丛里，应该怎样找？"有人答："从草丛的最高处开始找。"有人答："从草丛的最低处开始找。"教练宣布他的答案："按部就班地从草地的一头，搜寻到草地的另一头。"寻找成功的方法很简单，从一数到十不要跳过就可以了。

一只小鸡在破壳而出的时候，刚好有一只乌龟经过，从此以后，小鸡就背着蛋壳过一生。摆脱沉重的负荷很简单，放弃固执成见就可以了。

几个孩子很想成为一位智者的学生，智者给他们一个人一个烛台，叫他们要保持光亮。一天两天过去了，智者没来，大部分小孩子已不再擦拭那个烛台。有一天，智者突然到来，大家的烛台上都蒙上了厚厚的灰尘，只有一个被大家叫做"笨小孩"的小孩，虽然智者没来，他每天都擦拭，结果这个笨小孩成了智者的学生。实现理想很简单，只要实实在在地做就可以了。

一个年轻人在脚踏车店当学徒。有人送来一部有毛病的脚踏车，年轻人不仅将车修好，还把车子整理得漂亮如新，其他学徒笑他多此一举。后来车主将脚踏车领回去的第二天，年轻人就被挖到那位车主的公司上班。要获得机会很简单，勤劳一点就可以了。

是的，生活就是如此简单，成功也是如此简单。回过头来我们再分析老子的话，很轻松地就能感受到老子"治人事天，莫若啬"的大智慧，不要将事情想得过于复杂，否则我们的思维、行动都将被束缚。

在这个瞬息万变的时代，精简是非常重要的。写文章要精简、说话要精简，做事更得精简，只有简单自然，才能突出内在的价值。不要以为成功多么复杂，也不要以为生活多么困难，只要遵循简单原则，我们的生活就会不简单。

6.于无形处发掘"有形"

故常无，欲以观其妙；常有，欲以观其徼。

——《道德经》第一章

应该从经常不见其形之处体察"道"("无名")的奥妙,应该从经常显露其形之处体察万物("有名")的终极。

无论是在经常看不见之处体察"道",还是在经常显露之处体察万物。老子认为,在事情有形的外部表现与无形的内在联系上,都能够找到做事的方法。

历史上有不少人能够如老子所说的"故常无,欲以观其妙;常有,欲以观其徼",于无形处入手,发现事物潜在的解决之道,达到成功的目的。

人们常说:"精彩无处不在,关键在于发现。"的确是这样。生活中人们一旦静下心来,便能发现许多原本察觉不到的美;做事只要善于观察,就能够在毫无头绪的情况下,找出头绪并顺利完成。开动我们的大脑,有时候答案就藏匿于有形与无形之间。

法国格洛阿是位天才数学家,有一天,他去找朋友鲁柏,来到罗威艾街的一幢四层楼的公寓,走进二楼九室,看门的女人这样告诉他,鲁柏先生在两星期以前就死了,是被人用刀子刺死的。鲁柏先生父母刚寄来的钱也被偷去了,犯人还没有抓到。

这女人抽了抽鼻子继续说:"鲁柏是我的同乡,我每次做馅饼,总要给他尝尝,他死的时候,两手还紧紧握着没吃完的半块饼。警察也感到迷惑,一个腹部受了重伤都快要死的人,为什么要抓住那小块饼呢?"

格洛阿问:"有没有犯人的线索?"

看门的女人回答:"请说得轻一点,犯人肯定住在这幢公寓里。出事前后,我都在值班室里,没见有人进这公寓。可是这公寓有60个房间,上百人……"

格洛阿发动"脑细胞",帮助寻找杀害他朋友的凶手。默默地过了几分钟后,格洛阿问:"三楼有几个房间?"看门的女人答:"1号到15号。"

然后格洛阿让看门的女人带她去看,走到三楼的走廊尽头的时候,这位数学家问道:"这房间住的是谁?"看门女人说:"是个叫朱塞尔的人,是个浪荡子,爱赌钱,好喝酒,他昨天已经搬走了。"

"糟糕!这个家伙就是杀人犯!"格洛阿下了断语。后来朱塞尔落入了法网,这事确实是他干的。

大家来猜猜看,格洛阿是如何得出这样的结论的?其实他的思路很简单:被害人手里紧握着的馅饼是一种暗示,馅饼英语叫"pie",而谐音在希腊语就是"π"。大家知道它代表圆周率,即3.14,这块馅饼所暗示的就是凶手住在三楼14号房间。鲁柏先生也喜欢数学,这就是他临死时极力想留下的有关凶手的线索。

每一个人都天生具有思考的能力,思考表象很容易,但剥离表象的掩盖去思考真理就要难得多,其中需要付出的努力远远超过很多其他的事情。

"思想有多远,路就有多远",正如这句鼓舞人心的广告语所说,一个人能走多远,取决于他能想多远。一个人成功的程度,取决于他胸襟和眼界的广阔程度。放眼现实世界,世界首富比尔·盖茨、科学奇才霍金、华人首富李嘉诚、太平洋严介和、阿里巴巴总裁马云、著名功夫演员成龙……这些人的辉煌和成功给我们留下很多思考:为什么他们能在众人中脱颖而出,创造奇迹呢?究其原因,就是因为他们身上具有一种东西——那就是与众不同的思路,独一无二、深彻独特的思想,所以他们不仅改变了自身的命运,而且也改变了这个世界。

对无形处的细心分析与把握,挖掘出处理事情的"办法",这是真正决定成败的关键因素。毫不夸张地说,这是一种本领,更是一种智慧,它需要人们能够联系事情的各方各面,甚至一些被人们遗忘的方面也要想到。只有这样,才能在这些看似毫无头绪、错综复杂的事情中理出头绪。

7.突破思维定式,穷则变,变则通

开其兑,济其事,终身不救。

——《道德经》第五十二章

遇到事情时,只凭自己的感觉、记忆、印象及价值观来决定行为,而不能就事论事,采取客观理性的态度去行为,则生活必然终生受挫,也无法真正地解决问题。

许多已经成形的思想或理念,在行动中常常支配着我们的行动,使我们的头脑逐渐懒惰起来,不愿意跳出固定思维模式,老子说:"开其兑,济其事,终身不救。"意即凭借自身的感觉、记忆为行动指导,不能客观对待事情,便很难解决问题。唯有用一种"跳出三界外,不在五行中"的客观态度,挣脱思想枷锁的束缚,才能就事论事,将问题彻底解决掉。

一些人人称羡的发明家、企业家,和一般人最不一样的地方就在于,他们勇于用创新的角度思考问题,并且积极掌握机会,让他们的人生和事业获得跳跃式的成长。

1972年,美国民主党大会提名麦高文竞选总统,对手是共和党的尼克松。后来,麦高文宣布放弃他的副总统竞选伙伴——参议员伊哥顿。

一个16岁的年轻人看到了这个机会,他立刻以5美分的价格买下了全场5000个已经没用的麦高文及伊哥顿的竞选徽章和贴纸。然后,他以稀有的政治纪念品为名,以每个25美元的价格兜售这些产品,小赚了一笔。

这个年轻人之所以成功,是因为他能迅速地把握机会。虽然他的苦心策划没有造成社会民众的抢购狂潮,然而就是这样的精神,使得这个年轻人日后能看到其他人看不到的机会。而这个年轻人,就是大名鼎鼎的微软公司创立者比尔·盖茨。

事实上,有很多影响人类生活的发明,例如微波炉、圆珠笔等产品,都不是专业人士的杰作,而是一些普通人的神来之笔。这些发明使得人类的生活发生极大的改变,更使发明者成为人人羡慕的创业家。这些人与一般人的不同之处就在于,他们能从创新的角度思考,在自己的人生以及事业上追求突破,才能取得巨大的成就。

要有创新的思考角度,并不需要像爱因斯坦或是其他伟人一般,摒弃一切传统的看法。只要让脑筋转个弯,哪怕只是个小弧度。要在事业或生活上创造突破,秘诀是更聪明地做事。要更聪明地做事,就要学会创造性思考,并且努力落实这些想法,才能创造突破。

如果有人问你,由两个阿拉伯数字"1"所能组成的最大的数是多少?你肯定很快就会回答说是"11"。那么三个"1"所能组成的最大的数是多少?你也会很快就回答说是"111"。如果再问由四个"1"所能组成的最大的数是多少?恐怕你也会很快地回答说是"1111"。

这个答案对吗?难道就没有比"1111"更大的数了吗?认真思考一下,你就会知道由四个"1"所能组成的最大的数应该是"11"的"11次方"。为什么你没有想到这样的答案呢?这样的情况通常被我们叫作思维定式。这样的思维方式在我们每个人身上都存在,它可以使我们省去很多摸索的思考时间,提高思考的效率,但它却不利于创新。

要想有所创新,我们就必须突破思维定式。

日本的东芝电器曾经在1952年的时候积压了大量的电扇,7万多名职工为了打开销路,搜肠刮肚地想了很多办法,却都是毫无起色。有一天,一个小职员想到了一个办法——改变电扇的颜色。当时,全世界的电扇都是黑色的,没有人想到电扇也可以做成其他颜色。这一建议引起了东芝董事长的重视,经过研究,公司采纳了这个建议。第二年夏天,东芝推出了一批浅蓝色的电扇,在市场上掀起了一阵抢购热潮,几个月之内就卖出了几十万台。从此以后,在日本乃至全世界,电扇都不再是一副黑色的面孔了。

一般人总以为跳跃是危险的,但事实上,跳跃也可以安全而快速。要创造跳跃式的突破,首先要舍弃目前惯有的商业模式,寻找周围被忽略的机会,并且学习其他产业创新的经营模式及想法。观察其他产业的经营模式之后,或许你会很惊讶地发现,很多原则应用到你的事业也同样适合。最后你将发现,花同样的时间、人力及资本,却可以达到更好的结果。

例如,大多数人都对麦当劳的创立人雷蒙·克罗克的名字耳熟能详,但实际上,克罗克并不是最先创立麦当劳的人。麦当劳最先由麦当劳兄弟所创立,但是他们未能预见麦当劳的发展潜力,因此他们将麦当劳的观念、品牌和汉堡等产品,卖给从事销售工作的克罗克,让他继续经营。

克罗克以独特的行销策略,将麦当劳以连锁店的形态推广至全世界,变成了今天的庞大企业。克罗克抓住了麦当劳兄弟原先忽略的机会,改变原有的经营模式,因而创造了自己事业生涯上的突破。

如果你以为,那些成功创新的人,一定都是绝顶聪明的人,那你就错了。事实上,大部分的事业突破,都是一般人在现有心智模式下产生的。关键不在于你够不够聪明,而在于你的态度:你是否愿意抓住机会,善加利用。

突破可能来自常识,一些看起来很普通的东西,只要敞开心胸去看,寻找更简单、更容易、更有效率的做事方法,就可以创造突破。

正如俗语所说,"穷则变,变则通"。当遇到困难时,不要立即认为难解决而泄气,不要被自己的想法、主观意识与既有的知识所拘束,重新坦诚地审视事态,往往会产生意想不到的新方法。

8.运用积极的心态去思考

为无为,事无事,味无味。大小多少,报怨以德。

——《道德经》第六十三章

不住相的运作行为、不住相的就事论事、不住相的观照感应,不要分别"大"或"小"、"多得"或"少拿",用德去回报怨——站在生机转处去面对危难困境的来临。

人的一生中难免遇到各种各样的问题,老子在面对挫折问题上的观点是:站在生机处去对待这些挫折,相信一切都会好的。也唯有这样,人的精神世界才不会被这些艰难困苦所摧毁,才能产生克服它们的勇气与信心。

当我们遇到问题时,运用积极的心态去思考是非常关键的。如果我们渴望成功,就必须调整心态,要积极但不忘谨慎。能不能巧胜困难,脱颖而出;能不能战胜自己,驱除心魔,都直接取决于我们能不能把否定思维转化为肯定思维。

一个小和尚为了让寺里的伙食更丰盛,每天从树林里采来许多香菇。湿的香菇不易保存,要摊在地上晒干再收藏。一天,小和尚正在太阳底下暴晒采回来的香菇,师父走了过来。

"晒干之后,装进袋子。"师父说。

"知道了。"小和尚边干活边应答着,觉得师父过于操心了。

一连几天太阳都很好,香菇干得很快。小和尚正在装袋时,师父又来了。

"不要全装进一个大袋。多分几个小袋子,封紧了,别透气!"师父叮嘱道。

"知道了!"小和尚带着几分不耐烦的口气答道,心想,师父真是多事!但他还是听从师父的话,将香菇一包包装好,并没有半点怨言。

野生的香菇特别香,炒青菜时丢进几个,滋味别提多好了,到院里用斋的施主和其他师兄师弟无不称赞。

第一包香菇用完了,小和尚打开了第二包,发现香菇里长满了小虫,不能吃了!他很着急,赶快向师父报告。

"别急。你先把这包扔掉,打开别的包看一看,这包不能吃,别的包说不定能吃。"师父说。

小和尚紧张地地打开其他包,然后高兴地笑了。

"这回你知道我为什么让你分开密封了吧。"师父摸着小和尚的头说,"你以为画板是保护画的,岂知板子也伤了画;你以为袋子是防外面的虫咬香菇,岂知香菇里原来就可能有虫。于是,那保护它不受外界侵犯的,反过来保护了外界不受它侵犯。"师父接着语重心长地说:"我们总怕别人会害自己,其实害自己的不一定是别人,也许是自己!我们应该常常理清自己的心虫,别让它偷偷啃食我们的心,或飞出去伤害别人。"

面对不幸、挫折与打击,我们可以跑、可以奋斗,站在生机处去思考、去克服,我们很快便能摆脱不幸与失败,迎来胜利与幸福。

有一天,一个年轻人因心情不好,走出了家门,漫无目的地到处闲逛,不知不觉间走进了森林深处。在这里他听到了婉转的鸟鸣,看到了美丽的花草,他的心情渐渐好转,他愉快地感受着生命的美好与幸福。

忽然,一声长啸。年轻人回头一看,吓得魂飞魄散,原来是一头猛虎正张牙舞爪地向他扑来。年轻人拔腿就跑,跑到一棵大树下,看到树下有个树洞,一棵粗大的树藤从树上深入树洞里面。年轻人不假思索,一把抓住树藤就滑了下去,他想,这里也许是最安全的地方,能帮我躲过劫难。他松了口气,双手紧紧地抓住树藤,侧耳倾听外边的动静,并时不时地伸出头去看看。那只老虎在四周踱来踱去,久久不肯离去。年轻人悬着的心又紧张起来,他不安地抬起头来,这一看又叫他吃了一惊,一只坚牙利齿的松鼠在不停地咬着树藤,树藤虽然粗大,可松鼠也非等闲呢!

年轻人下意识地低头看了看洞底。真是不得了,洞底盘着四条大蛇,一齐瞪着眼睛,嘴里伸出了长长的信子。年轻人悲观透了,爬出去有老虎,跳下去有毒蛇,上不得,也下不得,就这么不上也不下吧,却有那只松鼠在咬树藤,他甚至已经听到了树藤被咬之处"嘎吱嘎吱"欲断未断的响声。

年轻人想:悬挂不动已不可能,树藤已不让你悬了;跳下去也绝无生路,那是个死胡同,连逃的地方都没有;唯一的希望就是外面,虽然外面有可怕的老虎,但也有鸟鸣、有花香。难道这就是人生的宿命?冥冥之中,他听到一个声音在喊:"别怕,跑吧。"于是他不再做多余的考虑,一把一把向上攀登,他终于爬到了地面,看到那只老虎在树底下闭目养神,他瞅住这个机会,拔腿狂奔,终于摆脱了老虎,安全回到了家。

这个故事并不是人生的特殊个例,也不是人生的具体写实,而是人生境遇的一个比喻。佛经解释说,那只老虎不是别的,其实是无常;那只松鼠是时间;那四条大蛇是人生无法逃避的生老病死;那根树藤就是我们的生命线。老虎存在于这个世界上是无疑的,正如灾害,正如苦恼,正如天外飞来的横祸。

故事里的年轻人给我们做了一个好的榜样:只要我们对于生活没有失去希望,只要我们敢于奋斗、勇于拼搏,人生总会有生机、有出路。

人生之路本来就是这样的,充满了坎坷与挫折,甚至有时让人绝望得想死掉。也许我们的能力确实有限,也许我们的厄运真的无法摆脱,然而我们不能太悲观。虽然我们逃不脱生老病死,我们逃不脱有限的岁月,但是我们可以逃得脱人生中迎面而来的灾难。

第二章

善始慎终,于细微处见精妙

1.不积跬步,无以至千里

合抱之木,生于毫末;九层之台,起于累土。

——《道德经》第六十四章

合抱的大树都是从细小的树芽开始生长的,九层的高塔都是由泥土堆积起来的。

老子对于积累的认识很深刻,他认为"合抱之木,生于毫末;九层之台,起于累土"——任何事物都是由小成大、聚少成多的。

老子的这一观点很客观,也很符合事物发展的规律。正如人们常说的"不积跬步,无以至千里;不积小流,无以成江海"一样,无论做什么事,若能不断努力,每次做一点(哪怕只是微不足到的一点点),只要有恒心地做下去,总能有所收获。

格拉斯哥大学教授凯尔文爵士,喜欢在物理课上给学生们做这么一个示范:他把一块很重的铁吊在教室的天花板上,然后从一个装满纸团子的篮子里,抓起一个又一个纸团,不停地向铁块砸去。那块铁起初可以说是纹丝不动,但过了一会儿,开始轻微地颤动,然后开始摆动,最后居然像钟摆一样,荡来荡去。

这个实验中纸团的力量对于铁吊来说简直微乎其微,然而正是这微乎其微的纸团一个连着一个地不断累加撞击,使得较重的铁吊动摇了、摆动了。这同样是积累的成功,倘若纸团不是连续不断地冲击铁吊,一个小纸团是很难打动铁吊的。

《汉书·董仲舒传》记载:"聚少成多,积小致巨。"成功需要积累,没有扎实的基础,无法实现质的飞跃。

一个人想要获得成功,必须在日常的生活中有所积累,有所沉淀,只有在这个基础上,才有可能抓住机遇。那些获得大成功的人都具备善于掌握、理解并善加利用他人宝贵经验的能力。

20世纪最初的几十年里,在太平洋两岸的美国和日本,有两个年轻人都在为自己的人生努力着。经过六年的拼搏,日本的滕田靠节衣缩食攒钱起家,美国的江恩靠研究k线理论致富。

在这两个看似风马牛不相及的故事中蕴含着一个相同的道理,那就是许多成就大事业的人,他们也同样是从一点一滴的努力中创造和积累着成功所需的条件的。

人们常常希望摆脱小事的束缚,甚至不愿意去做小事,企盼着能够"一夜成名"。当然,我们并不否认有不少人是"一夜成名"的,然而这里要说的是,那毕竟是有很大的机缘在里面,而这机缘又不是大多数人能够碰上的。对于一般人来说，要想成就大事，就不能忽视对小事的积累。如果我们忽略小事、小物、小地方，就绝对不可能完成大事，获得成功。

曹雪芹花了10年的时间写成《红楼梦》，如今有上千万人钻进红学里；司马迁花了18年的时间写成《史记》，并且是在艰苦的环境里；李时珍用了27年写成《本草纲目》，给医学留下光辉的一页；哥白尼撰写《天体运行论》用了30年，这样的精神足以鼓舞每个人的人生；马克思奋斗了40年写成《资本论》；雨果写《悲惨世界》用了30年，是人们精神的粮食；歌德用了60年来写《浮士德》，他的耐心和写作精神值得敬佩……

在现实世界里，每个人都有梦想，都渴望成功，然而智大才疏往往是人成功的最大障碍。人们看到的只是成功人士功成名就时的辉煌，却往往忽略了他们在此之前所进行的艰苦卓绝的努力，任何人只有通过不断努力才能凝聚起改变自身命运的爆发力。老子告诫我们：成功需要积累。这永远是一条最原始，也是最简单的成功智慧。

现在有些人很想成功，然而他们只关注树立什么样的理想，而对如何实现自己的理想不感兴趣。这样的人日夜眺望着远方辉煌的目标，却不想方设法地去缩短这部分距离，这样的理想被称之为空想。古人常说"读书破万卷，下笔如有神"。"读书破万卷"是一个积累的过程，如果没有这个过程，就很难达到"下笔如有神"的境界。因此，有远大抱负的人，也应该拥有这个"读书破万卷"的积累过程，只有一点点缩短距离，才能接近并实现自己的理想。

同样的道理，老子针对春秋末年那些侯王、君主说，他们要积累自己的德政，千万不能松懈，要成为有才能的君主。《韩非子·喻老》说："千里之堤，溃于蚁穴；百尺之室，以突隙之烟焚。"倘若不能从小的地方着手，终将会酿成大的祸患，不能在小的地方注意，也将会损害自己的品德。为防止"涓流不止"引出"溪壑成灾"，就必须见微知著，防微杜渐，从小节上抓起。小节和大节是紧密相连的,小节影响着大节,量变会引发质变,小节非小事,小节不拘,则大节难保;小节不立,非变质不可;小事放纵,就会逐步走向堕落。因此,为政者在好的方面应该积累发扬,在错误的、危害的方面则应该慎重杜绝。越是隐藏的东西越能看出人的品质,越是细微的情节越能显示出人的灵魂。小事小节中更要体现原则,体现人格。

2.大处着眼,小处着手

图难于其易,为大于其细;天下难事,必作于易,天下大事,必作于细。是以圣人终不为大,故能成其大。

——《老子》第六十三章

处理困难的事情,要从容易之处入手;处理重大的事情,要从细微之处入手。天下困难的事,必定是从容易的地方做起;天下重大的事情,必定是从细小之处做起。"圣人"不自称"大",因此才能成就大的事业。

现在很多人都在抱怨有些事情做起来太难,其实不是因为事情难,而是因为人们把事情想得太难了。有句话说得好:"饭要一口一口地吃,事情要一件件地做",解决困难的时候就要从大处着眼,先分析困难,然后解决困难,简单入手各个击破。做大事也是这样,将容易的地方作为突破口,才能顺利地展开。也只有明白了这个道理,才能做成大事。

在现实生活中,我们会遇到各种各样的事情,我们需要从大局考虑,但也需要从细小的事情上做起，倘若不能在小事上着手，大事也不一定会成功。

战国时期，秦国攻打赵国，赵国就委派了赵奢的儿子赵括为大将。据说赵括熟读兵书，谈论起来连他父亲都说不过他。当时，赵奢并不认为他是一位好将军，当任命赵括为将的时候，赵括的母亲就前来劝阻，她说："在他父亲做将军的时候，总是把大王所赏赐的东西分给部下共同享用，带兵期间绝不关心家事。现在赵括当上了将军，把大王赏赐的东西全部藏在家里，每天到外面寻找良田美宅，可买的就买下。父子差别这么大，怎么能担当将军呢？"可是赵王不听，最终在长平之战的时候，损兵折将，元气大伤。

赵括的母亲从极小的方面看到了赵括不能担当将军之职，认为他连小的方面都处理不好，怎么能担当重任呢？眼高手低是大多数人的通病，只有从小事做起，从大处着眼，树立大局观，才能有好的成绩，有所作为。

从前在美国标准石油公司里，有一位小职员叫阿基勃特。他在远行住旅馆的时候，总是在自己签名的下方，写上每桶四美元标准石油字样，在书信及收据上也不例外，签了名，就一定写上那几个字。他因此被同事叫作每桶四美元，而他的真名反倒没有人叫了。

公司董事长洛克菲勒知道这件事后，说："竟有职员如此努力宣扬公司的声誉，我要见见他。"于是，他邀请阿基勃特共进晚餐。

后来，洛克菲勒卸任，阿基勃特成了第二任董事长。

这是一件谁都可以做到的事，可是只有阿基勃特一个人去做了，而且坚定不移，乐此不疲。嘲笑他的人中，肯定有不少人才华、能力在他之上的，可是最后，只有他成了董事长。

恰科年轻的时候,到一家很有名的银行去求职。他找到董事长,请求能被雇佣,然而没说几句话就被拒绝了。当他沮丧地走出董事长办公室宽敞的大门时,发现大门前的地面上有一个图钉。他弯腰把图钉拾了起来,以免图钉伤害别人。

第二天,恰科出乎意料之外地接到银行录用他的通知书。原来,他弯腰拾图钉的一幕,被董事长看到了。董事长见微知著,认为如此精细小心、不因善小而不为的人,非常适合在银行工作,于是改变主意录用了他。

果然不出所料,恰科在银行里工作得非常出色。后来,恰科成为法国的银行大王。

伟大始于平凡,一个人手头的小工作其实是大事业的开始,能否意识到这一点,决定着你能否做成一项大事业,能否取得成功。在许多平凡琐碎的生活细节中,往往都含着一些酵质,假使酵质膨胀了,就会使生活起剧烈的变化,从而影响了一个人一生的命运。

3.前事不忘,后事之师

执古之道,以御今之有。能知古始,是谓道纪。

——《道德经》第十四章

把握自古有之的"大道",用它来驾驭今天的具体事务。能够了解万事万物的初始,这也就是"道"的纪录。

西方有一句古老的名言:"一个人如果不了解他出生以前的历史,那就永远长不大。"清代名臣曾国藩进入仕途后不久,曾向他的老师唐鉴请教"经济"(指经世致用)的方法,唐鉴告诉他:"经济不外读史。"因为"以史为鉴,可以知兴替"。科学家牛顿曾经说过一句话:"如果我看得远,那是因为我站在巨人的肩上。"人们无法事必躬亲,前人的历史经验与教训,恰恰是我们今天的宝贵财富。大家都熟知的自然科学的发展就是这样,人们在知识的累积当中进一步探索和揭示自然的奥秘,然后再总结出新的知识,指导着我们向新的目标迈进。

19世纪,牛顿提出了著名的三大定律,是人类认识史上对自然规律的第一次理论性的概括和综合。后来,人类技术的进步已经不能满足于在地球上的发展,还要在太空上操作,牛顿的三大定律也就满足不了这一需要了,因此著名的科学家爱因斯坦提出了举世闻名的相对论。科学史上的进步无不彰显着人类在知识积累以及历史经验上的进步,这些都浸透着"执古之道,以御今之有"的道理。

同样,老子说"拿着过去的道理以及之前治理国家的宝贵经验,来治理当今天下,这是正确的道理",也是这个道理。

唐太宗李世民就从小喜欢读书,早年东征西战,显露出了过人的军事才能。当他看见农民起义烽火连天的时候,就想掀起反隋的大旗,于是劝说父亲李渊在太原起兵,挥师长安。关中战役时,他身先士卒,居高临下,一举击败隋军,名声大振,随后陆续平定了各地的农民起义军,完成了国家的统一。玄武门之变后,李世民登上皇位,创立了一个新的王朝局面,他的统治时期被后代史家称为"贞观之治"。李世民经常与大臣们讨论怎样治理天下,如何更好地治理国家。因为他曾经亲身经历隋朝的灭亡,对此有切身体会,因此他决定要以隋朝的灭亡为戒。李世民陆续采取了一系列发展生产的措施,使社会经济得以迅速恢复。他非常注重选举贤能,一再叮嘱身边的大臣,要他们善于发现人才,选贤荐能。他特别重视县令的选择,因为县令是民众的直接接触者,他们的优劣关乎着国家能否知晓老百姓的状况,而且也直接关乎着百姓的生活是否安定。因此李世民发布命令,让五品以上的官员保举能够胜任县令的人,而各州的刺史则由他亲自选拔。

李世民还不问人才的出身与背景,他手下的很多大臣,有的是隋朝的旧臣,有的是反对过他的农民起义领袖。就拿魏徵来说,他以前是太子李建成的心腹,甚至曾经多次建议李建成除掉李世民。可是,玄武门之变后,魏徵高明的政治见解,让李世民果断决定任用他,并且还提拔为宰相。

李世民以从谏如流著称,他的大臣大多能直言进谏,他也经常重赏敢于进谏的官吏。公元630年,唐太宗在国家经济有所好转的时候打算修复洛阳的乾元殿,以方便自己巡游。这时,给事中张玄素坚决劝阻,他进谏说:"当时皇帝攻破洛阳时,就是看见乾元殿太过于奢华才将其拆毁,如今又想仿效隋炀帝,重蹈隋炀帝的覆辙,耗费亿万,这不是比隋炀帝还要残暴么?如果皇帝一定要修缮乾元殿,那么这与历史上的暴君有什么两样呢?天下就要大乱了!"李世民被这种敢于直谏的精神感动了,张玄素振聋发聩的话令他如梦初醒,果断下令暂时停止修复乾元殿。最著名的就是魏徵了,他曾经进谏一百多次,传为佳话。就在魏征死后,唐太宗还说出了一句非常令人警醒的话:"以铜为镜,可以正衣冠;以古为镜,可以知兴替;以人为镜,可以明得失。朕尝宝此三镜,用防己过。今魏徵殂逝,遂亡一镜矣。"

唐太宗的"贞观之治"与他自己善于汲取隋朝灭亡的经验是分不开的。

老子所说的"一定要善于向历史要经验",在一定程度上就是要求我们要做一个善于了解历史的人,善于把握历史规律的人;要善于避免历史上同类的错误发生,进而在修身、齐家、治国、平天下的道路上创造出时代的辉煌。

4.治大国如烹小鲜

治大国,如烹小鲜。以道莅天下,其鬼不神。非其鬼不神,其神不伤人。非其神不伤人,圣人亦不伤人。夫两不相伤,故德交归焉。

——《道德经》第六十章

治理大国就像做一道新鲜菜肴一样,不要随意翻动,不能煮的太咸,也不能煮的太淡;既不能操之过急,也不能怠慢;油盐酱醋都要恰到好处,火候也要适当。这无疑对"掌勺者"的专业能力形成了巨大的挑战。

"治大国如烹小鲜"的第一要义是以正治国。老子在《道德经》中有言:"以正治国,以奇治兵,以无事取天下。"治国以"正",就是要光明正大,不能搞歪门邪道;而治兵要"奇",则要求出其不意,攻其不备。用领兵打仗的"诡道"来治国是不行的,而用治国的"正道"来领兵打仗也不一定行得通。儒家宗师荀子最反对的也是治国不正,权术横行。他说:"人君者,隆礼尊贤而王,重法爱民则霸,好色多诈则危,权谋倾覆幽暗则亡。"在他看来,以德治国是王道之路,以法治国是霸道之途,而权术立国则是最糟糕的一种治国方案。因为权术一旦横行,就会把国家带入毫无秩序的混乱之中。这样的国家,内耗必然增加,管理成本也会骤然上升,到了无法应付的那一天,就自然而然地走向灭亡了。

具体来说,以正治国,就是要有一套保障国家机器自发运转的良性规则,而且这一规则能够一以贯之,不因人而废,因事而止。一旦做到了政令畅通,国家这一组织系统就会健康运作,自动调节,不再需要管理者过多地干预。

春秋战国时期，各路诸侯为求自保纷纷变法图强，但真正变革成功的却寥寥无几。究其原因，主要是新法在推行过程中遭到了太多人事和权术的羁绊，以至于虎头蛇尾、有始无终。韩昭侯时期，申不害曾在韩国主政，他打破血缘宗亲的束缚，重用贤才，锐意改革，把弱小的韩国带进了"战国七雄"的行列。但是，申不害有个哥哥，想借助兄弟的关系在韩国谋个一官半职。于是，申不害便去向韩昭侯求情。可是，韩昭侯却拒绝了申不害的请求："不拘一格选拔人才本来就是你主张的。而现在，你又来为自己的哥哥跑关系，这不是自相矛盾吗？"可见，当国家的变革政策和自身的利益发生冲突时，倡导变革的人自己尚不能坚持原则，新法推行的效果也就可想而知了。

变革成功的有后来商鞅在秦国推行的新法。当时，七国争雄，秦国之所以能够吞并八荒一统天下，正是因为商鞅为秦国留下了一整套健全的法律制度。商鞅的新法，虽然历史上褒贬不一，但却是"正"的：有功则赏，有过则罚，都按照法律的规定透明地执行，绝不玩弄权术、暗箱操作。最为重要的是，赏与罚，都能及时兑现，绝不失信于民。据记载，商鞅刚开始变法的时候，法令已详细制订但尚未公布，他怕百姓难以相信，就在国都的集市南门立下一根长三丈的木杆，下令说如果有人能把它拿到北门就赏给十金。百姓们感到此事蹊跷，没人动手去搬。商鞅又说："能拿过去的赏五十金。"于是有一个人半信半疑地拿着木杆到了北门。商鞅立即命人赏赐给他五十金。这时，商鞅才下令颁布变法，果然得到了民众的信任。

治国以正，赏罚有信，是秦国在硝烟四起的战国时代脱颖而出的关键。就连一直恪守德化、对法治颇有微词的司马光，也在《资治通鉴》中对商鞅大加赞扬。他说："商君虽用法苛刻，但身处乱世，诈力横行，仍然能做到不失信于民。就凭这一点，足以治四海，平天下。"

"治大国如烹小鲜"的第二要义是选贤任能。这是一种看似平常却高超的领导艺术。具体来说，就是要将合适的人安置在合适的位置，充分发挥其角色作用，而不是对具体的事务进行干预。法家的集大成者韩非子，在老子思想的影响下，就曾提出过"君道无为，臣道有为"的观点。在他看来，君主作为最高管理者，不必事事亲为，而是要学会将主动权交给手下的大臣，发挥他们的积极性。毛泽东主席更是深谙此道，他曾说："领导者的责任，归结起来，主要地是出主意、用干部两件事。"邓小平也联系自己的经验说："我的抓法就是抓头头，抓方针。"出主意，就是抓方针；用干部，就是抓头头。抓住了这两条，也就抓住了做领导的根本。

据载，春秋时期，魏文侯曾与儒生田子方在一起赏乐饮酒。魏文侯对田子方说："我感觉编钟的乐声不是很协调，左边有些高。"田子方听完后笑了。魏文侯问："你笑什么？"田子方说："臣下听说，国君懂得任用乐官，不必懂得乐音。现在国君您精通音乐，我担心您会疏忽了任用官员的职责。"魏文侯有所开悟。

魏文侯作为一国之君，要把国家治理好，只需要把好的乐官选拔出来就可以了，而不应该去时刻关心"钟声不比"这样的琐事。对琐事关心得太多，对大事势必糊涂，难怪田子方批评他"审于音而盲于官"。

历史总是无情地嘲弄那些"忙碌"的管理者。楚汉战争时期，项羽因战起家，虽然骁勇，却不善战。刘邦上马不能征战，下马不能抚民，却最终取得天下，皆因其有独门法宝。个中原因，刘邦最为清楚："夫运筹帷幄之中，决胜于千里之外，吾不如子房；镇国家，抚百姓，给馈饷，吾不如萧何；连百万之军，战必胜，攻必取，吾不如韩信。此三者，皆人杰也，吾能用之，此吾所以取天下也。项羽有一范增而不能用，此其所以为我擒也。"

的确，项羽本事很大，大到不需要别人帮忙。所以，他手下的谋臣都跑到刘邦那里去了，因为在项羽那里，他们没有用武之地，无法实现自己的价值。诸葛亮本事也很大，大到几乎可以一个人把所有的事情都摆平。

但是,这种表面风光的另一面却是:手下的人没有了施展才能的机会和平台,永远也走不出诸葛亮的锋芒和阴影。三国角逐,蜀国在诸葛亮死后旋即衰弱,直至灭亡,原因固然很多,但诸葛亮的光芒太盛,以至于群臣无用武之地,恐怕是一个很大的原因。

在中国的文化传统中,管理向来是作为一种智慧,而非一门知识被谈及的,它的最高目标不是科学化,而是艺术化。治大国如烹小鲜,象征的就是一种高超的治国艺术。烹煮一条小鱼,只需油盐酱醋恰到好处即可,不能随便翻搅它,否则它就烂了。同样,治理一个国家,也不能过多地、随意地人为干预,而是要有所为,有所不为,让国家机器在既定的规则下自发地良性运转。只有如此,才能达到"一国之政犹一身之治"的至高境界。今天,虽然社会的管理组织模式发生了根本性的变迁,但古人的智慧仍能穿透寰宇,令人掩卷沉思。

5.慎终如始,则无败事

> 民之从事,常于几成而败之。慎终如始,则无败事。
>
> ——《老子》第六十四章

人们做事情时,常常在将要成功的时候失败。如果像慎重的对待开始一样对待结束,就不会有失败的事情了。

刘心武曾经写过一篇《起点之美》的文章,他呼吁人们不要太注重结果,更要关注起点一刹那所迸发出的美丽,注重奋斗路上的那种善始善终的坚持。是的,不论是起点还是终点,它们都是美丽的。然而更美丽的,是"奋斗路上的那种坚持不懈"。即使起点再美丽,没有奋斗路上的那种善始善终的坚持,终点的美丽终究是想象中的美丽罢了,起点之美也会因此变得暗淡。

古希腊著名的大哲学家苏格拉底智慧超群,又关爱他人,因此深受当时雅典人的尊重。他深邃的思想,敏捷的思维一直享有很高的声誉。许多人慕名前来向他请教,期望能够成为像他那样的哲人。这些人天资聪颖,天赋很高,大家济济一堂,聆听苏格拉底的高见。一次,苏格拉底竟然对学生们说:"我们今天只学习一件最简单也是最容易的事情,大家都把胳膊尽量往前甩,然后再往后甩。"苏格拉底当众示范了一遍,然后说:"从今天起,每天做300下,大家都能做到么?"学生们忍俊不禁,心想这么简单的事情又有什么难的,谁会做不到呢?

到了第二天,苏格拉底问学生:"谁昨天甩胳膊300下?做到的举手!"学生们都齐刷刷的举起了手,苏格拉底微笑着点点头。一个星期过去了,苏格拉底又问学生,有一大半学生举起了手。一个月后,苏格拉底问学生时,只有一小半学生举起了手。一年之后,苏格拉底再次问大家:"请告诉我,最简单的甩手动作还有几位同学坚持了?"这时,全部学生中只有一个举起了手,他就是后来成为古希腊著名哲学家的柏拉图。

可见,老子提倡的善始慎终的做法不是能轻易做到的,就拿苏格拉底要求的最简单的甩胳膊来看,只有柏拉图一个人坚持了下来,那是因为他们做不到么?不是,只是因为他们没有持之以恒的毅力。

伟大历史学家司马迁从青年时代就立志写一部纪传体的通史。为了写好这部通史,他游历名山大川,寻访先人踪迹,搜集风土民情、历史传说,作了大量的资料采集。然而因为"李陵事件",司马迁遭受了人生奇耻大辱——被施以宫刑。为此,他曾想到了死,然而当他想到要写的史书还没有完成时,他毅然忍受住生活的折磨,忍辱负重地继续进行未竟的事业。正是由于司马迁忍辱负重、善始善终的毅力,后人才有幸得以一睹"无韵之离骚"的千古绝唱。

能够做到善始善终的人是可敬的,只能善始不能善终的人是可悲的。

"慷慨歌燕市,从容作楚囚。引刀成一快,不负少年头。"看到这样的诗句,你会联想到谁?一个慷慨赴义的革命志士。是的,此人写这首诗的时候确实是革命志士,但是他的晚年却遭人唾骂。这首诗的作者是汪精卫,中华民族历史上的著名汉奸之一。汪精卫早年也曾一腔热血,追随孙中山先生投身民主革命。1910年,面对同盟会发动多次反清起义的失败,汪精卫决意刺杀当时清朝皇帝的父亲,掌握实权的摄政王载沣,来振奋革命阵营的人心士气。然而刺杀行动没有成功,汪精卫被捕。在狱中,他觉得自己一定会被判处死刑,但是全无畏惧,写下了这首传诵一时的诗。当然,他后来没有被处死,否则也就成了烈士而不是汉奸了。

汪精卫出狱后,仍然是孙中山的一个重要的追随者,参与了多次重大行动。孙中山去世时,汪精卫还是孙中山遗嘱的执笔人之一。然而,就是这样一个有着光荣革命经历的人,却在全民族抗战的时候,投靠了日本侵略者,做了一个傀儡,沦为令人不齿的汉奸。可以说,他有一个"善始",却没有做到"慎终",终于留下了千古骂名。

上面说的是从一个人的一生来看,要善始,更要注意慎终。另外,从我们日常做事情方面来说,善始慎终也非常重要。有个成语叫"功败垂成",就是说在即将成功的时候却遭到了失败。

小张大学毕业后,和几位同窗一同应聘到一家电子公司。试用期间,小张和他的同窗就兢兢业业,勤勤恳恳,生怕一失足而成就业恨。

转眼月底就要到了,小张开始为自己的去留问题忐忑不安起来。果然，三个月期满的前一天临近下班，业务主管通知他们几个说："对你们的考查结束了，明天下班前你们就可以到财务处结账去！"

"为什么？"

"不为什么，考察的结果就是这样！"业务主管两手一摊，一副爱莫能助的样子。

小张及他的几个同窗当时就傻了。让他们去财务处结账，这不明摆着要他们明天一下班就走人吗？

走就走吧，小张心想："也许我们还不是人家公司的最佳人选。"

这样一想，小张就释然了。然后和往常一样处理着手边的工作，有时别人忙不过来，他仍跟以前一样上前热情地帮一把。而小张的其他几位同窗，则绝望地坐在那里，等待下班。

第二天一上班，情况就更糟了。除了小张正常上班之外，其他的几位同窗都去得比较晚，而且他们一上班便开始收拾自己的东西，一副随时准备离开的样子。

临近下班，业务主管通知让去财务处领取工资。在走出接待室的一刹那，业务主管对小张说："你不带好你的东西吗？"

"不，因为还没到下班时间。"小张回答。

领完工资后，小张的几位同窗叫嚷着对小张说："晚上一起去一醉解千愁。"然后就转身离开了那家公司。

小张则回到了工作室，没过多久就到了下班时间。作为临行前的道别，小张很有礼貌冲着业务主管打了个招呼，便走到自己的座位前开始收拾自己的东西。

这时，业务主管走过来按住小张正在收拾的东西说："你要干嘛？"

"你不是让我们结账走人吗？"小张一脸茫然。

"你说过的，因为还没到下班时间，所以明天你还要接着上班！"业务主管诚恳地说。

"这么说，你让我留下了？他们几个也可以留下吗？"小张有些不敢相信自己的耳朵,兴奋地问道。

"他们几个不是已经下班了吗?假如结账也算考验的话,则能考出你们每一个人的真实素养。"

的确,这次考验考出了个人的真实素养,小张善始慎终的工作态度,得到了事业方面的小成功。

路漫漫,困难重重,若想得到日后的成功喜悦,我们首先就要拥有那种善始慎终的坚持。在做事情的的时候需要尽心尽力,一直保持事情开始时的热情和慎终,才能把事情做好。能做到善始慎终,才是一种理想的状态,也是大家做事应该追求的目标。

6.千里之行,始于足下

千里之行,始于足下。

——《道德经》第六十四章

旅行千里是从脚下第一步跨出开始的。

每个人小的时候,都会被老师或者家长问及:你长大了想当什么?想从事哪类工作?同样,每个孩子都会在童年梦想着自己长大了能够成为白衣天使、祖国的园丁、科学家、记者、作家……然而,当这些孩子长大之后,又有多少人实现了自己的愿望、理想呢?答案是少之又少。

老子在这里点明了人们失败的原因,或者说告诉了我们踏上成功之路的方法——"千里之行,始于足下"。

在这句话中存在着两种智慧,"千里之行"与"始于足下"。"千里之行"说的是一种远大的奋斗目标,也就是孩子们常说的"我长大了要做科学家、作家……"如果没有这个"千里之行","始于足下"就无从谈起了。

陈胜少时,曾受人雇佣,替人耕种,心中不满于这种处境。在垄上休息时,常感慨怅恨,有一回对同耕者说:"假如哪一天富贵了,彼此不要忘了拉朋友一把。"同伴嘲笑他:"你现在替人耕种,地位卑微,还说什么富贵呢?"陈胜长叹一声:"唉,燕雀怎能知道鸿鹄的志向呢?"陈胜后来在大泽乡和吴广发动起义灭秦,做出了惊天动地的壮举。若无佣耕垄上时即存埋在心底的一段鸿鹄大志,怎能想象后来的青史留名?

人们常说:"成功,始于心动,成于行动。"只有心动而没有行动的行为,都将以失败告终。若想步行千里,首先要做的就是迈出成功的第一步,然后是第二步、第三步……直至达到千里终点。

对于那些想要"行千里"而不去"迈步"的人来说,他们只能默默承受失败的命运。任何不付出行动的等待都不会产生成功的奇迹,就像一名减肥者计划每天减掉半两肥肉,却每天和往常一样不采取运动或节食措施,谁都不难猜到减肥梦想的最终结果。

美国著名的废奴主义者布朗,小时候为了到书店买一本书,连夜赶了30公里的路。书店老板盯着这个头发蓬乱、衣衫破旧,而且满身是土的乡下孩子,很奇怪他怎么会提出这样的要求。于是,老板就和众人一起开始嘲弄他。这时进来一位大学教授,当他知道布朗的要求之后说:"这样吧,如果你能念出这本书的一行诗句,而且把它翻译出来,我就把这本书送给你。"布朗从容不迫地念完,并且完整译出好几行诗句。于是,在人们的惊讶表情中,布朗自豪地拿到了自己应得的奖品。布朗是在放牧的时候学习了希腊文和拉丁文,这给他赖以成名的丰富学识打下了坚实的基础。

古往今来,能够在事业上取得成就的人很多。他们的成就和荣誉往往令人敬佩、羡慕,人们也常渴望着能取得他们那样的成就。无论哪一个有志者,都应该记住老子的这句话:"千里之行,始于足下。"

行动能够使人跨出成功的第一步,有了这第一步我们才能沿着这条路一步步地接近成功、接近终点。这就是老子"千里之行,始于足下"智慧的关键所在,也是人生成功之路的关键所在。

每个人都有自己的理想与目标,哪怕仅仅是微乎其微的——能吃饱饭、有好衣服穿、有房子住……然而,唯有行动可以帮助我们实现这些目标:若想吃饱饭就要去劳动、就要去工作。同理,我们如果想在人生之路上有所作为,就不要将我们心中的那份宏伟蓝图深藏于心中,随着我们的老去而发霉烂掉。要敢于迈出成功的第一步,这样的人生才更有意义,我们离成功也会越来越近。

7.暂时的退让是为了更好地前进

将欲弱之,必固强之;将欲废之,必固兴之;将欲取之,必固与之。是谓微明。

——《道德经》第三十六章

将要削弱它,就先让它强大;将要废弃它,就先推举它;将要夺取它,就先给予它。这就叫"微明"!

老子告诉我们治理国家要讲求策略,那么为人处世也要如此,这和讲求兵法谋略一样。你想收拢他就要先张开网,人们都见到过蜘蛛捕昆虫,蜘蛛总会把自己的网结得很大,只有这样才能让更多的昆虫被黏上。而倘若蜘蛛的网只有那么一点点,撞在网上的虫子自然就会少很多,这是一样的道理。

《三国演义》中魏军攻打葭萌关,刘备派老将黄忠前去支援。黄忠到后见夏侯尚等人头脑简单,就用了一招以退为进的策略,主动出关迎战,接连几天都打败仗,后退数十里,丢失了很多营寨、军械,然后退到葭萌关坚守不出,夏侯尚等人以为得胜在即,便轻率进攻,结果黄忠突然杀出,将他们打得落花流水。如此一来,黄忠不仅夺回了丢失的营寨,还夺取了魏军的粮草重地天荡山,直逼汉中。黄忠的策略,也正是吸取了老子的以退为进的精华。

人生贵在把握进退之机,"进"与"退"都是处世行事的技巧,该进则进,该退则退,退是为了日后更好的进。只有懂得该退则退的人,方能成为处世高手。

春秋时期,楚庄王为了增强自己的势力,发兵攻打庸国。由于庸国奋力抵抗,楚军一时难以推进。在一次战斗中,庸国还俘虏了楚将杨窗。三天后,由于庸国的疏忽,楚将杨窗竟从庸国逃了回来。杨窗对楚庄王说明了庸国的情况,说道:"庸国人人奋战,如果我们不调集主力大军,恐怕难以取胜。"

楚将师叔出了一个主意,建议用佯装败退之计,以骄庸军,然后再去进攻他们。因此师叔带兵进攻,开战不久,楚军佯装难以招架,败下阵来,向后撤退。像这样一连几次,楚军节节败退。庸军七战七捷,不由得骄傲起来,不把楚军放在眼里。军心麻痹,军队渐渐松懈了斗志,对敌人的戒备也渐渐消失。

就在此时,楚庄王率领增援部队赶来,师叔说:"我军七次佯装败退,庸人已十分骄傲,现在正是发动总攻的大好时机。"于是楚庄王下令兵分两路进攻庸国。此时的庸国将士正陶醉在胜利的喜悦中,怎么也不会想到楚军会突然发起进攻,庸国士兵仓促应战,抵挡不住。楚军就此一举消灭了庸国。

可见,师叔七次佯装败退,是为了制造战机,一举歼敌。

在这个故事中,楚国为了战胜庸国,采取退让的方法,最终获得了胜利。

古人形容大丈夫时会说"能屈能伸为大丈夫也",可见大丈夫行事,理应是有进有退。战斗打起来,就需要战士有韧性,没有韧性的战士终究是会失败的。

奥康集团国际贸易部与意大利客商签订了一笔订单,双方谈好产品单价为23美元,而且也签订了购销合同。可是在产品投产时,他们发现生产部门在计算成本时将皮料的价格算得过低,若按实际成本计算,出口价格每双鞋最少还要增加1美元。意大利客商知道这个消息后,表示要严格恪守合同,并没有做出让步的准备。

双方僵持了一段时间之后,奥康集团国际贸易部负责人将这个情况汇报给了公司总裁王振滔,并询问他是否继续与外商洽谈加价。

王振滔这时表示:1美元是小事,商业信誉是大事,退一步海阔天空。既然签了合同,即使亏本了,这笔买卖也要继续做下去。

这一消息后来传到了意大利客商的耳中。听说奥康主动做出了让步,意大利客商在感到意外的同时也表示很感动,于是主动提出在价格上增加1美元,可是这一举动被奥康集团总裁王振滔婉言谢绝了。王振滔表示:奥康多赚1美元或少赚1美元其实不重要,重要的是要恪守信用。

意大利客商对奥康诚信经营的做法大为感动。他们当即决定追加订单,将原来20多万美元的订单一下子增加到100多万美元。客商表示:接下去要和奥康集团建立长期合作关系,并将在单鞋和休闲鞋方面的更多的订单下到奥康来。在商界中,此事一时被人们传为美谈。

退并不是胆怯,只是为进做一个热身运动,就好像是跳高一样,只有站得远,才可能跳得更高。

第三章

以柔克刚,曲以求全方能成大事

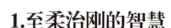

1.至柔治刚的智慧

天下之至柔,驰骋天下之至坚,无有入无间。

——《道德经》四十三章

天下间最柔软的东西,能在天下间最坚硬的物体中穿梭,只有没有实体的东西才能穿越没有间隙的物体。

老子的"天下之至柔,驰骋天下之至坚"的智慧,其实并不难于理解:天上的风是最柔的,但是却能透过肌肤,拔树倒屋,再小的孔隙也能通过;电是没有实体的,但它能通过金石,透过钢铁。

为何能至柔"治"刚呢?从物理的角度来看,刚性越大,物体的脆性就越大，抗打击的能力也就越低。钻石的确是自然界最硬的东西，但又有谁注意到，钻石甚至比玻璃更易碎呢？而硬度极差的铅，柔韧性却极好，你甚至可以用锤子把它砸得像纸一样薄，但仍不能将它砸为两半。

有个词语叫"四两拨千斤"，讲的正是以柔克刚的道理。俗语说"百人百心，百人百性"，有的人性格内向，有的人性格外向，有的人性格柔和，有的人则性格刚烈，各有特点，各有利弊。

冒顿是匈奴单于头曼的太子，头曼后来又喜爱别的妻子生下小儿子，想废掉冒顿立小儿子为太子。冒顿便杀掉头曼，自立为单于。

当时东胡强盛，听说冒顿弑父自立，内部形势不稳定，便乘机挑衅，派使者到冒顿那里，索要头曼的一匹千里马。

冒顿问左右大臣，大臣们都说："千里马是匈奴的宝马，绝不能送给他。"

冒顿沉吟着说："东胡索要千里马不过是个借口，假如我们不给，他就有理由攻打我们，就要发生战争。"

左右大臣都攘臂愤慨地说："宁可和他们拼一生死，也绝不可示弱送马。"

冒顿说："打起仗来就要损失几千几万匹马了，人死得更多，不值得为了一匹千里马付出如此大的代价，况且都是邻国，太在乎一匹千里马也显得过于小气。"于是冒顿便派人把千里马送给东胡。

过了不久，东胡又派人来索要单于的一个阏氏（单于的妻子称为阏氏）。冒顿又问左右大臣，左右大臣都义愤填膺，说："东胡太没有道义了，竟敢索要阏氏，是可忍，孰不可忍，请您下令发兵攻打它。"

冒顿说："为了一名女子和邻国大动干戈，损失人马牲畜无数，太不值得了，况且和邻国友好，何必吝惜一名女子。"便又把东胡索要的阏氏送了出去。

东胡王见所求辄获，意气骄横，根本瞧不起冒顿单于，又派使者见冒顿，说："你我两国边境之间有块空地，有一千多里，你匈奴也到不了那里，把这块地送给我吧。"

冒顿又问左右大臣该如何。左右大臣们说："这本来就是块无用的土地，给他也可以，不给也可以。"

冒顿闻言大怒，说道："土地是国家的根本，怎么能把土地送给别人？"

凡是说可以把地给东胡的大臣都被斩首，然后下令国中，集中兵马，有敢迟到者一律斩首，亲率大军袭击东胡。东胡素来轻视匈奴，全然不加防备，冒顿一举消灭了东胡，把东胡的百姓和牲畜占为己有。

冒顿弑父自立，虽属自保，却也显露出他凶猛残忍的天性，然而面对东胡的无理要求，却一忍再忍，而且忍常人所不能忍，这是因为他要成就常人所不能成就的事业。

当时东胡最为强大，东胡敢于提出无理至极的要求，也正是倚仗自己的实力，索要千里马和阏氏不过是想挑起事端，以便自己出师有名。假如此时冒顿不答应请求，正式开战，一定占不到上风。

然而冒顿偏偏都忍住了，要马给马，要人给人，就是不给你开战的理由；另外也以谦卑懦弱的姿态达到骄敌、愚敌、痹敌的目的，同时用所受到的耻辱来激发国内斗士的血性。"知耻近乎勇"，耻辱常常会增强斗志。

东胡见所求无不获，心满意足，既不把匈奴放在眼里，也不屑出兵攻打了，却不知"骄兵必败"，在表面的胜利中，已经输掉了最关键的战争要素。

冒顿战胜东胡的智慧，正是老子的"天下之至柔，驰骋天下之至坚，无有入无间"的思想。倘若东胡是一块巨石的话，那么冒顿就必须要让自己成为一堆棉花，而不是同样坚硬的岩石，因为棉花与巨石相碰，会很轻松地将其包在里面，而如果巨石与巨石相碰，必然会两败俱伤。

历史上最有名的以柔克刚的事例莫过于《将相和》了：蔺相如正是善

于使用柔术，不但避免了窝里斗，还使廉颇自己认识到错误，主动请罪。

阳刚是年轻人的标志，然而处事过于阳刚就不明智了。遇到问题应该以冷静的心态去对待，在某些不能直接解决的问题上不妨退一步，以一种柔和的态度转到另一个方向去解决。

2.审时度势，看清楚自己的实力

不自见，故明；不自是，故彰；不自伐，故有功；不自矜，故长。

——《道德经》第二十二章

不注视自身才能明察万物，不自以为是才能明见是非，不自我夸耀才能得到成功，不自我封闭才能有所进取。

很多人在工作当中，总是凭借一股劲横冲直撞，从来不对自身的实力和眼前的形势进行分析，结果最后往往折戟沉沙。量力而行，才能确保事情不会办砸。若是一味地好高骛远，而忽略了自身能力的问题，终究是要吃大亏的。因此，我们不能做那些蚍蜉撼树的傻事，任何时候都要保持头脑的冷静，学会审时度势，看清楚自己的实力。

秦朝末年，陈婴为东阳令史，因为人谨慎讲信用，被人尊为长者。是时，天下大乱，群雄并起，东阳县的一些人杀死东阳令起义，但是因为群龙无首，于是请他来当首领。

陈婴的母亲是一个有点见识的女人，她对陈婴说：自从我嫁到你家后，就没有听说你家祖上有高位贵人，现今突然得到这么大的声望，恐怕会遭人嫉恨，成为众矢之的。你还不如另选人来做王，你当助手，事情成功了，能得赏赐；失败了，你也不是领头的，祸害也不大。

陈婴觉得母亲的话很有道理，而他也深知自己没有能力不足以领导大军；无奈骑虎难下，最后还是被强行推上了首领的位置。

正好当时项梁、项羽叔侄听说了东阳起义的事后，决定与他联盟，项梁还亲自写了一封信给陈婴。于是秦二世二年，陈婴率领起义军两万多人从属项梁。后来项梁立熊心为楚怀王，陈婴被任为上柱国，封五县。

任何事情都不是想当然可以成功的，判断一件事情可否去做，首先要考量的就是自身的实力，其次就是要抓恰当的时机，顺应时代潮流。正所谓"时势造英雄"，为何每当乱世，便英雄辈出？就是因为时代浪潮推动的。若是逆时逆势而为，不要说你能力不足，便是你有翻天的本事也不可能成事。

一阵狂风刮断了一棵大树。大树倒下的瞬间，看见弱小的芦苇却完好无损，于是就问芦苇："为什么这么粗壮的我都被风刮断了，而这么纤弱的你却什么事也没呢？"芦苇回答说："因为我知道自己弱小，所以就低下头给风让路，避免了狂风的冲击；而你却凭着自己粗壮有力，拼命抵抗，结果被狂风刮断了。"

《管子·宙合》中曾经讲到，圣贤之人身处乱世，如果明知道治国之道不可行，就会潜伏抑制自己以回避刑罚，静默以谋求幸免。所谓回避，就像夏天避到清凉之地，冬天避到温暖之地，这样就可以免去寒暑的侵害了。但这并不是因为怕死而不忠于国君，因为如果勉强进言就会遭受羞辱，而毫无功效，往上说，伤害了君主的尊严；往下说，伤害了人臣个人的生命，那是十分不利的。所以隐退而不肯扔掉笏版，停职却不放下读书，为的是等待清明时世。

微子原为殷商贵族，帝乙的长子，殷商最后一个皇帝帝辛的庶兄，帝辛也就是我们常说的商纣王。殷商末年,纣王无道,穷奢极欲,暴虐嗜杀,导致众叛亲离,国势日衰。微子屡次进谏,均不被采纳,于是出走避祸,后来殷商果然被周武王所灭。

武王灭商后,微子乃持商王室宗庙礼器,来到武王军营前,表示投降。他袒露上身,双手捆缚于背后,跪地膝进,左边有人牵羊,右边有人秉茅,向武王请罪。武王为了向天下人展示自己宽厚为怀,便将他释放,并宣布恢复他原有爵位。

有句俗话叫做:"识时务者为俊杰。"意思就是说人要"知进退,识时务",只有认清天下大势、时代潮流的人才是杰出人物。正所谓"春采生,秋采疏,夏处阴,冬处阳"说的就是为人处世要"因时而动,就势而为"。微子没有跟随商纣王赴难,而被周武王封于宋国,成为殷商遗民的领袖,从而使祖宗祭祀不灭,后代不断绝。这并不是因为怕死,而是为了留着有用之躯,做些有意义的事情,而不做无谓的牺牲。

3.不必烦恼,办法总比困难多

大道废,有仁义;智慧出,有大伪;六亲不和,有孝慈;国家昏乱,有忠臣。

——《道德经》第十八章

大道毁坏之后,才产生仁义;智巧出现之后,才产生虚伪;六亲不和之后,才产生孝慈;国家昏乱之后,才产生忠臣。

忧愁和烦恼通常会使人的情绪波动,使原本能够做好的事情都无法做好。老子面对这种情况提出了"大道废,有仁义;智慧出,有大伪;六亲不和,有孝慈;国家昏乱,有忠臣"的观点。在老子看来,任何困难都不必过于烦恼,总会找到解决的办法。

美国成功学家格兰特纳说过这样一段话:"如果你有自己系鞋带的能力,你就有上天摘星星的机会!"一个人对待生活、工作的态度,是决定他能否做好事情的关键。很多人在工作中寻找各种各样的借口,抱怨命运对自己的不公,然而这一切并不能换来所谓的公正。唯有用平静的心态去面对生活中的种种境遇,才能去除烦恼,解决那些看似无解的难题。

一个小男孩晚上与家人一起玩牌,连续几次抓的牌都很差,结果全输了,于是他开始抱怨自己手气不佳、运气不好。这时,男孩的母亲突然停止玩牌,严肃地对小男孩说:"无论你手中的牌怎样,你都必须接受它,并尽最大努力玩好自己的牌!"小男孩望着母亲那严肃认真的面孔,愣了愣神。只听母亲接着说道:"人生也是如此,上帝为每个人发牌,你无法选择牌的好坏,但你可以用好的心态去接受现实,并竭尽全力让手中的牌发挥出最大的威力,获得最好的结果。"

从此以后,小男孩一直牢记着母亲的这番教诲。他不再抱怨自己的命运,而是以良好的心态去迎接人生的每一次挑战。就这样,他从得克萨斯州的农村少年,一步步成为陆军中校、盟军统帅、美国总统。这个小男孩,就是美国第32任总统——艾森豪威尔。

人们在工作中会遇到很多困难。但困难是死的,人是活的,活的人去解决死的困难,方法就像通往罗马的道路一样有很多种。我们可以从不同的角度入手,去思考它、研究它,找到多种解决困难的办法。

阿基米德是世界上伟大的数学家之一，他就遇到过一件很棘手的事情：

叙拉古城当时的统治者海厄罗王为了报答诸神的恩泽，决定建造一个华贵的神龛，内装一个纯金的金冠作为祭祀物。金匠如期完成任务，这时有人告密说金匠私吞了部分金子，企图用等重的银子掺入蒙混过关。愤怒却又无法判断是否确有其事的国王请来了阿基米德做鉴定。

面对这个无法用常规数学方法解决的问题，阿基米德一时也想不出办法。但他并没有因此而愁眉不展、牢骚抱怨，相反，他尝试着运用各种方法去解决这个难题。最终，阿基米德在用澡盆洗澡时突受启发，豁然开朗，利用浮力辨出了金冠的真假，也让他成功地发现了浮力定律。

有人说过这样一句话："前方是绝路，希望在拐角。"当我们认为困难无法解决时，就好像到了绝路一样。这个时候困难就像横在我们面前的河，你要突破它的阻碍，可以从桥上过去，也可以坐船过去，还可以自己游过去。事实上，每一种困难都有多种解决办法，关键在于面对困难的时候，不是知难而退、被困难所吓倒，而是迎难而上，不断想方法、找办法，这也是成功与失败的差距。

俗话说："没有翻不过的火焰山，没有趟不过的流沙河。"相信自己，遇到困难要以积极向上的态度去对待。如若遇到困难首次失败之后，不能耐着性子去尝试解决办法，那么爱迪生永远发明不出来灯泡，飞机也永远上不了天，一切不能一次成功的东西都不会出现在这个世界上。

4.要勇敢，更要勇于"不敢"

勇于敢则杀，勇于不敢则活。此两者，或利或害。天之所恶，孰知其
故？是以圣人犹难之。

——《道德经》第七十三章

好勇而强悍就会容易死，有勇气持守于柔弱就可活。这两种选择，一
个得利，一个遭害。哪一个更为天道所厌恶？谁知道是什么缘故？所以，
"圣人"面对这样的选择，也会感到为难。

大家经常说，看看谁敢做那件事情谁就厉害，这个人真是了不起。我
们还是得承认那些人有做这些事情的勇气，可是在相当多的时候，我们
却发现勇于不敢做某些事情的，才是真正的英雄。勇于敢的人首先要称
赞他的是勇，勇于不敢的人，真正称赞他们的不仅仅是勇，还有谋。

唐朝末年，战乱不断，郭子仪身先士卒，屡建战功。唐肃宗即位之后，
郭子仪被任命为兵部尚书以及节度使等重要职务。在作战两年之后，郭
子仪就跟随广平王李豫出任元帅，统率着十五万大军收复长安。唐肃宗
亲自慰劳将士，对郭子仪说："天下能打下来，都是你的功劳呀！"这在别
人看来是莫大的荣誉了，但是郭子仪自己心里很清楚，唐肃宗害怕他功
劳巨大难以驾驭，因此一直没有赏赐他为大元帅的职位。唐肃宗还派了
太监鱼朝恩来监督军队。区区一个太监，根本就没有带兵打过仗，对军事
毫无所知，却对军事行动处处阻挠，郭子仪打起仗来也是束手束脚的。将
帅之间指挥不力，进退为难。皇帝没有办法了，只得派郭子仪担任山南东

道的行营元帅，太监鱼朝恩因此更加嫉妒，暗中告密唐肃宗，说了郭子仪许多坏话，皇帝竟然听信了，就让郭子仪交上兵权回到京师。接到命令之后，将士们群起反对，郭子仪只得瞒着部下悄悄溜走，奉命回到京城赋闲起来，别人也看不出他有一丝一毫怨言。

郭子仪一走，史思明再次攻陷了洛阳，西方边境的少数民族政权也在逼近。在这危难时刻，大家都推举郭子仪再次出征，不应该让他在家里闲着没有事情做。唐肃宗没有办法，就让他重新统率兵马，还赐了汾阳王。唐肃宗这时候已经奄奄一息了，郭子仪要求见他，唐肃宗临死的时候跟他说："叛乱就托付给你了。"

唐肃宗死后，唐代宗即位，他又听信手下的谗言，猜忌功劳卓著的郭子仪，因此罢免了他的一切兵权职务，让他去督造皇帝陵寝。郭子仪一面尽职尽责做好自己的本分工作，一面把唐肃宗赐给他的诏书全部上缴给唐代宗，唐代宗看后有所感悟，也亲自向郭子仪道歉。

紧接着，藩镇首领梁崇义占据了襄州，其他叛将则与回纥、吐蕃等少数民族政权一块进犯。唐代宗仓皇间避难，期间又让郭子仪当副元帅，坐镇咸阳。可是，郭子仪罢官回家后身边只有几个将士，没有办法只得凑了民兵一路南下，收集残兵败将，最后好不容易碰到旧日部将前来迎接，这才有了正规的部队。随后，吐蕃连夜败走，郭子仪也趁机收复了失地。

郭子仪在立身处世的时候，有进有退，从不怨天尤人。相反，很多将领手中有权的时候非常得意，可是他们掌握了权力之后就再也没有勇气放下，最终落得身首异处结局的也不在少数，看来勇于不敢的还真是让人佩服。

孔子曾经与他的学生子路聊天，子路是孔子手下最有勇力的人，他就问孔子："如果发生了战争，您让谁当统帅？"孔子说："当然是我了。"子路不解地问:"我不是很勇敢么?"孔子说:"你是很勇敢,可是我不仅仅勇敢,还能不敢。"

孔子的话一针见血地指出了子路的不足,并指出了自己的长处。光勇敢是不够的,仅有勇敢那就成了蛮干,若是勇于不敢,更需要有胆识与认清形势。

5.功成身退才是真英雄

功遂身退,天之道也。

——《道德经》第九章

事业成功了,名誉得到了,就此退出去,这才是合于自然规律的。

老子一直在劝那些为政者功成身退,激流勇退,也是基于当时老子自身的时代背景。春秋末年,老子早就看透了时局变幻,看透了升降变迁的历史潮流,多少政权在得势时如日冲天,失势时不日之间销声匿迹,又有多少英雄在得势时声威显赫,在失势时家毁人亡,不得善终。老子对此不免慨叹,佛家也曾经说过:"崇高必致堕落,积聚必有消散。缘会终须别离,有命咸归于死。"真是寓意相通呀!

笑看风云,历史上功成身退之人不胜枚举,但他们都有一个共性,就是能够看清时势。

春秋时期的范蠡，出身贫寒，却胸怀韬略，年青时就学富五车，满腹经纶，但是不为权贵赏识，一直默默无名。当时在南方吴国与越国争霸，连年征战不休。一开始越王勾践打败吴王阖闾，阖闾死后其子夫差即位，为报父仇，在夫椒山将越王勾践打得落花流水，勾践仅剩五千兵卒逃回会稽山。范蠡在勾践穷途末路之际投奔越国，商议与吴王夫差议和之事。于是被拜为大夫，陪同勾践夫妇在吴国为奴三年，三年之后他与文种拟定了兴越伐吴之术。他首先跋山涉水求访到了德才兼备的女子西施，将之献给吴王，让吴王沉迷于酒色之中，不理政事。接着又辅佐勾践制定富国强兵的策略，二十余年间，苦心戮力，最后让吴王夫差兵败身亡，成就了越王勾践的霸业，被尊奉为上将军。

在欢庆之时，范蠡功成身退，传说与西施泛舟西湖，过上了隐姓埋名的生活。后来他来到了齐国，带领着儿子与门徒在海边结庐而居，辛勤耕作，并且还致力于经商，几年间就积累了数千万的家产。他仗义疏财，深受齐人赏识与敬重，齐王把他请进国都后，拜他为相国，主持国家政务，他慨叹道："我当官到了相国，治家能够有千金之多。对于一个白手起家的平民百姓来说，已经到了极点了。若是长久受这样的荣誉，怕不是好的兆头。"因此三年后，范蠡再次向齐王提交了相印，散尽家财离开。

无官一身轻的范蠡来到了山东定陶西北，这里是中原的交通地带，非常适合经商，于是范蠡就根据时节、气候、民俗风情治理产业，不到几年就又成了大富之人，自号陶朱公。后代史学家称范蠡忠诚报国，智慧能够保全自己，经商能致富，天下闻名，确实是不凡之人。

相比较而言，与范蠡同事于越王勾践的大夫文种则没有这么好的下场了。就在越王勾践在吴国为奴期间，文种主持国政，他实行爱民之道，总结出了征伐的经验，并提出了讨伐吴国的九条策略。越王勾践在打败吴国之后，范蠡隐退时还曾经留给文种一封信，信中说："天上的鸟没有了，好的弓箭就会被藏起来，兔子没有了，捉兔子的狗就会被烹着吃了。"范蠡的意思就是让文种快点辞官隐退。但是，文种并没有这样做，只是假装生病不入朝。有人谗言说文种将要谋反，越王勾践就赐给文种宝剑说："你当初给我出了九条对付吴国的策略，我只用三条便打败了吴国，剩下六条在你那里，你用这六条去地下为寡人的先王去打败吴国的先王吧。"最终，文种被迫自杀。

后世以此为戒者不在少数，但还是有很多人因贪恋高官厚禄，并不能免于此，因此要做到功成身退也不是一件非常容易的事情，很多时候还真得有老子的心境。

秦汉时期的张良本出生于韩国的官僚家庭，家庭富裕，祖上担任高官。但秦始皇在统一六国的时候，就把韩国给消灭了，国破家亡，张良抱效国家的宏图大志也破灭了。于是，张良就拿出家财来收买刺客，刺杀秦始皇，他找到一位大力士，在秦始皇东巡的时候趁机伏击，可是120斤的大铁锤误中副车。秦始皇大怒，因此下令全国通缉，张良也只好隐姓埋名，流亡到江苏一带。后得到高人的指点，得到《太公兵法》，潜心研读。

秦末农民大起义时，张良跟随了刘邦。刘邦与项羽约定兵分两路攻打咸阳的时候，约定先入关者为王，张良建议立韩国公子韩成为王，让刘邦走南路，引兵南下，直趋霸上，秦朝灭亡。就在刘邦进入咸阳之后，看见秦朝宫殿富丽堂皇，财宝堆积如山，宫女如云，不禁飘飘然起来。可是张良力劝刘邦认清形势，宝货无所取，还军霸上，据隘固守，等待项羽。

在鸿门宴上，刘邦又听取了张良的建议，央求项伯给项羽带话，刘邦不敢背叛，据隘防守，是为了防范盗贼。驻军霸上，正是等他来处置。项羽手下范增打算让项庄趁舞剑的机会杀掉刘邦，张良则让刘邦借上厕所的机会逃回霸上，转危为安。

鸿门宴后，项羽自立为西楚霸王，并把刘邦封为汉王，居巴蜀之地。张良劝刘邦将计就计：前边往汉中走，后边烧掉从汉中通往关中的栈道，表明自己并无北上的心思。然后趁项羽不加提防的时候，"明修栈道，暗度陈仓",挥师东进,经过三年多时间的"楚汉战争",终于打败项羽,建立了汉家天下。

汉初,封赏功臣,刘邦评价张良是"运筹帷幄之中,决胜千里之外",要封他为齐三万户侯,张良却一再推辞说:"我不敢接受这样的封赏。我初见皇上是在留城,但愿封到留城就可以了。"于是,他被封为"留侯"。张良多病,就趁机提出了辞退的请求,从此就脱离了政界,学习道家修身之道。

对于张良这位实实在在的伟人,后世是普遍敬仰羡慕的。其舍财求士、博浪椎秦的勇气,显示着中国人抗暴的精神;其"运筹帷幄之中,决胜千里之外"的思辨能力,是对后人学习智慧的一种启示;而其轻名位利禄、功成身退能保全名节,又是人们追求的一种操守。这些都是古代中国人自我修养力图完美人生的追求和境界。

韩信就是因为不懂得"功成身退"而惨遭杀害的典型。

毫不避讳地说,刘邦的江山有一大半是韩信打下来的,可以说没有韩信就没有西汉王朝,刘邦更不可能当皇帝。韩信功高盖主,在刘邦当皇帝之后他本应该想到这点,然而他还是傻乎乎地以功臣自居,完全没有了当初带兵打仗时的聪明智慧。刘邦可想到了这点,为了巩固他的皇帝地位,他上台后做的第一件事就是削弱韩信的势力,把当时还是"齐王"的韩信徙封为"楚王",使其远离自己的发迹之地。然后又有人适时告发韩信"谋反",刘邦又将他再贬为"淮阴侯",不出几个月吕后又和刘邦唱了一出双簧:前脚刘邦带兵出征,后脚吕后就让萧何将韩信诱至长乐宫以谋反之罪杀掉。

有了功不居功,有了名不恃名,任何时候保持一颗平常心,是我们一生都需铭记的智慧。

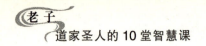

6.宽容他人就是善待自己

和大怨,必有余怨;报怨以德,安可以为善?

——《道德经》第七十九章

企图和解深重的怨恨,必然还有余下的怨恨保留着。老子反问说,这样做就算是妥善解决了吗?

世间纷扰,总会产生各种各样的怨愤,但是人们对于怨愤的态度是不同的。有高尚道德情操的人会把怨愤看得非常轻,非常淡,因此他也不会轻易地去找他人的麻烦。

北宋初年,宋太祖赵匡胤突然逝世,赵光义在太监王继恩的辅助下,登上了皇位,这就是历史上著名的宋太宗。宋太宗的继位在当时引起了朝野的动荡,宋太宗为了收买人心,于是大规模地开科取士,太平兴国二年,宋太宗第一次开科取士时就录取了500名进士,吕蒙正正是这次开科取士中的头魁。

对于这批新状元,宋太宗都给予重用。吕蒙正作为第一名自然少不了条件优厚,被授予监丞的职位,升为州通判,还给钱20万。宋太宗还下旨说,如果遇到对百姓们不好的事情,准许他们通过驿站向皇帝汇报。因此,在宋太宗的关注中,吕蒙正就很快参与处理国家事务了。

吕蒙正为人十分宽厚,早些年,他父亲有好几个宠妾,对妻子刘氏就渐渐疏远了,因此刘氏与父亲的关系就逐渐僵化了,刘氏与吕蒙正都被赶出了吕家,刘氏发誓不再改嫁,母子二人相依为命,艰难度日。当吕蒙正步入仕途之后，家境大为改观，吕蒙正根本不计较父亲之前的所作所为，反而把父母接到家中，同堂异室而居，对其悉心照顾，一家人也是逐渐融洽起来。

可是吕蒙正入朝为官的时候，正当青年，迅速的升迁引起了很多人不满，尤其是那些老臣。但是，当时的宋太宗非常器重他，谁也奈何不了，为此只好在背后说他的坏话，发一下牢骚。有一次，吕蒙正刚刚步入朝堂，就有人指着他说："这个小子也是参政？"吕蒙正假装没有听见，从那个人面前走了过去。与吕蒙正一块上朝的同僚，听了这句话之后愤愤不平地说了起来，非要找出那个人来。吕蒙正急忙阻止说："如果知道了他的姓名，我恐怕一辈子也忘不了，还是不知道的好。"这样，新旧朝臣的矛盾中，吕蒙正宽容的态度赢得了别人的好感，他的形象也树立起来了。时间久了，吕蒙正在朝中也逐渐积累了丰富的从政经验。从吕蒙正步入仕途到出任宰相，仅仅十二年的时间，此时的吕蒙正也不过是一个四十刚过的中年人。尽管吕蒙正身居高位，但是他那宽厚待人的性格一直没有发生变化。

后来，有很多人想来活动一下以求得升迁，吕蒙正都巧妙地予以回绝。当时朝中很多人在收藏古镜，有人自称他的古镜能照见方圆200里以内的东西，那人打算把镜子送给吕蒙正，希望得到他的赏识。吕蒙正听说后就笑着说："我的脸只有碟子大小，怎么能用照方圆200里的镜子呢？"吕蒙正用巧妙的手法打消了这位送礼者的念头。

吕蒙正的快速升迁与宋太宗的重用与赏识密切相关，但是他并没有因此飞扬跋扈，不知所以。在吕蒙正刚刚出任宰相的时候，就有人向宋太宗告发说吕蒙正挟私报复。当时身为蔡州知州的张绅，因为贪污被免职，有人就对宋太宗说："张绅家境富饶，不会贪污的，这肯定是吕蒙正怀恨在心。因为吕蒙正在贫寒时，曾向张绅借钱，可是张绅并没有借给他许多。现在吕蒙正位居宰相，他便想有意加害，以此发泄心头的怨恨。"宋太宗经他这么一说，就下令恢复了张绅的官职。尽管别人诽谤吕蒙正，但是他依旧没有向宋太宗辩解什么,他相信事情终究会明了。

不久之后,吕蒙正被罢免了宰相。在此后的官员考核中,宋太宗发现了张绅贪污的罪证,于是就贬张绅为绛州团练副使,后来吕蒙正恢复相位,宋太宗觉得自己当初错怪了他,就向他说明了张绅贪污的事实。

吕蒙正一点也没有辩解,只是宽厚地沉默着,他知道所有的诽谤与误解都会烟消云散。吕蒙正的品格也一直让后人敬佩。

人与人交往,应着眼于未来,不念旧恶。原谅别人,是对待自己的最好方式。为你的仇敌而怒火中烧,烧伤的是你自己。人若能怀着一颗宽恕他人的心待人,必能使自己远离痛苦、仇恨和报复,与之俱来的是淡定、温馨和和谐。

宽恕别人可以消除怨恨,化解敌对情绪,赢得友谊和称赞。成天都生活在仇恨之中的人,永远都体会不到什么叫做快乐。如果一个人凡事斤斤计较,势必会与周围敌对化,从而格格不入。所以我们应该尝试着去宽容别人,这样既能化解矛盾,又能增进彼此间深厚的友谊,更能令自己的身心愉悦健康,何乐而不为呢?

二战期间,两名战士与部队失去了联系。他们带着剩余的一点鹿肉,在森林中艰难跋涉,互相鼓励、安慰。

一天,两人遇敌,就在巧妙逃开之后,只听一声枪响,走在前面的年轻战士肩膀中了枪。后面的战友惶恐地跑了过来,把自己的衬衣撕下包扎伤口,抱起战友的身体泪流不止。

晚上,未受伤的战士一直叨念着母亲,两眼直勾勾的。他们都以为自己的生命即将结束,身边的鹿肉谁也没动。第二天,部队救出了他们。

事隔30年后,那位受伤的战士安德森说:"我知道谁开的那一枪,他就是我的战友。他去年去世了。当时,在他抱住我时,我碰到他发热的枪管,但当晚我就宽恕了他。我知道他想独吞我身上带的鹿肉活下来,但我也知道他活下来是为了他的母亲。此后我装作根本不知道此事，也从不提及。很多年后，他说出了事情原委，请求我原谅他，我没让他说下去。我们又做了二十几年的朋友，我没有理由不宽恕他。"

莎士比亚说："宽容就像天上的细雨滋润着大地。它赐福宽容的人，也赐福被宽容的人。"

对于那些伤害你的人，如果你紧紧抓着你的伤痛不放，你就是在给那些伤害你的人以力量，让他们控制你；可是当你原谅他们，你就切断了跟这些人的连接，他们就再也不能打击你。宽恕别人的错误不只是放他人一马，更是对自己的善待。

诺贝尔和平奖获得者、南非黑人领袖纳尔逊·曼德拉在度过了长达27年的监禁生活后，第二天即投入到自己钟爱并为之奋斗一生的争取民族独立和解放的运动中，并在南非首度不分种族的大选中获胜，成为南非第一位黑人总统。

有5万人参加了就职典礼。面对三名前狱方人员的到来，他邀请他们站起身并介绍给大家。在场的人无不为之感动。当其中一位美国特使团成员、当时身为第一夫人的希拉里问他如何在激流险壑、风云变幻的政治斗争中，保持一颗博大、宽容的心时，曼德拉意味深长地看了她一眼，以自己获释出狱当天的心情回答了她。

他说："当我走出囚室、迈向通往自由的监狱大门时，我已经清楚，自己若不能把悲痛与怨恨留在身后，那么我其实仍在狱中。"他没有深陷于心的监狱，成为自己的囚徒，而是宽恕了别人，从而善待了自己。

报复常常使仇恨者和被恨者双方都陷入仇恨越结越深的痛苦深渊中。佛陀说："你永远要宽恕众生，不论他有多坏，甚至他伤害过你，你也一定要放下，这样才能得到真正的快乐。"当我们的心灵为自己选择了宽恕的时候,我们便获得了应有的自由,因为我们已经放下了仇恨的包袱。

当然,消除内心的仇恨并不是一件容易的事,当你心中充满怨恨的时候,如果一味地强迫自己忘记,恐怕会适得其反。有的时候不妨换一种思路,尝试暂时地承认心中的仇恨,因为从某种意义上来讲,正视自己心中的怨恨,就意味着你走出了宽恕的第一步。

第四章

自知者明，做自己的人生舵手

1.切忌不懂装懂

知不知，尚矣；不知知，病也。圣人不病，以其病病；夫唯病病，是以不病。

——《道德经》第七十一章

知道自己有所不知的人，是上等人；不懂得却自以为自己懂，是做人处世的大毛病。圣人不会有这样的大毛病，因为他知道这是毛病，并且能够自己纠正毛病；正因为他知道这个毛病就是毛病，所以他没有毛病。

真正聪明的人、有知识的人不会自我夸耀，而善于夸耀自己的人也不一定真的有学问。老子就教导我们一定要善于加强自己的修养，若是与人交往时夸夸其谈，不但表现不了自己，还会贻笑大方。

有这样一个笑话：

杰克夫妇并没有多少学问，但是他们爱慕虚荣，一直都向往一种自命不凡、高人一等的生活。

这天，夫妇二人去参加一个上层人士举办的酒会，在漫无边际的闲聊中，话题转到了莫扎特。

"一个绝对的音乐天才！才华横溢，无人能及！"有人简练地评价道。杰克夫人做梦都想加入这种对名人品头论足的讨论，那样能显示自己知识渊博。为了显示自己的智慧和身份，她不失时机却又故作轻松地说道："噢，莫扎特，我非常同意您的见解，我喜欢他这个人，也许你们不敢相信，今天早晨我还在21路车站和他聊了几句，他正要去音乐厅客串一场演出，上车之前他还礼貌地向我道了别，真是一个非常懂礼节的人。"

杰克夫人的话音一落，周围便顿时安静了下来，大家都轻蔑地看着她。

旁边的杰克觉得自己蒙受了巨大的耻辱，他走到夫人面前，略带愠怒地耳语道："我们现在就走，快穿上你的外套，我们得赶快离开。"

驾车回家途中，杰克一言不发。

"杰克，你是不是生气了？"杰克夫人打破沉默。

"噢，是吗？你终于注意到了？"杰克用嘲讽的口吻说道，"你今天让我丢尽了面子！你看见莫扎特坐21路车去音乐厅了？你这个自以为是的傻瓜！谁都知道21路车根本就不路过音乐厅！"

不懂装懂其实就是内心无知的表现，为了掩饰自己的无知，费尽心力去假装自己是个"专家"。也许开始的时候，人家还真以为你是个"专家"，可你话一出口就露了馅，让人忍俊不禁。

有一个人想拜见县官求个差事。为了投其所好，他事先找到县官手下的人，打听县官的爱好。

他向县官的随从问道："不知县令大人平时都有什么爱好？"

"县令无事的时候喜欢读书。我经常看到他手捧《公羊传》读得津津有味，爱不释手。"随从告诉他说。

这个人把县令的爱好记在心里，胸有成竹地去见县官。县官问他："你平时都读些什么书？"

"别的书我都不爱看，一心专攻《公羊传》。"他连忙讨好地回答说。

县官接着问他："那么我问你，是谁杀了陈佗呢？"

这个人其实根本就没读过《公羊传》，不知陈佗是书中人物。他琢磨了半天，以为县官问的是本县发生的一起人命案，于是吞吞吐吐地回答："我平生确实不曾杀过人，对于陈佗被杀之事更是一无所知。"

县官一听，知道这人并没读过《公羊传》，才回答得如此荒唐可笑。县官便故意戏弄他说："既然陈佗不是你杀的，那么你说说，陈佗到底是谁杀的呢？"

这人见县官还在往下追问，更加惶恐不安起来，吓得狼狈不堪地跑出去了，连鞋子也来不及穿。别人见他这副模样，问他怎么回事。

"我刚才见到县官，他向我追问一桩杀人案。等这桩案子搞清楚后，我再来吧。"他边跑边大声说。

一个人应该用诚实、谦虚的态度去对待知识，对待别人。不懂就是不懂，为何要装懂？但凡有此陋习者都是爱慕虚荣之人，肚中本无多少知识，偶然被人问住，欲明说"不知道"，又恐丢了面子，只好不懂装懂，信口胡诌，答非所问，敷衍了事，聊以脱身。或者明明知道自己能耐不大，却不甘寂寞，人前人后"打肿脸充胖子"，摆出一副博古通今的架势，张嘴就是"张飞打岳飞，打得满天飞"，专唬那些学识浅薄之徒，借以满足自己的虚荣心。承认自己也有不知道的事并不丢人，而为了自抬身价而不懂装懂、自欺欺人的做法只会贻笑大方,就像滥竽充数的南郭先生一样,终有灰溜溜逃走的那一天。

"三人行必有我师。"可见没有人能门门学问都通,任何事情都了解,必然有很多需要学习和弥补的地方。而不懂装懂就像给不足之处盖上了一块遮羞布,施了个障眼法,虽然能暂时挡住别人的视线,但是终有真相大白的一天,那时他就要为自己的欺骗行为付出代价。

一个肚子里连一滴墨水都没有的人,却装出一副无所不知的大学问家的样子,目的是为了在听众信以为真的反应中获得"虚荣心"的满足。他们以为不懂装懂,可以使别人相信自己是内行,以此赢得别人的尊重,却不知,孤陋寡闻的他们是很容易露馅的。所以,人要有自知之明,千万不要"夜郎"自大。

在知识迅速增长的今天,领导者更应该扎扎实实地掌握好技能,更应该用虚心的态度向别人请教。孔子也曾经说:"知之为知之,不知为不知,是知也。"最后一个"知",实际上是"智"的通假字,孔子也认为懂得自己无知,是一种智慧。对于我们来说,只有感觉到自己的无知,才能更加有知。

2.自知之明比才华更重要

天地不仁,以万物为刍狗;圣人不仁,以百姓为刍狗。天地之间,其犹橐籥乎? 虚而不屈,动而愈出。多言数穷,不如守中。

——《道德经》第五章

天地没有仁慈，它对待万物如同对待稻草狗。圣人没有仁慈，它对待百姓如同对待稻草狗。天地之间，难道不正像那种风箱吗？它空虚但并不匮乏，风就连续不断地冒出。讲话太多就会窘困，不如将一切深藏于内心。

自我感觉良好的人常常会陷入自我膨胀当中。我们每个人都需要有一技之长从而更好地活在这个世界上，在某些方面的特殊才能使我们形成了独特的风格和个性，人生也变得更加精彩，这是值得我们引以为荣的。但是，请记住，山外有山，人外有人，别把自己太当回事，如果总是恃才傲物、目中无人、自以为是，那么很有可能会搬起石头砸自己的脚。

新加坡淡马锡控股公司的首席执行官何晶，为人很低调。她从不接受采访，即使在公开场合讲话，也很少回答人们的提问。在与何晶共事过的人眼中，她是一个精明强干、思想敏锐的人，也是一个不愿被媒体曝光的商业女强人，但不为人知的是，何晶还是新加坡总理李显龙的夫人。

作为新加坡的第一夫人，何晶却喜欢朴素装扮，她总是留着一头短发。当记者问她为什么这么低调时，何晶讲了一个寓言故事：两只大雁与一只青蛙同在一个池塘里，池塘的水越来越少，于是大雁决定要飞回南方。大雁对青蛙说："要是你也能飞上天多好呀，我们还可以经常在一起。"青蛙灵机一动，它让两个大雁衔住一根树枝，然后它自己用嘴衔在树枝中间，一起飞上了天。地上的青蛙们都羡慕地拍手叫绝。这时有人问："是谁这么聪明，想出这个方法？"那只青蛙生怕错过了表现自己的机会，于是大声说："这是我想出来的！"刚一张口，话还没说完，它便从空中掉了下来。

迈兹纳曾有一句名言："不要把自己看得太重要，没有你，事情一样可以做得好。不要把自己太当回事，坦诚而平淡地生活，没有人把你看成是卑微、怯懦和无能。如果你老是把自己当作珍珠而四处炫耀，那么就时时有被淹没的危险。"

很多时候,我们远不像自己想象的那般重要,那样受人关注。把自己看轻一点,把自己放得轻松点,就能解决很多问题,而不是陷入无尽的烦恼与痛苦之中。

即使你真的非常优秀,非常了不起,也请你不要自我膨胀。无论你从事着什么行业,过着怎样的生活,都不过是一个人。即使能翻手为云,覆手为雨,也不要把自己太当回事,因为许多事情都是一时的、短暂的,如果你把自己太当回事,可能有一天你会变得什么也不是。自我膨胀就像是在吹气球,谁都希望气球变大,但是吹入的气体过多就会爆裂。做人还是要谨慎一些,别把自己太当回事了,否则只能让人产生反感,像吹爆的气球那样毁掉自己。

如果能对人生有清醒的认识,对自己有足够的了解,客观而公正地对待,方能从容地面对激烈的竞争,在生活的每一天都收获欣慰的笑容和真正的快乐。

孔子问子贡:"你跟颜回谁更博学一点?"子贡回答:"我怎能和颜回相比?他能够以一知十,我听到一件事,只能知道两件事。"

子贡有没有颜回博学其实并不重要,可是子贡的自知之明却深得孔子欣赏,这种明智使他勇于诚心看待自己,这份从容更是胸襟宽阔的表现。正是这种独特的人格魅力使子贡名传千古。

哲学家认为,诚实地向自己展开自己,是人生一道优美的风景线。没有自知之明,就好像"目不见睫",我们的眼睛可以看见远处的东西,却看不见自己的睫毛。有自知之明是一种智慧,而没有自知之明的人,便是最大的愚昧。

蚂蚁的力量是众所周知的。但是有一只蚂蚁,力气大得不得了,自开天辟地以来,像这种蚂蚁大力士还没有出现过,它可以毫不费力气地背上两粒麦子。它的勇气也是别的蚂蚁所没有的,它能像老虎钳似的一口咬住蛆虫,而且常常单独和蜘蛛作战并且获得胜利。很快它就在蚁冢之内声名大盛，它成为了蚁族的骄傲和大家的偶像。

出名后的它变得有些飘飘然，赞美颂扬的话每天都不绝于耳，它开始不满足于现在的局面，它想进城获得人类和其他动物公认的大力士称号。有一天它爬上了最大的运粮食的车，坐在赶车人身边，骄傲得像个大王。

但是这只蚂蚁的满腔激情在进城的一刹那就被浇了冷水。它满以为人们会从四面八方赶来迎接它，可是它发觉大家根本不理会它。它大喊着："喂喂喂，你们快来看看我，我是蚂蚁中力气最大的！"但是大家都在忙自己的事情，根本就听不到它微小的呐喊。这只蚂蚁找到一片树叶，在地上把树叶拖呀拖的，它机灵地翻筋斗，敏捷地跳跃，可是依然没有人注意到它。它颓败地抱怨道："人类真是愚不可及！我表现了种种武艺，怎么就没有人来给我掌声夸赞我呢？如果人类上我们这儿来，他们就会知道，我在全蚁冢是赫赫有名的大力士。愚蠢！人类简直太愚蠢了！"

聪明的蠢才不是蠢在没有才华，而是没有自知之明。世界之大，应该客观地看清自己，知道自己的优劣，就像这只蚂蚁觉得自己声名扬天下，却也只是仅限蚁族而已。我们应该对自身的价值有个大概的估量，明确自己的人生观，对自己有个清晰的认识。

人人都喜欢听好话，赞美的话，然而很多时候，听到类似这样的话却没有自知之明的人，根本就不去在乎它是奉承话，或是谎言，只要自己听着舒服便信以为真，飘飘然起来，真的觉得自己像别人说的那么厉害，那么伟大，却不知别人说这些话的目的也许是为了让他放松戒备，也许是为了从心理上摧垮他，也许是为了讨好他，或有求于他。

在《战国策·邹忌讽齐王纳谏》中邹忌就很有自知之明，听到了妻子妾室和客人的赞美却没有被这些吹捧冲昏头脑，他说："妾之美我者，畏我也；客之美我者，欲有求于我也。"这些好话并没有使邹忌真的觉得自己比徐公美,而是清晰地知道他们赞美自己的意图,这是很多人做不到的。

要真正了解自我,就必须换一个角度看自己。

首先,要"察己"。客观地审视自己,跳出自我,观照自身,如同照镜子,不但看正面,也要看反面;不但要看到自身的亮点,更要觉察自身的瑕疵。对自己的学识能力、人格品质等进行自我评判,切忌孤芳自赏、妄自尊大。

其次,要不断完善自我,有则改之,无则加勉。须知道天外有天,人外有人;尺有所短,寸有所长。

古人云:"吾日三省吾身。"也就是说,人的自知之明是来源于自我修养和自我醒悟。因为自省而不受言语的纷纷扰扰,因为自省而比任何人知道自己擅长什么和什么地方不足,也就避免了因为没有自知之明而闹出的笑料。

所以我们只有真正了解自己的长处和短处,避己所短,扬己所长,才能对自己的人生目标进行准确定位。

3.自知不自见,自爱不自贵

民不畏威,则大威至。无狎其所居,无厌其所生。夫唯不厌,是以不厌。是以圣人自知不自见,自爱不自贵,故去彼取此。

——《道德经》第七十二章

如果人民不畏惧统治者的权威，那么可怕的事件就要降临了。不要逼迫人民不得安居，不要阻塞人民的生计。只有不压迫人民，人民才不会反抗。圣人只要求自知，而不自我张扬；只要求自爱，而不自以为高贵。因此圣人舍去后者(自见、自贵)而取前者(自知、自爱)。

老子首先对所有的统治者提出了一个忠告：对待人民要宽厚一点。如果一味凭借恐怖手段，当人民不怕恐吓威胁的时候，那么最大的威吓也不会起作用，真正的危险也就来临了。老子对统治者说的这些话在后来的历史中被不断地应验。

秦始皇创立了中国历史上第一个统一的中央集权大帝国，本来应该是彪炳千秋的事业，但是他迷信武力压榨的政策，用唐朝人杜牧的话说就是，"(秦始皇)独夫之心，日益骄固"，终于使老百姓忍无可忍。陈胜吴广本来只是普通的农民，被征派去戍守边境，但是因为天降大雨耽误了期限，按照秦朝的法令，若是耽误了期限就要被杀头。陈胜、吴广想到，同样都是死，与其因为耽误期限被处死，还不如起来造反，也许还有一条生路。

老子曾经说过："民不畏死，奈何以死惧之？"人民连死都不怕了，还有什么让他们害怕呢？于是，陈胜、吴广揭竿为旗，掀起了一场轰轰烈烈的大起义，强盛一时的大秦帝国很快就灰飞烟灭了。

说完了统治者不要用恐怖手段威吓人民，老子进而提出统治者要低调一点，让老百姓生活得自在一些，不要去阻塞老百姓的生计，不要压迫老百姓，这样才不会有老百姓造反的情况发生。老子好像一个忠直的谏臣，向统治者善进忠言。

那么，怎样才能做到这一点呢？老子给开出了药方：只要求自知，而不自我张扬(自知不见)；只要求自爱，而不自以为高贵(自爱不自贵)。自知就是统治者有自知之明，有知识有经验，还不喜欢自我炫耀。自爱就是统治者可以爱护自己，保护自己，但是不要高高在上，称王称霸，穷奢极欲，脱离人民。自知自爱的道理，不仅对于统治者适用，一般的领导者也值得借鉴。

歌德曾经说过一句名言："有一种东西，比才能更罕见，更优美，更珍奇，那就是自知之明。"对自己有清醒的认识是自我提升的必备条件。一个人若想保持良好的心态，就要在不同的时期，不同的阶段自我定位，敢于直面人生，正确清醒地估量自己。曾子曾经说过这样一句话，"吾日三省吾身"，连曾子这样的古代先哲都在不断地反省自我，何况是我们这些普通人呢？也正是因为曾子能够不断地自我反省，才有那种自制自律、自尊自重以及自信自立的品德。

英国大哲学家休谟是一位非常懂得自知自爱道理的人。他晚年退休后，每年能拿到 1000 英镑的退休金和版税。早年，他曾经写过一部《大不列颠史》，是一本重印多次的畅销书。退休后，周围的人都劝他再写续集，一直写到当代。休谟摊开两手说："你们已经给了我太多的荣誉，先生们，但我不想再写了，理由有四点：我太老了，太胖了，太懒了，太富了。"

我国古典名著《太平广记》上也有一些这样的故事，其中一则谈道：

一位监察御史文笔不怎么样，却很喜欢舞文弄墨，许多人就奉承他，他自己也觉得很高兴，得意之时就拿出银子来请客。他夫人就劝他说："你写的文章并不怎么样，别人说你好，一定是拿你寻开心。"这位监察御史一想，也是那么回事，就再也不肯出钱请客了。

但是，另一个人却不是这样了，他作的诗本来就一塌糊涂，别人故意称赞嘲弄他，他还以为是真的了，就大办酒席来招待这些人。他的夫人也知道他没有多少文才，于是苦劝他，没有想到这人还以为他夫人嫉妒他的才华。

同样是两个人，结果昭然若揭，一个迷途知返，另一个却执迷不悟，不肯悔改，真是可悲。

普通人不自知自爱，只不过影响的是个人；而领导者的行为关乎国家，关乎人民，倘若不自尊自爱，其危害将会更大。老子对为政者倡导自知自爱，将会获利天下，确实有远见有眼光，对今天的领导干部不无借鉴。

4.留有余地，才能持续发展

三十辐，共一毂，当其无，有车之用。埏埴以为器，当其无，有器之用。凿户牖以为室，当其无，有室之用。故有之以为利，无之以为用。

——《道德经》第十一章

三十根辐条汇集到一个空壳上，正是由于它是一个空壳，所以才有车的用处；把黏土放到模具里做成一个器皿，正是由于它的里边是空的，所以才有器皿的用处；凿开门窗做成一个房屋，正由于房屋中间是空的，所以才有房屋的用处。总之，事物之所以有用而有利，就是由于它善于利用空无。

老子说的话不正是让我们留出空间么？只有留出充足的空间，充足的余地，自己才能够游刃有余。凡是把事情做绝了的人，自己的路子也会被堵死。

三国时期，诸葛亮七擒孟获的故事，可以说是典范。

　　蜀国丞相诸葛亮受刘备临终嘱托要立志北伐,匡复汉室。这时候,南方的少数民族进犯,诸葛亮当即点兵南征。到了南蛮之地,双方首战诸葛亮大获全胜,俘获了南蛮首领孟获,但孟获并不服气,说胜败是兵家常事。诸葛亮听后就下令放了孟获。放走孟获后,诸葛亮找来孟获的副将,故意说孟获将这次叛乱的罪名推到了他的头上。副将听了十分生气,大声喊冤,诸葛亮将副将也放回去了。副将愤愤不平,回营后就将孟获请入帐内,趁机将之捆绑后送到了汉营。诸葛亮又一次擒获了孟获,孟获还是不服,诸葛亮便又放了他。这时,将领们都想不通,他们认为大家长途跋涉,就这么轻易地放走敌人不是儿戏么?诸葛亮却自有道理:这是做事情留有余地,倘若直接把孟获杀了,其余人更是不服气,后患仍旧不会消除,以德服人才能让其心悦诚服。

　　孟获再次回到营中,弟弟孟优献计。半夜时分,孟优带人到汉营诈降,诸葛亮将计就计,下令赏赐美酒,孟优等人酩酊大醉。孟获按计划前来劫营,没想到是自投罗网,被再次擒获。这回孟获却仍是不甘心,诸葛亮又放虎归山。孟获回去后立即着手整顿军队,待机而发。手下来报说诸葛亮自己一个人在察看地形。孟获大喜,立即带了人赶去捉拿。不料这次他又成了瓮中之鳖。诸葛亮知他这次肯定还是不会服气,再次放了他。孟获带兵回到营中。他的营中一员大将带来洞主杨峰,因跟随孟获数次被擒被放,对诸葛亮感激万分,为了报恩,他将孟获灌醉后押到汉营。孟获五次被擒仍是不服,大呼是内贼陷害。诸葛亮便第五次放了他,命他再来战。这次,孟获回去后不敢大意,他去投奔了木鹿大王。这次蛮兵使用了野兽参战,结果被诸葛亮用假兽将蛮兵野兽吓走,孟获不战自败。这次孟获依旧心有不甘,诸葛亮看出他的心思,仍旧放了他。孟获被释后又投奔了乌戈国,这乌戈国国王兀突骨拥有一支英勇善战的藤甲兵,所装备的藤甲刀枪不入。诸葛亮对此却早有所备,他用火攻将乌戈国兵士皆烧死于一山谷中。孟获第七次被擒,诸葛亮故意要再放了他,孟获忙跪下起誓,以后将决不再谋反。

　　诸葛亮意识到,若是把孟获杀了,南方自然还是不会平定,因此他就为自己留下了余地，也给孟获留下了余地。待到孟获心服口服之后，诸葛亮的目的也达到了。

《韩非子·说林》中也讲过一个故事。木艺雕工雕刻的要领就是鼻子要大，眼睛要小，鼻子雕刻的大了，还可以改得小一些，可是一开始就刻小了，那就再也没有办法补救了。这与中国古代做官的时候讲求自我警惕是一个道理，官员要时刻注意自己的言行举止，这种行为就是留有余地的态度。越是手握权力，享有荣华富贵，越要谨慎从事，收敛锋芒，以保退路。春秋战国时期，卫国有一名大臣叫弥子瑕，深得卫灵公宠爱，所以弥子瑕也从不把各种法令放在眼里。

一天夜里，弥子瑕突然得到禀报说他母亲得了急病，情急之下也顾不上不许偷乘国君专车的法令，就坐上卫灵公的专车奔驰回家了。还有一次，他陪伴卫灵公游御花园，路过桃林时，见到树上结满了诱人的桃子，就顺手摘了一个，边吃边说桃子鲜美，竟然把剩下的桃子给卫灵公吃。朝廷中立刻有人弹劾他置君臣体统不顾，卫灵公为他辩解说："弥子瑕是忠臣孝子。"因此，弥子瑕更加肆无忌惮了。因为弥子瑕恃宠犯上的事特别多，众臣就在旁挑唆卫灵公，大骂弥子瑕是叛臣，说他犯上作乱，擅自以卫灵公的名义乘君王之车；说他对君王不诚不敬，有侮慢之心，连吃剩的东西也敢献上来，美言欺君，伪作忠顺，与之前的被宠景象判若天壤。

晋代石崇与王恺奢靡腐化，互相斗富，不知收敛。两人都用尽最鲜艳华丽的东西来装饰车马、服装。晋武帝是王恺的外甥，常常帮助王恺，就把一棵两尺来高的珊瑚树送给王恺，这棵珊瑚树枝条繁茂，世上很少有和它相当的。王恺拿来给石崇看，石崇看后，拿铁如意敲它，随手就打碎了。王恺既惋惜，又认为石崇是妒忌自己的宝物，说话时声音和脸色都非常严厉。石崇说："不值得遗憾，现在就赔给你。"说着就叫手下的人把家里的珊瑚树全都拿出来，有三尺、四尺高的，树干、枝条举世无双而且光彩夺目的有六七棵，像王恺那样的就更多了。可是最后，石崇终因得罪了

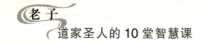

当权者而落得可悲的下场。

历史上无数的经验教训给了我们很多借鉴，清末的曾国藩，总是反复嘱咐他的儿子曾纪泽要谨慎立世，甚至于大门外不可挂相府、侯府这样的匾额。他说："我曾经听说声誉太高了，必然就会有很多缺憾，我差一点就这样。聪明太过头了，就会很少有福气，处于顺境中太久了，就将会有灾祸。如今责任太重，更加感觉到不安，只好刻刻谨慎，留有如临深履薄的想法。"

老子凡事留有余地的做法在今天也是意义深远。我们打个比方，两个武士比武，如果一方把另一方逼入死角，一点余地都没留下，那么这场比武的结果必定有一方被打死，甚至两败俱伤。高明的国画家创作作品，都要懂得"留白"，就是在画面上留有相应的空白，给观赏者留下想象的空间。高明的建筑师设计住宅，都要留出一些余地给绿地、给花草，让人们心情放松……

香港富商李嘉诚从商一辈子，结交了无数朋友，树立了良好的社会形象，也赢得了股东和员工的信赖。他给儿子的忠告是："做事要留有余地，不把事情做绝，有钱大家赚，利益大家分享，这样才有人愿意合作。假如拿10%的股份是公正的，拿11%也可以，但是如果只拿9%的股份，就会财源滚滚。"

5.不自大才能真的"大"

大道泛兮，其可左右。万物恃之以生而不辞，功成而不有。衣养万物而不为主，常无欲，可名于小；万物归焉而不为主，可名为大。以其终不自为大，故能成其大。

——《道德经》第三十四章

"大道"普遍而广泛地存在，它可以在左，可以在右，无所不在。万物依赖它生存，而它并不宣扬自己，事情做成功，它也并不会扬名。它养育万物却不自以为是主宰，可以称它作"极小"；万物归依于它而它不做主宰，又可名为"极大"。正由于它不自居为大，所以它才是真正的至大。

大道就像水一样泛滥，四处奔流，恣意汪洋，人力又怎么能够左右呢？就像追求幸福的生活一样，哪里是王侯个人的专利，凡是普通民众都有追求的权利。追求天下安定、民众幸福的理想都有了，人民自然也就很容易向着那个方向用力。若是大家都处在安定的生活中，那就谁也感觉不出人们所说的安定幸福理想了，因为人们已经处于其中。

那么，大道为什么会这样伟大呢？因为它有水的品格，我们说的"水为善下能成海"，就是这个意思。水滋育着大地，它本身无所求，涵盖着世间的一切，包容了世间的一切，怎么能不让我们动容？它的谦卑与无穷无尽，"不舍昼夜"，又怎能被任何人占有呢？

大道是这样，可人是怎么样呢？现实中很多人喜欢自我夸耀，私心满腹，妄自尊大，这样的现象还真是不少。《三国演义》中的不可一世的关羽竟然被名不经传的吕蒙打得夜走麦城，不能不说是一笔遗憾。这其中也与关羽的自高自大有关。

关羽曾经过五关斩六将，水淹七军，立下了赫赫威名，却也不把很多人看在眼里，更不用说是名不见经传的吕蒙了。可是，吕蒙虽然出身低微，还是很上进的。据说有一次，孙权对他说："你有空要多读点书。"吕蒙说："现在行军打仗这么忙，哪里顾得上看书呢。"孙权就说："你们再忙，有我的事情忙么？曹操每天打仗都还手不释卷，你也要这样呀！"吕蒙从此以后就坚持读书，吕蒙的学识也逐渐提高，最后他与陆逊瞒过关羽白衣渡江，逼得关羽败走麦城，身首异处，实是可悲。

《三国演义》中马谡失街亭的故事想必大家都知道，诸葛亮在平定南中之后,打算进攻魏国。他首先采用声东击西的策略,传出消息要攻打郿城,并派赵云去进驻箕谷,还装出一副攻打郿城的样子。魏军得知消息后,果然全力驻守郿城,诸葛亮攻其不备,亲自率领大军进攻祁山。魏军在毫无防备的情况之下,自然是落荒而逃,剩下的人也纷纷背叛魏国,向诸葛亮请降。这时魏国魏文帝曹丕已死,魏国朝野一片惊慌,而刚刚即位的魏明帝曹睿则颇为镇定,他立刻起用了足智多谋的司马懿。司马懿即刻带兵去祁山抵抗。

诸葛亮到了祁山,就决定派出人马占领街亭,这时他选中了马谡。马谡确实是读过不少兵书,诸葛亮也经常与他商量打仗的对策,在征南蛮的时候,他就提出了攻心为上的策略,很受诸葛亮重视。但是,这个人刚愎自用,刘备在世的时候就看出他一点也不踏实,并在临终前说了"这个人言过其实,不堪大用"的话。

诸葛亮驻守街亭的时候,竟然让他去当前锋。到了之后,马谡看了一下地形就对副将王平说:"这一带地形险要,旁边有座山,正好驻扎在山上。"

王平提醒他说:"丞相临走的时候,反复强调要当道扎营,这样驻扎在山上太冒险了。"马谡却说:"你知道什么,丞相在的时候都要问我!"结果,早就把诸葛亮的反复叮嘱抛在脑后,在王平反复请求之下,马谡只给他一千兵马在山下临近的地方驻扎。

魏军到了之后,发现马谡竟然有现成的城池不守却把人驻扎在山上,非常高兴,立刻下令把马谡的营寨包围起来,并切断水源。这样几天,蜀军在山上,自然什么也做不成了,只得纷纷逃散,马谡也只能杀出重围,往西逃跑。

街亭失守,蜀军失去了重要的据点,又丧失了不少人马。诸葛亮为了避免遭受更大损失,决定把人马全部撤退到汉中。诸葛亮回到汉中,经过详细查问,知道街亭失守完全是由于马谡违反了他的作战部署,于是毅然将马谡处以死罪。马谡为自己的自高自大尝到了苦果,后悔也晚了。

唐朝著名的皇帝李世民，执政十几年间，吸取隋朝灭亡的经验教训，虚心纳谏，还任用大批有才能的人，出现了历史上少有的太平盛世。尽管如此，他还是兢兢业业，教育自己的子孙，一定不能骄傲自大。他在《戒子通录》中对皇家子孙说："我即位已经有十几年了，在外屏绝了游览观赏的爱好，在宫廷内也拒绝了歌舞的声色。你们出生在皇家，从小在宫廷里长大，作为皇帝的孩子，首先就是要做到约束和克制自己。在穿上一件衣服的时候，就要想到蚕妇的辛劳，要对她们有怜悯之情。在吃饭的时候，也要想到农夫们耕田种地的艰苦。"

连唐太宗这样的人都一心克制自己，勤俭自勉，不自高自大，何况是普通的为政者呢？老子所说的不自大，并不仅仅是让我们变成一个可以不自大的人，更高的要求是一个不刻意去做就能成为一个不自大的人。这种不自大经常浸透着中国人的传统美德，当为政者走上工作岗位后，那种像"勤劳智慧""乐善好施""尊老爱幼""循循善诱""艰苦朴素""纯朴善良"等精神，都是"以其终不自大，故能成其大"的表现。

一些被查处的贪官，在落马后的自我检讨中，不少人都提到是担任领导干部后的自大害了自己，给老子的"不自大"做出了一些活生生的注脚。骄傲自满、狂妄自大，是走向堕落的第一步。如果没有足够的思想警惕，很可能一步步地陷下去，直到完全堕落。对我们今天的领导干部来说，不自大就是要看低自己一点，清醒地认识自我。只有这样，才能正确地把握自我，不断提高自己的思想境界，提升自己的工作能力，增强自己各方面的修养，养成优良的领导作风，赢得人民的拥护。

人间万象，无所不有，人们的行为各有不同，他们或争先或跟随，或轻嘘或急吹，或强硬或软弱，或高升或跌落。老子对为政者提出了许多忠告，让他们看清这个形势，理解这个现象，要顺应自然的规律行事。圣人之所以是圣人,就是因为圣人没有过激的行为,没有奢侈的习惯,更没有过大的欲望。老子就是让我们效法圣人,让我们不要"冒天下之大不韪",切莫妄为与傲慢。

6.克服不足,迎头赶上

见小曰明,守柔曰强。用其光,复归其明,无遗身殃,是谓袭常。

——老子《道德经》第五十二章

观察入微,称为"明";保持柔弱,称为"强"。发挥涵蓄着的"光",回到深细的"明",不给自己带来灾害,这就是隐藏着的常道。

在老子的本段论述中,隐含着这样一种智慧,或者说是一种忠告:要正视自己的不足,才能对这些不足加以防范和改正,才有利于长远发展。

1984年,一群苏联专家来华传播"巡回展览画派"的绘画艺术。中方负责接待的同志热情地用"勤劳、智慧"等词语称赞俄罗斯民族,但苏联专家却摇头笑了,毫不掩饰地说:"俄罗斯民族是智慧的,但它是懒惰的。"由此看来,俄罗斯人是可贵的,他们敢正视自己的缺点。这也使得他们在第二次世界大战后变得强大,与美国成为竞争对手。而清朝末期,中国由于不把敌人放在眼里,骄傲自居,结果被外国打得落花流水。实践证明,只有知道差距不足,才有可能进步!

有弱点并不可怕，可怕的是有了弱点却愚昧地不能正视，那样才真的会毁了自己。

人生在世，不能自我陶醉，要经常地、客观地与别人做比较，找出不足，继而有针对性地加以克服，而不应讳疾忌医。这点我们应该多向西汉的郑庄学习。

西汉景帝在位时，郑庄还年轻，官也小，只做到了"太子舍人"的官职。

在当时来说，郑庄的才学并不高，但是他却喜欢卖弄，他常对别人夸口说："现在是太平盛世，我的才学没有用处。如果不是生不逢时，我的职位绝不会这样低的。"

郑庄只叹怀才不遇，便不再精研学问，人们都在背后讥笑他。一次，郑庄的朋友带他参加一个宴会，座上都是高才大儒。郑庄在旁听他们谈论学问，很多都是他闻所未闻的，他一下惊呆了。

郑庄越听越惊，他向朋友说："这些人其貌不扬，想不到有如此才能，他们都是高官吗？"朋友神秘道："他们是朝中大儒，平日难得一见，我们只管多听多看好了。"

郑庄参加完宴会，神情一下严峻起来。他对朋友说："想起我从前自夸己能，真是太无知了。和那些人相比，我不过是个孩童罢了。"

朋友安慰他说："那些人不是一般人能比的，你不必自卑了。你我都还年轻，以后未必不及他们。"

郑庄认真道："同样为人，我不能和他们差距太大，我要努力的地方太多了。"郑庄从此发奋苦学，一有时间便拜访名儒，虚心地请教学问。他常常通宵达旦地接待有才能的人。

一次，郑庄招待宾客，宾客夸他年纪轻轻便学问了得。郑庄苦笑说："在下从前不知天高地厚，以至耽误修习，虚度不少时光，今日想来犹有愧疚，先生就不要夸我了。"宾客感叹道："山外有山，人外有人，你不要太过自责，有些事还需自我安慰才是。"

郑庄送走宾客，自语道："明知自己不足，就该迎头赶上，否则就是终生遗憾了。"

郑庄如此求进，学问和声望都日渐提高。汉武帝即位后，有人便推荐他说："郑庄求学不止，从没有满足的时候，他这样的人是不可久居下位的，否则便埋没了人才，对国家也是损失。"

汉武帝曾当面考问郑庄的学问，郑庄一一作答，没有一点错处。汉武帝夸赞他，郑庄急忙道："臣的学问浅陋，不值得陛下夸奖，陛下所问恰是臣所知道的，臣能回答无误不过是侥幸而已。"

汉武帝欢喜道："你能如此谦虚，足见你还有更大的上升空间，朕对你十分期待。"

郑庄先后担任了鲁国中尉、济南太守、江都相，直至升任了九卿之一的右内史。

郑庄位居显官，也是谦恭如常，他对家人告诫说："有些人一旦有了权势，便要飞扬跋扈，结果招来大祸，这是因为他们太自满了，看不到自己的不足啊。我虽为高官，但比我强的人还有很多，我们不可以高傲示人，更不可做出违法的事来。"

郑庄从不直呼小吏之名，和下属谈话，他也用词谨慎，害怕伤了人家的自尊心。他赞誉士人和属下官吏时，总是说："我不如他们，也许我命好的缘故，才有今日的高位。"人们一致称赞郑庄，把他视为自己学习的典范。

俗话说："金无足赤，人无完人。"有缺陷并不可怕，也不丢人，关键是你要清醒地认识到自己的不足，并努力克服不足、迎头赶上。

7.战胜自己才是真正的强者

胜人者有力,自胜者强。

——《道德经》第三十三章

能战胜别人的人,是有力的人;能战胜自己的人,才是真正的强者。

老子认为"胜人者有力,自胜者强",拨云见日般地指出了人们在生活中经常失败的根源所在——不能胜己。

如果说影响人生成功最大的障碍是物质方面的客观因素,那么那些白手起家的企业家、那些身处困境而大有作为的人就不会在历史中存在。细心体味,影响人生成功的最大障碍应该与老子说的不谋而合——自己。

人生虽然面对着各种各样的艰难困苦,但是这些困苦并不能使那些拥有坚强意志、坚信自己能够成功的人俯首称臣。相反,这些人利用坚强的意志克服了物质甚至生理上的障碍,揭开了自己人生光辉的篇章。

有一位老师,他带领的班级在学校所有的竞赛中总是名列前茅,有人向他取经,他走到黑板前写下两个大字:"不能。"然后问全班同学:"我们该怎么办?"

学生们马上异口同声地答道:"把'不'字擦掉。"

是的,这就是答案了,擦掉"不"字,"不能"就变成"能"了。

不仅仅是这些学生,即使是我们也需要这样的教导。我们必须随时提醒自己,把"不"字去掉,只要"能",这就是我们获胜的秘诀。如果"不能"这个字在心中扎根,最终你会发现,即使是你擅长的事业,也会在激烈的竞争中败下阵来。

一个人生活在世上,要面对的东西有很多,烦恼、朋友、敌人……在对外界事物应对自如的时候,我们往往忽略了一个最重要的对手——自己。于是有了这样一个难题:有人能轻易打败敌人,却不能战胜自己。

一位上大学的年轻人,有一天忽然发现,当时大学的教育制度存在许多弊端,便马上向校长提出。他的意见没被接受,于是他决定自己办一所大学,自己当校长来消除这些弊端,让教育体制更适合学生们的发展。

话说起来简单,然而办学校至少需要100万美元。上哪儿去找这么多钱呢?等这位年轻人毕业后去挣,那太遥远了。

于是,这位年轻人每天都在寝室内苦思冥想如何能有100万美元。同学们都认为他有神经病,做梦天上掉钱来。但年轻人不以为然,他坚信自己可以筹到这笔钱。

终于有一天,他想到了一个办法。他打电话到报社,说自己准备筹备一个演讲会,题目叫《如果我有100万美元怎么办》,想让报社给予支持。报社被这个异想天开却又创意独特的想法打动了,决定在报纸上给这位有创意的年轻人以支持。

在一切准备就绪之后,演讲会如期举行了,他的这一演讲创意吸引了许多商界人士的参与。面对台下诸多成功人士,年轻人在台上全心全意、发自内心地说出了自己的构想。

当演讲结束以后,一位叫菲立普·亚默的商人站了起来,说:"年轻人,你讲得非常好。我决定给你100万美元,就照你说的办。"

就这样，年轻人用这笔钱办了亚默理工学院，也就是现在著名的伊利诺理工学院的前身。而这个年轻人就是后来备受人们爱戴的哲学家、教育家冈索勒斯。

年轻时候的冈索勒斯并没有因为别人的讥讽、资金的缺乏而放弃自己的梦想。相反，他拥有了坚定的信念，积极地思考解决方法，并最终获得了人生的成功。可以说这也是胜己者的成就。

历史上胜己的成功者比比皆是：司马迁遭宫刑，依然完成了历史巨作《史记》；中国人民解放军仅有小米加步枪，却还是打败了飞机加大炮的敌人；新中国成立初期贫穷落后，靠自己的努力依然爆炸了"蘑菇云"……

古人云："胜己者赢天下。"对于现代人来说也是如此，好吃懒做的思想令人们眼高手低；意志薄弱的心理常常令人们浅尝辄止。如果人们能够体会到老子"自胜者强"的智慧，切实地战胜自己的懒惰，坚强自己的意志，那么任何人都不会再像从前一样只能感受失败的苦果，而是能面露微笑地品味成功的甘甜了！

俗话说："困难像弹簧，你弱它就强。"我们每走一步都会遇到困难，感受到困难的威胁和压力。如果我们一味退缩，困难就会变大，直至我们主动放弃，这样的结果只有一个：失败。相反，我们如果坚信了"赢"的力量，让成功的渴望战胜对苦难的恐惧，困难就会越来越弱小，弱小得只要我们去做就能克服，就能成功！

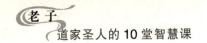

8.巧妙而适度地推荐自己

有之以为利,无之以为用。

——《道德经》第十一章

拥有它就要利用它,如果还没有也要间接使用。

在求职过程中,你不仅应该是一个伟大的制造商,善于生产社会最需要的产品,而且还应是一个伟大的推销员,善于使人认识和接受自己的产品,把自己"推销"出去。

很多人由于传统观念的根深蒂固,有一种极其矛盾的心态和难以名状的自我否定、自我折磨的苦楚。在自尊心与自卑感冲撞下,他们一方面具有强烈的表现欲,另一方面又认为过分地出风头是卑贱的行为。但在竞争激烈的今天,想做大事业,就必须放弃那些不痛不痒的面子,更新观念,大胆地推荐自己。

常言道:"勇猛的老鹰,通常都把它们尖利的爪牙露在外面。"巧妙而适度地推荐自己,是变消极等待为积极争取、加快自我实现不可忽视的手段。精明的生意人,想把自己的商品推销出去,总得先吸引顾客的注意,让他们知道商品的价值。要想恰如其分地推销自己,就应当学会展示自己,最大限度地表现出自己的优势。应该给人生的每个阶段一个合理的定位,然后信心十足地为自己创造全方位展示才能的机会。

对于一个刚刚毕业的大学生来说,一定要学会推销自己。如果你和其他同期毕业生一样,只会散发履历表,墨守成规地做事,就不容易有什么出人意料的结果。如果你想短期内就有好消息,就必须另辟蹊径,敢于推荐自己。对于那些已经工作并有了一定事业基础的人来说，建立一个受公众欢迎的形象是一种长期投资，对事业的长远发展具有不可估量的价值。其中，采用主动引起他人关注的方法就是一种方法。

我们之所以要主动推荐自己，引起别人的关注，主要是因为机遇是珍贵的、是可遇而不可求的、是稍纵即逝的，因此，主动出击是俘获机遇的最佳策略。另外，世界上总是伯乐在明处，"千里马"在暗处，并且"千里马"多而伯乐少。伯乐再有眼力，他的精力、智慧和时间都是有限的，等待可能会耽误你的一生。

既然我们都知道"守株待兔"的行为是愚蠢的，那么我们就没有必要去坐等"伯乐"的出现，而应该主动寻找伯乐。更值得注意的一点是，时代在前进，岁月不饶人，随着新人辈出，每个立志成才者都应考虑到自己所付出的时间成本。一次机遇的丧失，便可导致几个月、几年甚至是一辈子年华的错位。明白了这个道理，我们就会有一种紧迫感，在行动上更多几分主动，以便有更多的机会，使更多的人来注意自己。

但是，毛遂自荐对很多人来说并不是一件容易的事情，这需要一定的胆识和勇气，不自信的人、害怕失败的人是不敢尝试的，只有具备勇气的人才能获得成功。

世界歌王帕瓦罗蒂到中国来的时候，去北京中央音乐学院做访问。学生们都在争取机会，以求得在这位歌王面前一展歌喉。要知道，这可是一个难得机会，哪怕是得到歌王的一句肯定，也足以引起中外记者们的大力宣传，从而加快自己在歌坛的发展。

在学院的一间教室里，帕瓦罗蒂正耐心地听学生演唱，不置可否。正在沉闷之时，窗外有一男生引吭高歌，唱的正是名曲《今夜无人入睡》。听到窗外的歌声，帕瓦罗蒂的眉头舒展开了："这个学生的声音像我。"接着他又对校方陪同人员说："这个学生叫什么名字？我要见他，并收他做我的学生！"

这个在窗外唱歌的男孩就是从陕北山区来的学生黑海涛。以他的资历和背景,难以有机会面见到帕瓦罗蒂,他只能凭借歌声推荐自己。

后来,在帕瓦罗蒂的亲自安排下,黑海涛得以顺利出国深造。1998年,意大利举行世界声乐大赛,正在奥地利学习的黑海涛又写信给帕瓦罗蒂。于是,帕瓦罗蒂亲自给意大利总统写信,推荐他参加音乐大赛,黑海涛在那次大赛上获得名次。黑海涛凭着他那敢于推荐自己的勇气和不断努力的精神,在他的音乐道路上取得了非凡的成就,现在黑海涛是奥地利皇家歌剧院的首席歌唱家。

这似乎是一个奇迹,但这个成功的例子也足以让一些怀才不遇的人沉思:机遇稍纵即逝,善于推荐自己很关键。著名数学家华罗庚也曾说过:"下棋找高手,弄斧到班门。"他认为,人应该敢于在能人面前表现自己,敢于和高手"试比高"。当他在乡镇小店里自学时,就敢于对大数学家苏家驹的理论提出质疑。正是凭借这种可贵的精神,使他早早闯进了数学王国的神秘宫殿。

机会可遇不可求,很多时候机会是靠我们主动争取的,那些不敢也不愿意推荐自己的人,往往会与机会失之交臂。所以,如果你是一个真正有才华有特长的人,关键的时候大可不必过分"压制"自己,要适时做好自我推荐,以求得发展的机遇。

9.有瑕疵才是美玉

难得之货,令人行妨。

——《道德经》第十二章

难得的宝物妨害人的进步。越难到手的东西越没用，世上只有百分百的石头，没有百分百的美玉。"美玉无瑕"是骗人的，连空气都有灰尘，你怎敢说你没有杂质？明白自己本来就"不纯"，才能纯洁自己，解脱自己。

南宋诗人戴复古的《寄兴》中写道："黄金无足色，白璧有微瑕。求人不求备，妄愿老君家。"

其实没有一个生命是完整无缺的，每个人都少了一样东西。有人夫妻恩爱，却身患重疾；有人家财万贯，却子孙不孝；有人学富五车，却相貌粗鄙。每个人的生命，都被上天划了一道缺口，你不想要它，它却如影随形。

一个德国人为了捕杀偷吃粮食的老鼠，特地买回一只猫，这只猫擅于捕鼠，也喜欢吃鸡，结果德国人家中的老鼠都被捕光了，但鸡也所剩无几。因此，他的儿子想把猫给弄走，父亲却说："祸害我们家中的是老鼠不是猫，老鼠偷我们的食物，咬坏我们的衣物，挖穿我们的墙壁，还损害我们的家具，不除掉它们我们必将挨饿受冻，所以必须除掉它们！没有鸡大不了不要吃罢了，但是没有粮食和衣服，我们就要挨饿受冻了。"

任何人都难免有些小毛病，只要无伤大雅，何必过分计较呢？美国著名的发明家洛特纳，虽然酗酒成性，但是菲利斯顿还是诚恳邀约其去自己的轮胎公司工作。最后，洛特纳发明的橡胶轮胎被装在了福特公司生产的汽车上，菲利斯顿的燧石轮胎橡胶公司也因此成为全美最大的轮胎制造商。

这就像英国人常说的一句话："没有哪一瓶葡萄酒是没有沉淀物的！"

曾有一位弟子问禅师："世上有完人吗？"禅师笑了笑，从身旁的茶几上端起一只茶杯反问:"你仔细看这只杯子,看它与其他杯子有何不同?"弟子端详一番后答道:"这只杯子缺了一角。"禅师点了点头道:"你说的没错,但是除了那微小的一角之外,整个杯口不还是完好的吗?这正如每个人都有缺点,若不去计较缺点,那么这个人就是很好的人了。"

将心比心,世界上的每一个人都是被上帝咬过一口的苹果,都是有缺陷的人;有的人缺陷比较大,是因为上帝特别偏爱他的芬芳。

有的时候,缺憾反而是上天给予的契机。大道五十,天衍四九,人遁其一。正因为大道未满,所以才会有变数和机遇。

国王有七个女儿,这七位美丽的公主是国王的骄傲。她们那一头乌黑亮丽的长发远近皆知。所以国王送给她们每人一百个漂亮的发夹。

有一天早上,大公主醒来,一如往常地用发夹整理她的秀发,却发现少了一个发夹,于是她偷偷地到二公主的房里,拿走了一个发夹。二公主发现少了一个发夹,便到三公主房里拿走一个发夹。三公主发现少了一个发夹,也偷偷地拿走四公主的一个发夹,诸如此类。于是,到最后七公主的发夹只剩下九十九个,她很伤心。

隔天,邻国英俊的王子忽然来到皇宫,他对国王说:"昨天我的百灵鸟叼回了一个发夹,我想这一定是属于公主们的,而这也真是一种奇妙的缘分,不晓得是哪位公主掉了发夹呢?"公主们听到了这件事,都在心里想说:"是我掉的,是我掉的。"可是头上明明完整地别着一百个发夹,所以心里都懊恼得很,可嘴上却说不出。只有七公主走出来说:"我掉了一个发夹。"

话才说完,一头漂亮的长发因为少了一个发夹,全部披散了下来,王子不由得看呆了。

故事的结局,自然是王子与公主从此一起过着幸福快乐的日子。为什么一有缺憾就拼命去补足？一百个发夹,就像是完美圆满的人生,少了一个发夹,这个圆满就有了缺憾,但正因缺憾,未来就有了无限的转机,无限的可能性。

有一位哲人说:"完美本是毒,缺陷原是福。"

事事追求完美是一件很痛苦的事,它就像毒害你自己心灵的毒药。因为这个世界上本来就没有什么是绝对完美的,正因为"缺陷"所以才呈现出万事万物的多样性。事事追求完美的人,自然就会被生活所累,因为追求完美而付出的代价,往往比所得的收获要多得多。

10.好高骛远终是梦

企者不立;跨者不行。

——《道德经》第二十四章

老子认为,抬起脚跟站得高,是站不稳的;两步并作一步走,是无法走路的。这一论断给我们一个很大的忠告——人可以拥有梦想,但这个梦想应该建立在对自身正确的定位之上,千万不能好高骛远,以致贻害终生。

在水生动物中,螃蟹是横着走路的,而河虾倒退着走路。它们怪异的行走方式引来了不少嘲笑和讥讽。一天,敏捷矫健的银鱼嘲笑说:"螃蟹你真笨,横着走路,如果旁边有障碍物你怎么走啊？"聪明的章鱼也插嘴讥讽道:"河虾更傻,向前走多顺啊,可你偏偏倒着走,何时才能到头啊？"螃蟹和河虾听见了,只是淡淡一笑。它们心里知道,选择什么样的行走方式,是根据自己的身体情况决定的。

只要自己把握好方向和目标,给自己定好位,不管是横着走还是倒着走,都是一种前进的姿态。

不能准确地给自己定位,是人们常犯的大错,由此而导致的后患是十分严重的。特别是弱者,如果盲目自恃,势必会做出许多不切实际的事来。正如杯子是杯子,打火机是打火机一样:打火机的功能就是打出火来,杯子的功能就是装水、茶等。它们的自身条件不同,使用功能也不同。杯子若是想做打火机,或者打火机想做杯子,那将是它们噩梦的开始。

隋朝建国之初,功臣梁士彦被隋高祖杨坚冷落,没有受到封赏。梁士彦牢骚满腹,他对家人说:"我追随皇上多年,屡建奇功,如今皇上这样待我,太让人寒心了,我要和皇上理论一番。"

梁士彦的家人怕他惹祸,忙道:"你的功劳太大了,皇上不封赏你,分明是防范你啊！这个时候,你岂能还去找皇上说理呢？"

梁士彦不听,向杨坚哭诉了一番,杨坚表面上安慰他,事后却解除了他的实职,只让他在京赋闲。梁士彦又感委屈,整天喝酒消愁。他的一位好友规劝他说:"所谓功高盖主,说的就是你这样的人！我们做臣子的,在君主面前始终是弱者,如果你认不清这一点,非要和君主争个高下,岂不糊涂之至？你还是安心认命吧。"

梁士彦行伍出身,做事鲁莽,他认为自己无错,便四处大吐苦水。对地位比他高的人,他不仅不敬,反而多有讥笑,朝中上下对他顿生嫌恶。他的家人担心地对他说:"此一时彼一时也,你不要再活在从前了。现在皇上疏远你，你又无官无权，做事说话不能收敛些吗？你现在只求无祸，便是最紧要的事。"梁士彦又因为家人的奉劝而痛骂家人，并谢绝了所有人的劝告。他和不得志的宇文忻、刘昉等人勾结在一起，竟想杀掉杨坚，率众造反。

梁士彦的阴谋被他的外甥裴通察觉，裴通为他痛心。一次，裴通侧面规劝他说："一个人如果不知道自己有多大能耐，他就会干出无法无天的事来，这岂不是很可怕吗？所以说凡事要量力而行，否则就是可笑可悲了。"梁士彦听不出裴通的弦外之音，仍自我吹嘘说："我当年统帅千军万马，什么事情我做不到呢？可惜皇上不重用我，这便是皇上的大错！"裴通试探几次，见劝他无望，于是向朝廷告发了梁士彦的谋反阴谋。

杨坚一直派人监视着梁士彦的一举一动，为了不背上滥杀功臣的罪名，他决定先稳住梁士彦，待他反心毕露时，再行诛杀。

不久，梁士彦突然被任命为晋州刺史，杨坚还让他重掌兵权。梁士彦不知这是杨坚的计谋，于是更加紧了谋反的步伐。他对同党刘昉说："皇上不敢不安抚我，只可惜皇上醒悟得太晚。似我这等大才之人，又岂能长久甘居人下呢？"梁士彦野心疯长，于是上书杨坚，请求批准同党薛摩儿做自己的长史。他在奏章中辩解说："薛摩儿才气过人，有他相助，我可以给陛下建更大的功劳。从前我没有辜负陛下的厚爱，今后我更要给陛下一个惊喜。"杨坚看罢梁士彦的奏章，轻蔑一笑说："无知狂徒，你这是自寻死路啊！"

杨坚批准了梁士彦的请求，梁士彦更加自信。他暗中命薛摩儿四处联络，只等时机成熟便公开起事。

梁士彦的二儿子梁刚劝父亲不要谋反，他哭着说："皇上对父亲纵是千般不对，父亲也不该不忠。何况父亲人单势孤，又怎会成功呢？父亲不为自己着想，也应为家人着想啊！"梁士彦的三儿子梁叔楷和梁士彦一样热衷权势，他对父亲说："父亲能征善战，无人能敌，何必委身侍人？做猛虎必须称王，难到皇上都是天生的贵人吗？"

梁士彦反迹日显,杨坚这才决定收网。一次,趁百官朝见之机,杨坚命人将梁士彦、宇文忻、刘昉等人一举抓获。至此,梁士彦方知自己被杨坚玩弄于股掌之间,但已是追悔莫及。梁士彦和他的同党美梦不成,反倒葬送了性命。

有理想固然是值得褒扬的,但理想必须建立在现实的基础上。一个有理想的蚂蚁,是把自己变成最优秀的蚂蚁;一个有理想的狮子,是把自己变成最优秀的狮子。蚂蚁想变成狮子,那便是好高骛远、痴心妄想了。

在生活中,也许有人会劝你脚踏实地一步一步来,有人会劝你不要白日做梦实在一点。你对此或许根本不屑一顾,发出"燕雀安知鸿鹄之志"的感慨。你或许曾以为自己是鸿鹄、大鹏,展翅便能冲上云霄;你或许曾经以为自己是盖世奇才,业绩一定远胜比尔·盖茨、洛克菲勒、李嘉诚……然而,如果不能联系实际情况而定位自己的话,那么这心比天高的理想,更多的会是好高骛远,故而早已注定了一事无成的结局。

11.学会"忘我"

吾所以有大患者,为吾有身。及吾无身,吾有何患?故贵以身为天下,若可寄天下;爱以身为天下,若可托天下。

——《道德经》第十三章

因为我们总是爱顾自身，所以会有大的忧患。如果我们没有自身，那么我们还有什么忧患？所以，难能的是化自我于天下，那就可以把天下寄托给他。真正善爱自身是以自身化及天下，那才可以将天下的重任托付于他。

爱惜自己是本能，谁不愿意顾自身安危得失呢？当遇到危险的时候，首先考虑的就是自己安危。明哲保身、趋利避害已经成了大多数人的习惯。老子曾告诉我们一个事实，那就是很多事情不是因为人们做不了，而是考虑自己太多了。心系天下，以天下苍生百姓为托，以国家为托，那才是真正的大丈夫。因此，大家都景仰那种以身寄天下的情操。

南宋时期著名的爱国将领文天祥就是这样一位以身寄天下，寄国家的人。他出生于江西吉安的一个书香门第之家。当时，昏聩无能的南宋朝廷在他幼小的心灵上烙下了很深的印记，国家局势一天比一天危急，文天祥自小就树立了报国救民的宏伟志向，并立志成为一个顶天立地的人。

很小的时候，文天祥就在父亲的教导下读书。一次，父亲指着窗外的绿竹对他说："那竹叶在凛冽的寒风中也没有凋落，它们依旧翠绿，那是多么坚强呀！做人不应该也是这样么？"文天祥似乎听懂了父亲的话，睁着大眼睛，不住地点头，暗暗下定决心。从此以后，他读书更加勤奋了。

功夫不负有心人，文天祥在科举考试中夺得头魁，高中状元，立刻当了官。但是，当时的元朝对南宋发动了旷日持久的战争。元朝的铁骑横行南下，所到之处，杀人放火，大肆抢掠，给老百姓造成了巨大的灾难。南宋统治者们面对元军只是一味退缩，贪生怕死，再也不敢抵抗，元军一路南下，直指都城临安。穷困无奈的南宋统治者只好让各地的官兵去保卫京城，保卫那位不争气的皇帝。

当时文天祥正在江西赣州做知府，当听到国家危急的消息后，非常难过地对人说:"现在国家有难,该是为国家效命的时候了。"但文天祥只不过是一个文官,手下没有一兵一卒。为此,他变卖家产,换来军费招兵买马。当地的老百姓都被文天祥的举动感染了,纷纷为国参战。几天工夫,一万多人的兵马就要奔赴前线了。当时很多人也在劝文天祥,现在元军来势凶猛,你带的这些兵,大多是新兵,还没有经过训练,更不会打仗,怎么能抵挡得住呢?你不是白白送死吗?文天祥意志坚定地说:"国家有难,没有人出力。现在我拼着一死,为国家出力,那就是希望天下人都能这样呀!要是天下人都这样,国家的安危不就有希望了么?"文天祥早就把生死置之度外,带着队伍,连夜赶往京城了。

没有料到的是,文天祥刚到临安不久,朝廷就决定投降。当时的丞相贪生怕死,早就逃得没有踪影了,朝廷没有办法只得派文天祥做丞相去与元军谈判。

文天祥肩负重任,来到元军大营。元大臣伯颜威风十足地坐在营帐中,旁边的人大声喊着让文天祥跪下,但是文天祥冷笑着,依旧笔直地站立在那里,镇静地说:"说投降,那是前任丞相的事情,我一点都不知道。我现在作为宋朝的使臣,是来谈判的,不是来投降的,不能下跪!"伯颜见文天祥一身正气,凛然不可侮,立刻换了口气,说,"说得对,可以商量的。"文天祥就问:"你们打算灭了大宋呢,还是打算将它作为一个邻国?"伯颜假仁假义地说:"不灭宋,也不会杀百姓。"

"既然如此,你们先撤军,然后再谈判。你们若是想灭掉宋朝,我们大宋子民那么多,打起来谁胜谁负还说不准呢。"

伯颜一听大怒:"你现在在我手中,难道不怕死么?"文天祥昂然说:"我就是想以死报国,即使你把刀放在我的脖子上,将我放在油锅里,也吓不倒我!"伯颜被文天祥的气概镇住了,他佩服文天祥的胆量与勇气。伯颜说不过文天祥,只得将之扣押在元朝大营。此时的南宋朝廷已经向元军投降了,一部分官员被押到北方。文天祥也被押上大船,但是在途中设法逃了出来。

文天祥逃出来以后，就领导着各地的起义军开始了抗元斗争。他转战各地，打了不少胜仗，但是元军毕竟太强大了，宋朝的军队又太过软弱，不久文天祥又成了元军的俘虏。

当元军押着文天祥到达崖山，准备攻打宋军最后的领地时，元军要他劝张世杰投降，文天祥勃然大怒："救国如同救自己的父母。我救父母没有救成，难道还能让别人背叛自己的父母么？"当船队经过零丁洋时，文天祥站在船头望着大海，思绪万千，心中的悲愤之情，勃然涌起，写下千百年来众口相传的《过零丁洋》。

南宋灭亡了，文天祥被押送到了元大都，关进了大牢。尽管元朝统治者百般威逼利诱，他都决然拒绝臣服。当元朝丞相孛罗审问他时，文天祥昂首挺胸，拒绝下跪。孛罗便命令左右的人把他按到在地。孛罗问他还有什么话说，文天祥坦然地只求一死。并说道："国家存在一日，身为臣子的就要尽一份力！"于是，文天祥就在牢里蹲了四个年头。

后来，元世祖忽必烈亲自召见文天祥，劝他说："我知道你是一个人才，所以不忍心杀你。只要你用对待宋朝的心来对待我，我就封你为宰相。"文天祥不为所动："我是宋朝的子民，宋朝亡了，就应该尽忠，只求一死！"元世祖没有办法说服这位宋朝的遗民，只好下令杀了他。

1283年1月9日，文天祥被押赴刑场，临刑前他向南方原来宋朝的土地凝望了一会儿，然后跪在那里，恭敬地拜了几拜，向宋朝深情地告别。然后从容地走上刑场，死时只有47岁。尽管文天祥死去了，但是他那种一心为国，将生死置之度外的精神一直激励着后人，那荡气回肠的《正气歌》广为传颂，历久弥真。

大凡在历史上被称道的人，抑或有高尚的情操，抑或有不凡的言行。文天祥那种忘我的精神，始终在后人心中激荡不已。这就是老子所说的，"以身为天下，以身报天下，以身托天下"的高尚情怀。

明末清初，诗人邓汉仪有这样一句诗，"千古艰难惟一死"，一个人连生死这样的事都放下了,还有什么是更艰难的呢？当然,在现代社会中,一般不需要人们像前人那样付出生命的代价去做什么事情。但是,老子所说的道理并没有过时,它提醒我们,在为人处世的时候,少考虑一点自己,多从大局着想,"以身为天下",这样的人才能托付重任。至少,在不顺利的时候,在遭遇挫折的时候,也应该保持沉稳,不过分计较自身的得失。只有这样,才能不断感动周围的人,也让自己有东山再起的机会。

12.迎难而上,不畏风雨

> 强行者有志。
>
> ——《道德经》第三十三章

行事遇困境而坚持力行的人,是有志气的人。

老子并非是一个行事不积极的人,他认为"强行者有志":在遇到艰难困苦时,一定要不畏艰苦,只有这样才是有志气的人。

事实上,在很多生活小事上,我们都在客观地实践着老子的这一智慧。你不会因为打开报纸发现每天都有车祸,就不敢出门;你不会因为禽畜身上存在着各种病患,而成为素食主义者;你同样不会因离婚率居高不下,而拒绝恋爱、结婚……

对于想要成就大事的人来说,老子的"迎难而上、不畏风雨"的智慧就必须提高到个人主观认识层面。

1796年，年仅27岁的拿破仑率领六万军队进入意大利阻击对手，但在法国和意大利之间的是正处于冬季、被皑皑白雪覆盖的阿尔卑斯山，六万人在几乎没路的情况下排成了一条长20英里的长蛇阵，一旦遇到无路可走的峭壁，拿破仑就命人吹起冲锋号，每个人都精疲力尽，但队伍却在不停地前进。很快，山就被踩到了脚下，翻过阿尔卑斯山后，他们击溃了对手！从此这个世界的历史上就多了一句"我的字典里没有'不可能'这三个字"的名言，多了一位身高1.65米，却敢说自己比阿尔卑斯山还高的皇帝。

一个人遇到困难，或者是退让，或者是挺进，这两种不同的选择自然导致了不同的结果。有些人凭一股韧劲，对待自己认准的事，大胆而果敢地做下去，这叫气魄。敢于大胆去做的人常说："我总有机会！"失败者的借口是："我没有机会！"失败者常常说，他们之所以失败是因为缺少机会，是因为没有成功者垂青，好位置让别人捷足先登，等不到他去竞争。

可是有眼力的人绝不会找这样的借口，他们不等待机会，也不向亲友们哀求，而是靠自己的努力去创造机会。他们深知，唯有自己才能给自己创造机会。

亚历山大在某一次战斗胜利后，有人问他，是否等待机会来临，再去进攻另一个城市。亚历山大听了这话，竟大发雷霆，他说："机会？机会是要靠我们自己创造出来的。"创造机会，便是亚历山大之所以伟大的原因。因此，唯有去创造机会的人，才能建立轰轰烈烈的丰功伟绩。

如果一个人做一件事情总要等待机会，那是极危险的。一切努力和热望，都可能因等待机会而付诸东流，而那机会最终也不可得。

有人认为，机会是打开成功大门的钥匙，一旦有了机会，便能稳操胜券，走向成功。然而机会并不是等来的，也不是从众多事情中"挑拣"出来的,而是在克服困难、迎难而上中收获的。

爱迪生发明灯泡经历了很多次失败,当他用了一千多种材料做灯丝的时候,助手对他说:"你已经失败了一千多次了,成功已经变得渺茫,还是放弃吧!"爱迪生却说:"到现在我的收获还不错,起码我发现有一千多种材料不能做灯丝。"最后,他经过了六千多次实验终于成功了。

我们可以试想,如果爱迪生因为这上千次的失败而放弃了后面的试验,电灯不能说发明不出来,但至少要晚上很久,人们也将在"黑暗"中多挣扎很久。

如果将爱迪生的每次试验失败都算成一次挫折的话,那么爱迪生发明电灯也就是遇上了六千多次的挫折,这无疑是个惊人的数目。由此可见,爱迪生的毅力更惊人!从某种意义上说,爱迪生的这种毅力,同样来自老子"强行者有志"这种智慧。

人生就像一条曲折而多石子的道路。因为它是曲折的,所以常使人感到无奈;因为它多石,所以常令人跌倒。若想走好这条路,就必须拥有迎难而上、不怕困难的信念,让它支撑着我们披荆斩棘,迎接人生一个又一个的成功。

佛语云:"时时勤拂拭,勿使惹尘埃。"说的无非是让我们勤于自省,多加改正自身的不足,才能有长足的进步。老子曾说过的"用其光,复归其明,无遗身殃,是为习常",与此观点不谋而合,发人深省。

13.生于忧患，死于安乐

出生入死。生之徒，十有三；死之徒，十有三；人之生，动之于死地，亦十有三。夫何故？以其生之厚。

——老子《道德经》第五十章

从出生到死亡，生存的机遇大约占三成，死亡的机遇也大约占三成。本来可以活得长久，却因为某些原因而早死的，也有三成。老子认为，导致许多人早死的原因，主要是他们的人生活得太丰厚、太娇生惯养了。此后，孟子也提出了"生于忧患而死于安乐"的观点。可见，一个人要想成就大事，就不要让自己的生活太过于安逸。

人们都知道，在温室里长成的花是经不起风吹日晒的。人也是如此，安逸的生活环境，很难培养出克服困难、摆脱逆境的能力，只会让人在困难面前束手无策，遇挫折、逆境则消沉绝望，往往导致灭亡。这也是"富家多败儿"的原因之一。

之所以说"生于忧患"，就是让人们在平时要养成一种生活紧迫感，只有这样才能产生不断进取的力量。

人们都知道勾践卧薪尝胆成为霸主的故事，然而很少有人知道勾践为什么之前被夫差打败并为奴三年。其实夫差的一生也与生于忧患有关。

夫差是吴王阖闾的儿子，春秋末吴国的国君(公元前497—前473)。

公元前496年越王允常死，其子勾践继位。吴国起兵攻越，吴越两军战于李(今浙江嘉兴南)。吴国的军队阵列整齐严肃,越王勾践派敢死队冲锋失败,就改用罪人在阵前集体自杀,吸引吴军的注意力,然后偷袭吴军,越将灵姑浮挥戈刺伤吴王阖闾,吴军败退,阖闾死于途中,其子夫差继位。

夫差为报父仇,派专人侍立宫门,每逢夫差出入,便发问:"夫差,越王杀害你父亲的仇恨你忘掉了吗?"夫差则回答:"不敢忘!"终于在公元前497年,吴在夫椒(今江苏吴县西南太湖中)大败越军,迫使越国臣服,并让越王勾践到吴为奴三年。

公元前485年,夫差在黄池(今河南封丘西南)会盟诸侯,成为霸主。

"死于安乐"的例子更是举不胜举,从下面一则寓言中不难发现"死于安乐"的真谛。

在一个奇冷的冬夜,富有的赵员外和有学问的陈老夫子正在家中赏乐,忽有一乞丐来行乞,而且自称不怕冷,只是饿了。赵员外给他吃饱之后,想弄清楚乞丐为何不怕冷。于是二人商定打赌:乞丐只要在员外院里的歪脖树下待上一夜而不被冻死,就可赢得五百亩良田、一套豪宅和一家当铺。当晚,乞丐不停地打太极、练武术,最终挨到了东方现出一缕红色的曙光,他赌赢了。乞丐因此发了财,娶了娇妻,也成了一位员外。

三年后,又是一个寒冷的冬夜,"乞丐员外"夫妇到赵员外家做客,陈老夫子作陪。赵员外说:"你现在也是员外了,不过还不如我富,你敢不敢再赌一次,赌注还是和原来一样:你若是再赢了,就比我富了,而且是全城首富。想不想再赌一回?"乞丐员外"本来不想再赌,但"乞丐员外"的娇妻受不了"全城首富"的诱惑,对他撒娇不止,终于双方签下生死文书再赌一回。

"乞丐员外"还想像三年前那样打太极练武术,但他发现自己步伐已乱，四肢不灵，全没了天人合一的能力，最后被冻死。陈老夫子对赵员外总结说："他以前能赢你，是因为他原本就饥寒交迫，所以抗冻能力强；现在他和你一样了，吃好的、穿好的，抗冻能力自然就降低了，所以在同样的条件下会被冻死！"

顺利的境遇，优越的地位，富足的资财，舒适的生活，似乎应该是个人、家庭以至民族发展的有利条件。然而事实并非如此。满清的八旗子弟就是最好的例子，这个马背上的民族曾无比骁勇剽悍，但成了统治阶层后，不过几代，八旗子弟就沉醉于安乐享受之中，清朝的灭亡也随之来临。

遵循"生于忧患，死于安乐"的智慧，我们便不难找到一种生活之道、成功之道！

"宝剑锋从磨砺出，梅花香自苦寒来。"只有经历过忧患和磨难，才能逐渐迈向成功。在年轻的时候，多把自己放在逆境中，不仅会磨炼敲打出许多美好的品性，也能增强生活的能力，扩展视野，掌握很多技能。

第五章

上善若水，拥有水一样的胸襟

1.像水一样从容圆通

水善利万物而不争，此乃谦下之德也。

——《道德经》第八章

水造福万物，滋养万物，却不与万物争高下，这才是最为谦虚的美德。做人也当如此。最善的人，居处最善于选择地方，心胸善于保持沉静而深不可测，待人善于真诚、友爱和无私，说话善于恪守信用，为政善于精简处理，能把国家治理好，处事能够善于发挥所长，行动善于把握时机。最善的人所作所为正因为有不争的美德，所以没有过失，也就没有怨咎。

老子说"上善若水"，实际说的是做人的方法，即做人应如水，水滋润万物，但从不与万物争高下，这样的品格才最接近道。

有个人非常不善于和人打交道,经常与人发生口角。后来,他向一位大师请教:"我总是容易和别人发生矛盾,因为他们总是拿出一些我不能接受的意见,您说我该怎么办?"

大师想了一会儿,说:"你说水是什么形状的?"

此人见大师"词不达意",茫然地摇头说:"水哪有形状?"

大师笑着说:"我把水倒进一只杯子,水难道还没有形状吗?"

这人似有所悟,说:"我知道了,水的形状像杯子。"

大师又说:"如果我把水倒进花瓶呢?"

这人很快又说:"哦,这水的形状像花瓶。"

大师摇头,又把水倒入一个装满泥土的盆中。水很快就渗入土中,消失不见了。这人陷入了沉思。

这时,大师感慨地说:"看,水就这么消逝了,这就是人的一生。"

那个人沉思良久,忽然站起来,高兴地说:"我知道了,您是想通过水告诉我,我们身边的人就是不同的容器,想与他们相处得好,就要把自己变成可以倒入各种容器中的水。是不是这个道理?"

大师微笑着说:"你现在已经有所得,但还不完全正确。"大师接着说,"水井里的水,河里的水,海里的水,他们虽然有不同的形态,可是他们却都是水。"

这个人恍然大悟:"人其实也应该像水一样,能够顺应和包容外界的变化,但永远不改自己的本色。"

大师笑着点了点头。

无论是石缝岩隙,还是沼泽碱滩,水都能顽强地生存。即便只是一滴露珠,它也会笑迎朝霞,熠熠闪光。水的这种豁达顽强的精神,启迪我们即使是处于艰苦的环境,也要从容不迫,恬静自得,有一分热,发一分光。

面对突如其来的困境,有的人看到的只是险恶与绝望,在眩晕之中失去了生命的斗志,使自己坠入地狱难以翻身,在抱怨之中碌碌无为地度过一生;有的人则会像水一样,告诉自己一切都会好起来,困难只是暂时的,远方依然是一片充满了希望的天空,使自己像水一样战胜厄运,让生命充满了快乐与阳光。

一位年轻企业家的公司破产了,他十分灰心,心中一片黯淡。烦闷之际,他走到一座古庙里。住持见他垂头丧气,问了缘由后,便指着树影的斑斑驳驳问道:"年轻人,这是什么呀?"年轻的企业家毫不犹豫地说:"暗影。"住持摇摇头说:"你错了,那是阳光呀!"

年轻的企业家顿悟。回去后又开始锲而不舍地努力起来,后来他终于东山再起,成了业界领袖。

希望往往就在不远的拐弯处。人生之旅难免会遇到困难和挫折,如果我们拥有水一样的智慧,鼓起勇气用一颗平常心来面对,就会发现,阳光从未走远,美景就在身旁。

人生不如意事十之八九。每个人的一生中苦恼烦心之事在所难免,而且苦难总是多于快乐,逆境总是多于顺境,我们随时都可能像水一样碰上沼泽碱滩。但我们是否也能像水一样,悠然面对,从容不迫?

2.以德报怨,赐人恩典

上善若水。水善利万物而不争,处众人之所恶,故几于道。

——《道德经》第八章

上善就是最好的,最好的处世方法就像水一样。水是怎样的呢?水善利万物,也就是水给万物带来益处。而不争,争就是争利益,所以水善利万物而不争,就是帮助别人而不要求回报。

但是老子认为这还不够。老子接下去说,"处众人之所恶"。有一句话叫人往高处走,水往低处流。人所恶的是什么呢?是低位。所以处众人之所恶讲的是要处于低位,也就是谦虚谨慎。所以你不但要帮助别人,不要求回报,还要保持谦虚谨慎的态度,不要以为人家受了你的恩惠,你就可以趾高气扬。如果能做到这些你就"几于道",也就是获得了接近于道的处世方式了。

水用自己的洁净换取别人的污垢,并用自己的洁净洗掉污垢后不求回报,正所谓以德报怨,赐人恩典。"厚德载物"是《易经》中的话,原文是:"地势坤,君子以厚德载物。"

在社会生活中,要求别人都像保护大熊猫一样保护你,是不现实的。更多的时候是别人伤害了你,对你不起。反应的办法有两个,一是以眼还眼,以牙还牙,这是黑的办法;再一就是"以德报怨",这是厚的办法。

所谓以德报怨,用大白话说,就是别人有对不起我,算计我的地方,我不生气,不与他计较,反而好好待他,甚至顺其心意,满足其愿望。

楚庄王的"绝缨大会"大概是经常被人引用的以德报怨实例。

楚庄王大宴群臣,突然蜡烛燃尽了,有人摸黑拉扯劝酒的王妃的衣袖,结果被王妃扯走了帽缨。楚王听了王妃的申诉后乘蜡烛尚未点燃,肇事者身份不明之时,命群臣全部摘去帽缨,投诸火中,保全了这位大臣。以后在楚国攻郑的战役中,有一员战将表现得十分突出,楚庄王询问之下,方才得知此人就是那个被王妃扯去帽缨者。楚庄王以德报怨,臣下以德报德,一直传为佳话。

历史上这类故事不胜枚举。

　　孟尝君原谅了一个同其夫人私通的门客,并举荐和资助他去卫国担任要职,后来此人冒生命危险谏止了卫君攻打齐国的打算。汉光武帝诛杀了一个谋反者,收缴到群臣中与此人相勾结的书信千封,不予追查而付之一炬,以使群臣放心。曹操战胜袁绍后也有过同样的举动。

　　人一般都有点自知之明,自己的所作所为心里多少是清楚的,所以在对不起他人的时候,难免有愧疚之意,心态本来就比较低,一旦得到了不曾想到的原谅,甚至对方主动让自己得遂所愿,这种由巨大反差所引发的感激之情,不是语言所能表达的,这种恩典也不是语言所能报答的。

　　这里,我们要着重强调的是,以德报怨,首先要调整好自己的心态。

　　人有很多状态,不同的状态会带来不同的效果和不同的结果,同时也就决定了你与世界(社会)的关系,即确定了你的位置。状态主要表现为生理状态、心理状态和行为状态。当你调整状态,改变自己时,你与世界交换的物质、能量、信息必然发生变化,你与世界的关系(结构量)就变了,你在社会生活中的位置也已经发生了变化。同时,世界(社会系统)也必然要作出反应以适应新的关系——你的改变。世界,就这样被"改变"了,并且是向着善的方向改变。

　　比如你在生活中经常愁眉苦脸,这一定代表了你现在的位置和与世界的某种既定关系。如果你开始调整表情,诸事面带微笑,进行了这个调整(改变自己)之后,与世界(社会)交换的信息就改变了,你和周边的人际关系也发生了变化。微笑使你在社会中增加人缘和机会,这些机会必然使得你在社会中的位置发生变化,你会感到世界都变了!

　　美国一些学者的研究结果表明,一种真正以友谊待人的态度,引起对方友谊反应的比率高达60%～90%。领导此项研究的博士说:"爱产生爱,恨产生恨,这句话大致是不会错的。"

战国时，梁国与楚国相临。两国凤有敌意，在边境上各设界亭（哨所）。两边的亭卒在各自的地界里都种了西瓜。梁国的亭卒勤劳，锄草浇水，瓜秧长势很好；楚国的亭卒懒惰，不锄不浇，瓜秧又瘦又弱，惨不忍睹。人比人，气死人。楚国的人觉得失了面子，在一天晚上，乘月黑风高，偷跑过去把梁亭的瓜秧全都扯断。梁亭的人第二天发现后，非常气愤，报告给县令宋就，说我们要以牙还牙，也过去把他们的瓜秧扯断！

宋就说："楚亭的人这种行为当然不对。别人不对，我们再跟着学就更不对，那样未免太狭隘、太小器了。你们照我的吩咐去做，从今天开始，每晚去给他们的瓜秧浇水，让他们的瓜秧也长得好。而且，这样做一定不要让他们知道。"梁亭的人听后觉得有理，就照办了。

楚亭的人发现自己的瓜秧长势一天比一天好起来，仔细观察，发现每天早上地都被人浇过，而且是梁亭的人在夜里悄悄为他们浇的。楚国的县令听到亭卒的报告后，感到十分惭愧又十分敬佩，于是上报楚王。楚王深感梁国人修睦边邻的诚心，特备重礼送梁王以示歉意。结果这一对敌国就成了友好邻邦。

清朝学者吴敬梓讲"以仁义服人，何人不服"，就是指以仁义来服人，谁又会不服呢？

"弯弓射大雕"的英雄成吉思汗，虽然一生杀人无数，但当遇到不该杀的人时，他也能放他一马。因此成吉思汗得到了更多人，甚至是敌人的拥护。

一天，成吉思汗率部外出打猎，恰好遇上了与自己有仇的泰赤乌部的朱里耶人。部众请求说："这是我们的仇人，请您下令把他们杀个一干二净。"

成吉思汗望着惊慌失措的朱里耶人，说道："他们既然现在不与我为敌了，还杀他们干什么？"并喝令想动手的人放下武器，不得动眼前的朱里耶人。

朱里耶人起初颇为疑惧,见成吉思汗无心杀他们,便纷纷上前搭话。言谈中,成吉思汗得知他们常受泰乌部的虐待,既无粮食,又无帐篷。于是,成吉思汗慷慨地说:"既然如此,那就请你们与我们一起住吧,明天行猎所获我们平分。"

第二天,成吉思汗果然兑现了自己的诺言。朱里耶人对此非常感动,皆曰泰赤乌无道,而成吉思汗才是大度的主子,便纷纷投靠了成吉思汗。此事传到泰赤乌部后,大将赤老温也来投靠,就连曾经射杀成吉思汗坐骑的勇士哲别也投到成吉思汗的帐下。

武力可以使人屈服,却难以使人心服。所以,正确的做法,就是与人为善,以自己的仁心去换取别人的真心。

"乘风破浪会有时,直挂云帆济沧海。"只要我们拥有一颗仁义之心,终有一天可以得偿所愿。所谓"千里黄云白日曛,北风吹雁雪纷纷。莫愁前路无知己,天下谁人不识君"。同样,只要我们拥有一颗仁义之心,便能"知交遍天下"。

3.包纳万物,因而也能拥有万物

知常容,容乃公,公乃全,全乃天,天乃道,道乃久,没身不殆。

——《道德经》第十六章

了解常道则能包容一切,能包容才会公正平等;做事能公正平等才能成为首领,成为首领才能合乎自然;合乎自然就合乎道,合乎道就能长久,终身没有危难。

老子在"知常容,容乃公,公乃全,全乃天,天乃道,道乃久,没身不殆"这句话的论述中,肯定了包容是做事公正、周全、终身没有危险的前提条件。可见,老子给予了包容这一人生智慧多么高的评价。

当一粒河沙侵入蚌的体内,挥之不走,驱之不去,让一个不折不扣的磨难成为其身体的一部分,对于蚌来说,生命有着太多的无可奈何。世事总不相同,蚌不是像树一样,用时间、用毅力去消灭它身上的瘤子,而是反其道而行之,磨炼它、关爱它,用生命的能量去温暖它,直到把它做出珍珠的光华。难怪有些珠宝加工大师看着珍珠的华贵、感受珠子的温润时,说能从它的光辉中感受到生命的律动。

从人类历史来看,"包容"总是和繁荣、昌盛、进步联系在一起的,而偏执、独断、专制总是和战争、不幸、灾难联系在一起的。"百家争鸣",乃有战国的学术繁荣;"独尊儒术",乃有刘汉以后的文化衰颓。大唐对异域文化的兼收并蓄,遂有盛唐文明辉耀千古;满清在外来文明前的闭关自守,终致近世中国的积贫积弱。

古今成大事业者,必有大胸襟,学会包容,能把胜利也"包容"过来。公子小白尽弃前嫌,任管仲为相,终成春秋首霸;诸葛亮更是以宽广胸怀,赢得孟获和少数民族的信服。

林肯对政敌也素以宽容著称,后来终于引起一议员的不满。议员说:"你不应该试图和那些人交朋友,而应该消灭他们。"林肯微笑着回答:"让他们变成我的朋友,难道不正是在消灭我的敌人吗?"

一位哲人曾说过:"不要追求财富,因为你不会永远拥有它,只有朋友才能伴你走完一生。"所以朋友很重要,但是在与朋友交往的过程中,也会经常发生矛盾,唯有"包容"才能让朋友之间建立更加牢固的友谊。

不久以前,曾经看到了一部关于鲁迅先生的书,上面这样写道:

"鲁迅先生写了很多批评那种柔软而中性化的作家的文章,因为他认为在那种战争年代,文人的义务便是激励和警醒那些愚昧、沉睡的民众。在他批评的人中便包括郭沫若先生。而郭先生也并不示弱,同样写了文章来回击鲁迅。一时间,这文人的战争硝烟四起……"

文章又写道:"……鲁迅逝世时,上海滩云集了大批的学生、工人,还有从各地赶来的文人学者。这些中国知识分子很多都受过鲁迅文章的批评,然而他们无不表示了巨大的悲痛。其间尤数郭沫若最为突出,他一连写出几篇文章,说道:'我与周先生吵了一辈子架,然而我们是一辈子的朋友。'"

这是两位多么伟大的人啊!他们用最伟大的胸怀包容对方。这种包容使他们能够求同存异,冷静地看待对方,欣赏对方高尚的人格,在大方向一致下团结起来。

每一个生物体,都是一个依赖"包容"创建起来的和谐的、有机的组织。从最低等的原始生物到作为万物之灵的人,任何生物体都由许多不同的物质成分、不同的元素"包容"而成。生物体要维持机体的正常运转,要维持其作为生命的存在,就一刻也不能没有"包容",如果组成这个生物体的物质成分闹起"分裂",等待这个生物体的就只有解体和死亡。"包容"是生命的根本功能。

包容会产生强大的感染力和凝聚力,使各种各样的人都能成为你的朋友,团结在你周围。包容是一种豁达的人生态度,一种深厚的性情修养。它可以化干戈为玉帛,化戾气为祥和,增进人的相互理解,在人间播撒爱的种子。包容的人有爱,因而也被别人爱;包容的人包纳万物,因而也能拥有万物。

4.在适当的时机施惠于人

居善地,心善渊,与善仁,言善信,政善治,事善能,动善时。

——《道德经》第八章

老子"动善时"的内涵:就是抱着与人为善的想法做事,并合理把握办事时机。这是一个说起来容易做起来难的事情。什么时机才合适? 就是要像水一样,需要雨的时候,它就变成了雨,需要雪的时候,它就变成了雪,它可分可合,可深可浅,它可以随着环境的变化改变自己的形状,对它来说,没有永远正确的,只有现在最合适的。即在恰当的时候,做恰当的正确的事情。

做人也是这样,如果我们在恰当的时候,做了恰当的正确的事情,往往会起到事半功倍的效果。

隋朝末年,天下大乱,豪杰纷起,争夺天下。王世充本是隋朝的一个地方官,他没有草率地马上起兵,而是不动声色地做准备。

江淮间多草莽英雄,加以民风剽悍,打架斗殴甚至动刀杀人者多如牛毛,小偷强盗也趁机活动。一时间,监狱人满为患,差役们大发其愁。不得已,只得上报王世充。王世充开始也为这事头疼,后来一想:"现在天下大乱,我又准备起事,这些人正可为我所用,何不顺水推舟,做个人情,将来一旦起事,便可得到许多帮手。"于是他亲自审讯犯人。审讯时大事化小,小事化了,将犯人头上的罪名洗刷得一干二净。这些犯人原本提心吊胆,担忧性命不保。不想王世充不仅未曾判刑,还好言相抚,于是一个个感激涕零,发誓如王世充有所召唤,赴汤蹈火在所不辞。后来,义军势力越来越大,吴人朱燮、晋陵人管崇在江南起兵,声势浩大。隋炀帝派大将征讨,但反复较量都没有取胜。

王世充看到这种情况,心里暗暗高兴,这正是他成就大事的好时机。于是,他打着"王军"的旗号发展势力,并得到朝廷的大力支持。他盘算着借朝廷之力壮大自己的力量,一旦羽翼丰满,便可独霸天下。于是,他下令招兵买马,江淮间受过他恩惠的子弟,纷纷加入他的军队,这些人平素便强悍好斗,加上对王世充知恩图报,打起仗来十分卖力,战斗力非常强。王世充率军征讨朱、管,连战连胜。每次得胜,王世充都按功行赏,重重奖励立功将士,而本人却分毫不取,因此手下人更加替他卖力。

王世充施以恩惠,拉拢了一帮对他死心塌地的人,最后靠这支军队,攻无不克,逐渐发展成举足轻重的割据势力。

通观《水浒传》,读者会发现,无论是做过一官半职的,还是草莽英雄,或是文人雅士,宋江交往起来都可以说是得心应手、如鱼得水。这说明了什么呢?宋江也许在武艺上、外形上是个"庸才",但他无疑是梁山好汉中"情商"最高的人,他之所以能够坐上头把交椅,完全是善于人际交往的结果。

初见武松,显示了宋江明显高于柴进的交际能力。读者有没有注意到,其实宋江与武松初次见面,无非是说了一些普通的安慰话而已,但是为什么武松就觉得遇到了知己呢?很简单,因为当时的武松正处于落难时期。

话说宋江因为杀了阎婆惜,被官府追杀,逃到了柴进府。哪成想,一进门就撞到了正在烤火的武松,并且踢翻了他烤火的火炉。此时的武松也是苦闷无比,因为武松在柴进庄上大吃大喝了一年,但因性格不合遭到冷落。正愁无处发泄,于是一把抓住宋江要拳脚相加,恰好柴进及时制止了。

本来是一次不愉快的碰面,宋江非但没有不高兴,反而邀他一起入席。在了解了武松的遭遇后真情抚慰,又送衣服又送钱,分别之时送出十里开外,依依惜别结拜为兄弟,用柔情深深打动了武松这个铁汉。

实际上这是宋江作为一个领导者的基本素质和技巧:那就是掌握送人情的诀窍,因为他知道,人的一生不可能总是一帆风顺,难免会碰到失利受挫,或面临困境的情况,这时候最需要的就是别人的帮助,这种雪中送炭般的帮助会让人记忆一生。

每个人活在这个世上,都不可能不求于人,也不可能没有助人之时。当你打算帮助别人的时候,请记住一条规则:救人一定要救急。

在三国争霸之前,周瑜并不得意。他曾在军阀袁术部下为官,被袁术任命做过一回小小的居巢长,一个小县的县令罢了。

这时候地方上发生了饥荒,年成既坏,兵乱间又损失很多,粮食问题就日渐严峻起来。居巢的百姓没有粮食吃,就吃树皮、草根,很多人被活活饿死,军队也饿得失去了战斗力。周瑜作为地方的父母官,看到这悲惨情形急得心慌意乱,却不知如何是好。

有人给他献计,说附近有个乐善好施的财主叫鲁肃,他家素来富裕,想必一定囤积了不少粮食,不如去向他借。

于是周瑜带上人马登门拜访鲁肃,寒暄完毕,周瑜就开门见山地说:"不瞒老兄,小弟此次造访,是想借点粮食。"

鲁肃一看周瑜丰神俊朗,显而易见是个才子,日后必成大器,顿时产生了爱才之心,他根本不在乎周瑜现在只是个小小的居巢长,哈哈大笑说:"此乃区区小事,我答应就是。"

鲁肃亲自带着周瑜去查看粮仓,这时鲁家存有两仓粮食,各三千斛,鲁肃痛快地说:"也别提什么借不借的,我把其中一仓送与你好了。"周瑜及其手下一听他如此慷慨大方,都愣住了,要知道,在如此饥荒之年,粮食就是生命啊!周瑜被鲁肃的言行深深感动了,两人当下就交上了朋友。

后来周瑜发达了,真的像鲁肃想的那样当上了将军,他牢记鲁肃的恩德,将他推荐给了孙权,鲁肃也终于得到了干事业的机会。

鲁肃在周瑜最需要粮食的时候送给了他一仓,这就是所谓的雪中送炭。

在生活中,很多人总是在别人不是很需要的时候拉上一把,以便使之锦上添花,但往往没想到,其实锦上添花,不如雪中送炭。当他人口干舌燥之时,你奉上一杯清水,这胜过九天甘露;如果大雨过后,天气放晴,再送他人雨伞,这已没有丝毫意义了;如果人家喝醉了,再给人敬酒,这未免太过于虚情假意。我们在帮助别人时一定要注意这些。

"患难之交才是真朋友",这话大家都不陌生。

5.施恩不图报,恩情才可贵

圣人执左契而不责于人。有德司契,无德司彻。

——《道德经》第七十九章

"圣人执左契而不责于人",其本意为:圣人虽握有借据,却不强迫人家偿还。而其背后的含义是:有德之人只持有借据,却不索讨;无德之人就像是征税者一般,只拿不给。

在对他人付出帮助的时候,不要总惦记着别人的回报。期盼回报的付出不但狭隘,而且还会失去助人的本意,让原本高尚的行为蒙上一层势利的阴影。

做好事的目的不同,结果就大不一样。人的善心不该用来作为交易,否则就失去善良的本义了。一旦计较了这些,人们的心里就失去了原本的安宁;为了得失寻找平衡,对受惠者颐指气使就不可避免了。这样,人们只能怨恨施惠者的虚伪,不会再有丝毫的感激之情。

唐玄宗时,安禄山发动叛乱。后来,随着形势的不利,安禄山的心情越来越坏,他开始随意惩罚身边的人,包括他最信任的谋士严庄和贴身侍卫李猪儿。

严庄是安禄山一手提拔起来的心腹。当初,安禄山发现严庄是个人才,对他礼贤下士,很快就把他安置在重要岗位上。他曾对严庄推心置腹地说:"你是读书人,知道的道理比我多,你可以随时指出我的过失,我是绝不会怪罪你的。"

严庄受了安禄山的大恩,从此也一心报效,为他出谋划策,竭尽心力。他对朋友说:"安禄山对我有知遇之恩,我就是为他搭上性命也报不完呀。大恩不可言谢,我现在只有默默地做事才能报答他。"

李猪儿原是一个归降的僮仆,安禄山喜欢他的聪明伶俐,破例把他留在身边服侍自己。他给李猪儿许多赏赐,又给了他许多特权,让他随时陪伴自己。

安禄山起兵叛乱不久,他的眼睛便失明了,身上也长了毒疮,他的情绪开始烦躁不安。后来叛军进展不利,战败的消息接连不断,安禄山的情绪更坏,不仅平时总是大吼大叫,而且还杀身边的人泄气。严庄劝他说:"胜败乃兵家常事,不应该过于认真。现在形势虽然对我军不利,但是并不是不可以挽救的。"

严庄话没说完,安禄山就指着他骂个不停,说:"我对你有恩,你就是这样报答我吗?早知道你是个不中用的家伙,我就把你一刀砍了,留你有什么用呢?"

他命人鞭打严庄,打得他皮开肉绽。这样的凌辱发生过多次,严庄从心里恨他入骨,只是表面还保持恭顺。李猪儿也经常无缘无故遭到安禄山的痛骂和鞭打,安禄山还恶狠狠地对李猪儿说:"我不收留你,你早死了,现在我就是要了你的命也是应该的。"

严庄和李猪儿同病相怜,他们担心有一天安禄山会杀了他们,便勾结安庆绪,三人合谋,将安禄山杀死在床上。

安禄山自恃对严庄和李猪儿有恩,就无所顾忌地凌辱惩罚,而又不加丝毫防范,这是他对人缺乏了解的缘故。他施恩的用心并不真诚,严庄和李猪儿既已明白,他们当然会怨恨他了,对他不利便是很正常的了。

施恩不图报答,恩情才显得可贵。给人恩惠不论多少,重要的是,不是为了索取。一个人无私奉献之后,他的道德境界就会提升,到了一定的高度之后,他这个人便会高尚起来,面貌也会焕然一新。

付出其实不限于什么方式、什么人,付出也不需要书写,不需要描画,更不需要把它放在心中,只要把它表现在我们的实际行动中,唯有这样我们才是快乐的。有这样一则寓言正好验证了这层关系。

从前,一个男孩与一棵树一起度过了他的童年:他在树上荡秋千,上树摘果子,在树荫下睡觉,树也很留恋那些快乐无忧的时光。

小男孩一天天长大,他与树在一起的时间也变得越来越少,因为要生活,他就必须想办法去赚钱。

树对男孩说:"拿我的果子去卖吧。"于是小男孩把果子卖掉了,树感到很快乐,因为它为男孩做了事。

又过了很长一段时间,已经长大成为年轻人的男孩很久没有来找树玩了,树感到心里空荡荡的。有一次,树看见男孩走过来,就向他微笑着说:"来啊,让我们一起玩吧!"但是男孩已经长大了,他要到外面去闯世界,他不愿固守在这里,他要离开眼前的一切。

树很理解他,就毫不犹豫地说:"把我砍下来吧,拿我的树干去造一艘船,你就可以航行到你想去的地方了。"于是,年轻人就把树砍了下来,做了一艘船到外面闯世界了。

夏去冬来,时光一年年过去。无数个寒冷和寂寞的夜晚,树都在默默等待,最后,男孩终于回来了。但他已经满头白发,年老和疲惫使他不能再玩耍,也不能赚钱或出海航行了。

树说:"我还是一个不错的树桩,你何不坐下来休息一会儿呢?"于是他坐了下来,树又是满心欢喜。

原来,付出不是把一切放在心里,而是要做出来呀!

俗话说:"希望越大,失望越大。"期望回报的付出,常常会失望大于满足,沮丧大于惊喜;不期望回报的付出,则会惊喜大于失落,快乐大于悲伤。既然付出是一种奉献,何必去寻找奉献后的回报,让自己的内心奢望太多呢!

6.一视同仁,尊重每一个人

圣人抱一为天下式。

——《道德经》第二十二章

圣人以自然、平等的观念(道)去看待天下一切现象。

由于个人差异,每个人在社会中的地位同样存在着差异,这样的差异就使一些人的内心天平失去了平衡:在自认为毫无利用价值、地位低下的人面前,他们显得高人一头,总是不屑一顾,有些人甚至还略带鄙视。

在某些城市里,总有些人自认为是"城里人",对于那些进城务工的农村人或者外地人,横挑鼻子竖挑眼,生怕他们侵犯到自己的利益,动不动就来一句"乡下人怎么怎么样,外地人怎么怎么样"。其实这些人又比他们强多少呢?这些人充其量属于"小市民"阶级,他们有的生活甚至还不如个别的外来务工人员。

老子认为"圣人抱一为天下式",他觉得有修养、有成就的人,对待一切人事物,都是平等的,不存区别之心。

人人都有面子,人人也都要面子。在这个社会中,人们同样信奉"你敬我一尺,我敬你一丈"的人生信条。故而在待人处世上,应该抱着尊重每个人的态度,不要因为工作分工不同而轻视或鄙视他人。

某单位有两个年轻人住在单位的集体公寓。两人也许都在恋爱阶段,经常很晚才回宿舍。其中一个后半夜回来了,总是一边敲门一边呵斥值班老人。老人脾气很好,三更半夜地爬起来为他服务。一次,老人刚准备开门,门外的年轻人嫌老人动作慢,大声骂道:"我当你睡死了,叫了半天不见动静。"老人家听见了,收起钥匙转身回屋睡觉去了。年轻人叫嚷了半天,老人就是不搭理,只好在外面转到天亮。另一个年轻人就有礼貌多了,每每经过门口,一定向老人打个招呼并问声好;无论有多么要紧的事,到了门口都一定下车点点头;晚上回来,无论早晚,总是轻轻地叩门,"大爷大爷"甜甜地叫。值班老人像预知他回来似的,很快就笑吟吟地快步把门打开。因为工作关系,这个年轻人有段时间每天都要很晚才回来。他首先想到的是老人家的睡眠,就和他商量:"我天天打搅您,实在不好意思。如果能给我配把钥匙,晚上就不会打搅您老的好梦了,不知您是否同意?"值班老人一听乐了,谢谢说个不停,很快就给这个年轻人配了把新钥匙。

每个人的人格都平等,意味着每个人都应该受到同等的尊重。尊重他人意味着尊重他人平等的人格,是人与人交往的基本要求,是每个人应有的对待他人的态度和方式,不因人们先天或后天的差异而区别对待。唯有这样我们才能受到别人的尊敬。

人生路漫漫,世间存百态,世象有纷繁,每个人在生命舞台上扮演的角色不尽相同,因而人们的生活态度、生活方式也迥然不同。但不管怎样,面对生活,我们在待人接物方面都应摆正心中的天平。

7.以心换心,厚道做人

大丈夫处其厚,不居其薄;处其实,不居其华。故去彼取此。

——《道德经》第三十八章

大丈夫立身敦厚,远离虚假;立身实在,远离浮华。所以,应该去除轻薄浮华,只取敦厚实在。先哲老子在很早的时候就已经很推崇这种"做人要厚道"的思想了。

有人可能会这样认为:在这个世界上,越是善于玩弄手段的人越能赚到钱、越能"逍遥"。我们不应将眼光放得如此短浅。只要稍微向远看,就不难发现这些善于玩弄手段的人,不是妻离子散就是家破人亡,最终都没有好结果。从某种意义上说,"机关算尽"者的共同命运通常为:以害人始,以害己终。古往今来,概莫能外。

庞涓与孙膑同窗学兵法。学业有成后，庞涓投奔了魏国，得到惠王的重用，被提拔为将军。

庞涓深知自己的能力远不如辅佐齐国的老同学孙膑，觉得他是个威胁，便想方设法将孙膑"挖"到魏国。

如果说庞涓挖同学孙膑到魏国去，是为了共御外侮、携手并肩效力魏国也无可非议。然而庞涓并不是这样。当他暗中派人把孙膑接到魏国以后，又怕孙膑超过自己，便不顾同学之情，盗用法令，罗织罪名，残忍地砍掉了孙膑的两只脚。至此，庞涓还是放心不下，又刑上加刑，在孙膑的脸上刺了字，想让他从此永世不得重见天日，企图达到从肉体到精神全面摧毁孙膑的目的，以剪除竞争者。但是妒贤忌能、玩弄权术、自以为聪明的庞涓，万万没有料到，他这样做却激励了孙膑更加发奋。"孙子膑足，而论兵法"，终于在齐、魏马陵一战中，被孙膑打得"智穷兵败"，无颜见世人而"万箭穿心"。

庞涓的结局很明显是咎由自取。他对待昔日的老同学一点也不厚道、心眼太小了，以至于后来招来报复。做人不厚道、害人终害己的岂止他一个，商鞅也是"做人不厚道"的典型。

秦、魏两国军队摆开阵势以后，商鞅派人给魏国领兵的将领公子卬送上一封信，信上假惺惺地说："我和您是老朋友，现如今是敌对的两国将领。我不得不接受秦王的委派带兵前来攻打您。我很想和您见上一面，签订个盟约，大家高高兴兴地喝一杯，然后领兵回营，使秦、魏两国都相安无事，不是很好吗？"商鞅本来就是公子卬的老朋友，信上又把主动请命领兵伐魏说成是"秦王令我领兵伐魏"，似乎是不得已而为之。谎话说得那么不脸红，也就很有欺骗性。难怪魏公子卬不听军吏劝阻，应邀与商鞅相见。没有想到，会盟之后，正在尽情饮酒之际，早已埋伏下的全副武装的刀斧手突然出现在席间。公子卬还没有清醒过来，便当了俘虏，成了阶下囚。

商鞅虽因俘虏公子卯、大破魏军、割河西之地而名利双收，得到商於十五邑的封地，戴上"商君"的桂冠。然而这胜利的花环掩盖不了他灵魂的丑恶、为人的卑劣。与庞涓一样，商鞅也无法逃脱道德的惩罚，无法改变"恶有恶报"的戒律。待他的支持者秦孝公死后，他不得不离秦去魏。魏人怨恨商鞅欺诈公子卯而使魏国损兵折将、割地，而不肯接纳他，并愤愤地将其押送回秦国。秦国杀了他犹不解恨，又"车裂"之，并灭其族。

如果一个人总是玩弄权术、"机关算尽"，只能得利于一时，最终还是会搬起石头砸自己的脚。看来，做人还是厚道、坦荡一点好。人生在世，要干一番事业，就无法回避与人的竞争。而竞争应当靠真本事，才能使自己立于不败之地。那种靠诈骗与人周旋的人，早晚会露馅儿，会为人们所唾弃。

做人要坦诚、厚道，就是对待别人以心换心，以情换情，千万不要做一个损人利己、把自己的快乐建立在别人痛苦之上的冷血人。那样，不但不会得到别人的尊重，往往还会受到别人的唾骂，为人所不齿！

第六章

藏而不露,虚实并用的人生智慧

1.小不忍则乱大谋

> 曲则全,枉则直。
>
> ——《道德经》第二十二章

由于能委曲,所以可以求全;能弯,才能伸直。

老子在为人处世方面有这么一个观点,"曲则全,枉则直"。他认为能够经受得住委曲,才能够保护自己的周全;能够弯曲,才能有一展宏图的机会。

老子的这一观点,正是我们为人处世须时刻牢记的人生大智慧。在人生的舞台上,我们会遇到许许多多的不公与压迫,倘若仅凭一时之气奋起反抗,不仅往往解决不了事情,反而还会造成更不利的局面。

史书记载:春秋战国时期,张耳和陈余都是魏国的名士,秦国灭了魏国后,就用重金悬赏两人的头颅。

张耳和陈余于是改名换姓逃到陈国,以看门人的身份逃避追杀和维持生活。一天,陈余犯了过错被官吏鞭挞,他怒不可遏,便想起而反抗。这时张耳暗暗踩了他一脚,要他暂且忍耐。

等那官吏离开后,张耳就把陈余叫到桑树下,悄悄对他说:"忘记我们当初的志向了吗? 今天受到一点小小的侮辱,你就想去为一个小官吏而死吗?"

从此事可以看出陈余的浮躁浅露,相比张耳就差远了。后来的史实更加证明,他们两人虽然一同起事,却一个成功,一个失败,张耳辅佐刘邦成了开国之臣。陈余一直辅佐赵歇王,被韩信、张耳打败,斩于泜水上。

吕后虽然是一介女流,却有着过人的智慧,在能屈能伸这方面,她的做法不能不称之为女中豪杰。

匈奴单于冒顿曾把刘邦和三十万汉军围困在平城达七日之久,对大汉也很轻视,然而对刘邦还多少有些忌惮。

汉高祖刘邦去世后,吕后临朝称制。冒顿单于便心骄气傲,想挑起兵端,于是派使者给吕后送去一封信。上面说:"孤独苦闷的君王,生于荒野大泽之中,长于旷野牛马蕃育的区域,多次到达边境,希望能游览中国。陛下独立,孤独苦闷孀居,两位君主都不高兴,也没办法让自己快乐起来,希望以我的所有,换你的所无。"

这竟然是一封言辞褒慢的求婚书,冒顿单于妻妾成群,自不会对吕后这位老太婆感兴趣,他不过是借戏侮她来戏侮汉廷罢了。

吕后见信后大怒,便召集群臣商议,要大举讨伐匈奴以雪此辱。

吕后的妹夫樊哙率先高喊道："我愿带十万人马，横行匈奴！"吕后大喜，季布却怒声叱道："樊哙理应斩首。"

朝堂上的人都吓了一跳，不知季布在哪儿偷吃了熊心豹胆，竟要斩元勋国戚。

季布接着说："当年高帝率三十万精兵讨伐匈奴，却被围困在平城七日七夜，那时樊哙也在军中，却束手无策，今日为何就能以十万人马横行匈奴之中，这不过是当面阿谀陛下，犯欺君之罪，按律当斩。"

樊哙被质问得哑口无言，其他众将也纷纷附和说，以高皇帝之英武，尚被困于平城，匈奴势力强盛，委实不宜擅起战端。

吕后见众将意思一致，回头细想也确实如此，便忍下这口恶气，退朝回到宫内，不再提讨伐匈奴的事了。

过后吕后为安抚冒顿单于，居然卑词婉约地写了一封拒绝信。上面说："单于不忘我中国，赐给书信，我等国人都很恐惧，我自思自忖：身体老迈，气息也衰弱，牙齿也脱落得差不多了，走路的步子都不均匀，单于听信了传言，我实在不足以使您自污。我国无罪，应在您赦免之列。我有自己坐的车两辆，马八匹，送给您平时乘坐。"然后派宦官张泽送去。

单于冒顿原以为汉朝一定会倾竭国力攻击自己，因此严加戒备。没想到等来的不过是一个汉使，读信后反倒觉得羞愧，便又派使者送给吕后好马，回信说："我生长荒野，没听过中国的礼义，多亏陛下赦免了我。"便又和汉朝和亲。

由吕后巧避冒顿的挑衅而获得胜利的事例中，我们不难发现：在恰当的时候不与别人争长短，懂得避其锋芒、故意示弱，往往能令对手不寒而栗。因为谁都知道，能够如此做的人都是智者，而非莽夫。

古人讲，"小不忍则乱大谋"，在某些时候，我们就应该多运用老子的"曲则全，枉则直"的智谋，在该弯的时候一定要弯起来，只有这样才能为"伸"创造良好的条件。

2.“虚实并用”的人生智慧

用兵有言:“吾不敢为主,而为客;不敢进寸,而退尺。”是谓行无行;攘无臂;扔无敌;执无兵。

——《道德经》第六十九章

用兵专家说得好:“我不敢采取攻势,而采取守势;我不敢前进一寸,宁可退后一尺。”这就叫要当作没有阵势可摆,没有胳膊可举,没有敌人可以对抗,没有兵器可以拿着。

古人用兵最讲究虚虚实实、真真假假,这样能使敌人因摸不清自己的真正实力而不敢轻举妄动。老子虽然不曾带兵,然而他却对兵法有着深入的研究。他从这一兵法中引申出了一个“虚实并用”的人生智慧,故而提出了“兵有言:‘吾不敢为主,而为客;不敢进寸,而退尺。’是谓行无行;攘无臂;扔无敌;执无兵”的论断。

老子的“虚实并进”的智慧,在《三国演义》中体现得淋漓尽致。在长坂坡一役中,看似鲁莽愚笨的张飞,一人便阻住了曹操的十几万大军。

《三国演义》中这样记载:却说文聘引军追赵云至长坂桥,只见张飞倒竖胡须,圆睁环眼,手绰蛇矛,立马桥上。又见桥东树林之后,尘土大起,疑有伏兵,便勒住马,不敢近前……把住阵脚,一字儿摆在桥西,使人飞报曹操。曹操闻知,急上马,从阵后来。张飞睁圆环眼,隐隐见后军青罗伞盖,旄钺旌旗来到,料得是曹操心疑,亲自来看。张飞乃厉声大喝曰:“我乃燕人张翼德也!谁敢与我决一死战?”声如巨雷。曹操闻之,尽皆股栗。曹操急令去其伞盖,回顾左右曰:"我曾闻云长言:翼德于百万军中,取上将之首,如探囊取物。今日相逢,不可轻敌。"言未已,张飞睁目又喝曰:"燕人张翼德在此,谁敢来决一死战?"曹操见张飞如此气概,颇有退心。张飞望见曹操后军阵脚移动,乃挺矛又喝曰:"战又不战,退又不退,却是何故?"喊声未绝,曹操身边夏侯杰惊得肝胆碎裂,倒撞于马下。曹操便回马而去。于是诸军众将一起往西奔去。正是:黄口孺子,怎闻霹雳之声;病体樵夫,难听虎豹之吼。一时弃枪落盔者不计其数,人如潮涌,马似山崩,相互践踏。

张飞之所以能够喝退曹军并不是偶然的。张飞在曹操大军到来之前就命令所率的二十多名骑兵都到树林子里去,砍下树枝,绑在马后,然后骑马在林中飞跑打转。而他一人在长坂桥上单人单骑、立马扬威毫无惧色,尤其是他那惊天地泣鬼神的三声怒喝,吓死曹将之余,增加了几分"实像"。对面的曹操深知诸葛亮的本事,怕诸葛亮用张飞作诱,后有伏兵。曹操亲自前来观战,见到张飞那勇猛的样子,想到关羽曾告诉他,张飞能在百万军中取上将之首。另外,张飞的吼叫,吓死了夏侯杰,又在那里立马提枪,咄咄逼人,使曹军不敢冒风险向前。

公元前686年,齐襄公在国内叛乱中被杀。大夫高侯与侨居莒国的公子小白关系很好,于是他派人前往莒国,迎接公子小白回国做国君。然而,此时齐襄公的另一个儿子公子纠,也由旅居的鲁国派军队送其回国抢位,并且还分拨管仲带领军队在半路上拦截从莒国来的公子小白。

管仲领兵昼夜兼程,来到公子小白必经之地即墨,一打听,公子小白的车队已经过去。于是,管仲带着人马迅速追赶,行了30余里,见公子小白的队伍正在停车做饭。管仲面带笑容上前同公子小白打招呼:"公子近来身体可好?现在要到哪里去?"公子小白回答道:"回去为父亲治丧。"管仲说:"公子纠是长子,应该主丧,不必劳您去辛苦了。"公子小白没有应答,其随从人员个个横眉怒目,准备动武。管仲恐怕自己寡不敌众,就假装退走,却在暗中突然弯弓搭箭,对准公子小白射了过来。只见公子小白大叫一声,口吐鲜血,倒在乘坐的车上。公子小白的随从人员一齐啼哭起来。管仲见射倒了公子小白,便调转马头,飞快地去向公子纠报信。在路上,管仲感叹道:"公子纠有福,合该为君!"公子纠人马知道公子小白已被射死,就悠然自得地在路上慢慢行走,过了6天才到达国都临淄。

可是,这时公子小白已经登基当上了国君,称为齐桓公。公子小白被管仲一箭射死,怎么又复活了呢?

原来,管仲那一箭正好射在小白腰间的带钩上。古人宽衣博带,带端有一个用青铜做的钩,称作带钩,一般长约3寸、宽约1寸左右,其作用同现今人们的腰带扣一样。管仲射来的箭虽然没有使公子小白受伤,但公子小白恐怕管仲再射,于是急中生智,咬破舌尖,口喷鲜血,装死倒在车上,从而麻痹了管仲。等管仲走后,公子小白连忙换上普通人的服装,带领随行人马抄小路星夜兼程。快到都城临淄时,公子小白派能言善辩的鲍叔牙先进城说服诸位大夫。鲍叔牙在众大夫面前历数了公子小白的贤明,取得了大夫们的认可,然后,大家出城迎接公子小白即王位。

公子小白之所以能抢在公子纠前面登上王位,在于他临机应变,采用示假隐真、虚实并用的计谋,战胜了居心叵测的公子纠,得到了至高无上的王位。

对待老实人,我们要坚决奉行"以实打实,将心比心"的做法,然而对待那些奸诈叵测的竞争对手,我们不妨来点儿"虚实并进",在虚虚实实中挫败对手。

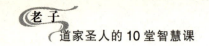

3.藏而不露,待时而动

> 知我者希,则我者贵。是以圣人被褐而怀玉。
>
> ——《道德经》第七十章

　　理解我的人很少,效法我的人就愈加珍贵。所以,有"道"的圣人只能穿着粗衣,却怀抱着美玉。

　　老子是一位看透世间万象的哲人,他的想法总是高屋建瓴,但他的想法也不为众人理解,不为人接受,这恰恰像今天我们常说的一句话:"真理掌握在少数人手中。"在老子看来,"圣人"掌握了真理,但是并不到处炫耀,而是把真理像美玉一样藏在怀中,身上只穿着粗布的衣服。我们也常常看到,一些有才能的人并不卖弄自己的才能,而喜欢卖弄才能的人,往往并没有多少真才实学。

　　古语说得好:"满招损,谦受益。"一个人即使并不自满,而只是才华横溢,锋芒毕露,也很容易招来他人的攻击,他当然就会受到损伤。因为你的流光溢彩使周围的人相形见绌,黯然失色,所以,你越能干,事情做得越完美,就越得罪人。也许你完全没有意识到这一点,甚至百思不得其解。可事实就是如此,人们完全可以这样想:"都是爹妈生的,凭什么会有这么大的差别?"

　　古人曾国藩对"藏锋"曾有过精辟论述:"言多招祸,行多有辱;傲者人之殃,慕者退邪兵;为君藏锋,可以及远;为臣藏锋,可以及大;讷于言,慎于行,乃吉凶安危之关,成败存亡之键也!"

　　藏而不露,并非不露。易经上说:"君子藏器于身,待时而动。"把握好藏与露的分寸,最后才能露出真正的锋芒。"空空无迹,浩浩无垠,藏之愈深,发之愈溥。"越是争强越是容易成为众矢之的,不论什么时候,大家的矛头永远是指向那个最领头的人。唯有守弱,才能够更好地积累实力,也才有可能取得最终的胜利。

《三国演义》中刘备曾一度投奔曹操,为迷惑曹操,他种田浇菜,掩盖其志。关、张二人见他如此不求上进,都非常失望,但刘备只说"此非二弟所知",依旧我行我素;曹操煮酒论英雄时,刘备竟假装被雷声吓得扔掉了筷子。因为刘备当时羽翼未丰,若与曹操硬碰硬的话,无疑是以卵击石,只有假装无能,曹操才不会把他作为心腹之患。

三国时期,杨修是一个极有才华的人,而曹操也是一个爱才之人,可是,曹操最后为什么要杀死杨修呢?有人说是曹操妒忌杨修。当然,的确有这方面的原因,但最主要的原因是杨修过于显现其个人才华,锋芒毕露。

曹操平汉中后,想继续讨伐刘备,又难以推进;想守住汉中,又难以防御持久,进退两难。曹操心中烦躁犹豫,偶说"鸡肋"二字,杨修就叫随行军士收行装准备归程。夏侯惇问怎么回事,杨修说:"以今夜号令,便知魏王不日将退兵归也:鸡肋者,食之无肉,弃之有味。今进不能胜,退恐人笑,来日魏王必班师矣。"曹操怒杨修造言乱军心,斩之。

杨修聪明过头,把撤军这样事关全局的大事用负面的语言和行为表达出来。殊不知,这样的军机大事是不能用此方式表达的,即使曹操心里真是这样想的,但曹操没有直接表达出来,就是因为他认为这话说出来会影响军心,这是基本的军事常识。但是杨修却一张嘴就说出来了,这不是在表现自己的才华吗?

当然,屈伸之度必须由自己把握好,什么时候"屈",什么时候"伸",这里面大有学问,一味隐忍不知勃发、不求翻身出头,也会滑进无底的深渊。所以,何时勃然而发,也是一个十分重要的问题。

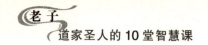

4.沉着冷静，处变不惊

弱者，道之用。

——《道德经》第四十章

柔弱是大"道"的功用。

老子认为人们做任何事，都应抱有一种遇事不乱的态度，对所遇之事宜谨慎分析，才有利于将事情办好。

沉着和冷静是办大事者必备的素质，也是老子这一智慧的现代诠释。所谓沉着，就是镇静、不慌不忙；冷静，就是遇见事情不头脑发热、感情用事，而是能够认真地思考，缜密地分析，最终做出对自己最有利的决定。

一群年轻人，都是经历了层层筛选的佼佼者，现在他们正面临最后的考验：一场定时15分钟的考试。谁通过了这次考试，谁就有机会进入这家著名的跨国公司。

试卷上共有40道题，题量大，涉及的知识面很宽。这完全出乎大家的意料，这么多题，一刻钟的时间实在是太仓促了，许多人一拿到试卷，连半秒钟也不想浪费，立刻做起题来，全然不顾监考官"请大家先将试卷浏览一遍，看清要求再答题"的忠告。

虽然许多考生因为没有答完而显得心不甘情不愿，但试卷在一刻钟之后还是被全部收回。总经理来到考场，当场亲自批阅试卷。他很快地翻遍所有的试卷，然后从中挑出5份。这5份试卷的卷面有一个共同特点，即第1至37题全都没做,仅回答了最后3个问题。而其他试卷上的答题情况看上去则好得多,做了前面的不少题目,最多的一个人做到了第29题。

总经理当场宣布,公司将录用那5个只答了最后3道题的年轻人。在众人的一片惊讶、责问声中,监考官道出了秘密。原来秘密就藏在第37题中,它的内容是:前面各题都可以不回答,只要答好最后3道题即可。

这次测试是很成功的。那5个人后来的表现都非常优秀,特别是在风云变幻的商场上,他们遇事从不慌张,总是能举重若轻,冷静地分析问题,提出正确的应对措施。由于具备这种素质,他们不久就都做到了中层管理人员。3年后,有一位还被破格提拔为副总经理。

做事固然需要迅速,然而却不能一味求快,遇到重大的事情和问题,明智的做法就是冷静地审视之后,再做出决断。不经思量,武断从事,只能导致不良的后果。无论做什么,保持慎重,以自己的聪明才智稳扎稳打,才能获得成功,否则难免吃苦头。

王某经营着一家餐馆,生意很红火。一天,朋友来吃饭,看着王某的菜谱说:"你的菜太普通了,没什么特色,应该多加点有特色的东西。"

王某觉得有道理,问朋友:"你认为该搞些什么特色?"

朋友说:"米粉,很多人都喜欢吃。"

王某没经过市场调查,便购买了大量的米粉。这期间又有人建议做魔芋,他又买来了很多魔芋,还特地请来两个专门的师傅。

然而,王某在把重点转移到米粉和魔芋的经营之后,顾客反而少了。很快,餐馆的营业额下降,储存的食品过期的过期,发霉的发霉,员工工资也有减无增,餐馆一度濒临倒闭。

王某遇到事情就有些不谨慎了,仅凭朋友一言,而不经过缜密的市场调查就匆匆投入新的项目,使得他的生意一落千丈。古人讲的"处事不

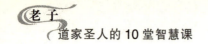

惊,坐怀不乱",无疑是王某该学习的地方。

人的一生中经常要遇到许多不能预料到的情况。面对一些非常情况,我们时常无法冷静下来认真分析事情的始末、利弊,就匆匆忙忙做出结论,采取行动。结果,由于忽略了某些重要的方向,只能默默承受失败的结局。处事不乱、冷静分析问题,才是解决问题处理事情的最佳方法,也是智者不可或缺的人生智慧。

5.未雨绸缪,防患于未然

其安易持,其未兆易谋,其脆易泮,其微易散。为之于未有,治之于未乱。

——《道德经》第六十四章

安定的状况容易维持,事情尚未发生变故之前容易防范。太脆弱的物品容易破裂,太小的东西容易遗失。事情还没有发生之前应该先有准备,事情没有变乱以前应该能事先防止。

在大家的心目中,能够做到未雨绸缪、防患于未然的人都是有大智慧的人。不仅我们这样认为,老子也是这样认为的。他说:"其安易持,其未兆易谋,其脆易泮,其微易散。为之于未有,治之于未乱。"就是鼓励人们在没有发生危险之前,能够进行全面的谋划,提高对危险的预测能力,达到防患于未然、减少损失的目的。

"未雨绸缪"的确要比"亡羊补牢"强得多,至少不会丢掉"亡羊补牢"

中的那些羊。这虽然是调侃,却是事实,历朝历代都不乏那些未雨绸缪、预测能力非凡的智者。这些智者中,最重要的一位非诸葛亮莫属,他的预测能力简直达到了一种神乎其神的地步。如果说赤壁之战中的借东风是观天象而得的结论,那么在让孙权"赔了夫人又折兵"的较量中,不能不说明他的预测之神了。

《三国演义》中记载:刘备和诸葛亮"借"了荆州后,毫无归还之意。周瑜正苦于讨还荆州无计可施,忽闻刘备丧偶,便计上心来。他对孙权说:"你的妹妹很漂亮,刘备刚刚死了老婆,我们不妨来个美人计,以联姻抗曹的名义向刘备招亲, 把他骗到我们这里幽禁起来, 逼他们拿荆州来换。"孙权觉得这个主意不错,就立刻派人到荆州招亲。

刘备听了使者的话,不知是否有诈,很是犹豫不定。诸葛亮思考了一会儿,对刘备说:"您只管去吧,让赵云陪您去。我自有安排,包您得了夫人又不失荆州。"刘备和赵云出发之前,诸葛亮暗地里关照赵云:"我这里有3个锦囊,内有3个妙计,到孙权那里打开第一个,到年底打开第二个,危急无路时打开第三个。"赵云点头,把锦囊收好。

刘备、赵云带了500名士兵到了孙权那里,孙权假装做出很守信用的样子,表示愿意把自己的妹妹嫁给刘备。事实上,他只想暂时把刘备稳住,好把他困在此处,并不真想把妹妹嫁给刘备。现在应该怎么办呢?赵云打开了第一个锦囊,上面写着:将计就计。赵云心中有了主意,便命令士兵去购买结婚用品,并到处宣扬:"刘备要和孙权的妹妹结婚了!"他还劝刘备去拜见乔国老。

乔国老把这件事告诉了孙权的母亲。孙权的母亲一听大怒,召见孙权骂道:"男婚女嫁乃人生大事,怎么我做母亲的竟然不知道女儿要出嫁?那个刘备是个什么样的人我总得见见吧?"于是传令在甘露寺相亲。老太太与刘备见了面后大喜,没想到刘备是个仪表堂堂、气度不凡的人,便同意把女儿嫁给刘备。这下子,孙权是哑巴吃黄连,有苦难言,只好依了母亲,把妹妹嫁给了刘备。

出主意的周瑜也是苦不堪言。一计不成,又生一计。他对孙权说:"刘备是苦出身,极少享乐,现在可以利用声色犬马迷住他,离间他们上下级的关系,到时再出兵夺取荆州。"孙权听了周瑜的话,觉得有理,便给刘备提供各种各样的享受,让刘备玩得乐不思蜀。刘备和孙权的妹妹关系也非常好,两个人过得很幸福。

赵云见刘备迷恋新婚生活,不打算回荆州了,心里很苦恼。恰好到了年底,他想起了诸葛亮的锦囊,便打开了第二个,看后心领神会。他向刘备报告说:"曹操出兵55万要报赤壁之仇,荆州危急,主公宜速赶回。"刘备大惊,第二天就带着夫人,借口到江边祭祖,一路朝荆州方向飞奔而去。

孙权知道真相后,急派人马追赶,又派周瑜的队伍在前方挡住去路。眼见情况危急,赵云打开了诸葛亮的第三个锦囊,把里面的妙计给刘备看。刘备依计向夫人哭诉,说孙权、周瑜利用美人计想诱杀自己。孙权的妹妹与刘备感情一直很好,她早已把自己和刘备的事业紧紧联系在一起。听了刘备的话,她非常气愤,便走出座车,对追赶上来的士兵严辞斥骂。将士们见孙权的妹妹发火了,便让开大路让刘备他们通行。

刘备和士兵们走到荆州地界的时候,周瑜又率兵赶到,结果被诸葛亮早已布下的伏兵杀得丢盔卸甲,大败而回。

诸葛亮不愧是一个预测高人,在刘备出发之前,他已经周密地思考了敌我双方的力量及可能出现的问题,提出相应对策。因此,刘备和赵云才能够在紧要关头做到处变不惊,逢凶化吉。

由此我们不难看出,是否具有预测能力对于一个人成就事业是十分重要的。然而对于那些不屑思考或者不懂得未雨绸缪的人来说,失败与痛楚则成了他们忠实的"随从"。

19世纪初,欧美各国的采矿业日益发展起来,但矿下作业的照明工具还十分落后,矿工们需要举着蜡烛在黑暗的矿下艰苦采掘,稍不留神,烛火点燃了瓦斯就会发生可怕的爆炸,许多矿工为此丢掉了生命。应矿界要求,当时身为皇家学会会长的英国科学家戴维,经过千辛万苦,终于发明了一种用铁丝网罩着"烛火"的"安全灯"。由于这种灯不容易引起瓦斯爆炸,因而深受矿工欢迎。

然而,以"清高"自居的戴维博士,竟在没有及时申请专利的情况下,就轻易公开了这一发明成果。于是,不法之徒见利忘义,乘机纷纷粗制滥造,一批又一批的劣等商品抛到了市场。结果,矿工们用了"便宜"的劣等品,事故迭起,死伤人数急剧增加。戴维耳闻目睹此种惨剧,于心不安,深感悔恨,逐渐明白了是他昔日的失策导致了无数矿工的死亡,这实在太蠢了。如果他当初及时申请发明专利,那就会受到专利法的保护,而不会被他人侵权,就会进一步激励人们发明创造的积极性,在他发明的基础上,不断创新、精益求精,研制出一代胜过一代的"安全灯"。

戴维博士虽然出于一片好心,然而它公布出去的"安全灯"成果,并没有真正给矿工带来福音。相反,却使市场一片混乱,瓦斯爆炸事件日趋频繁,这就是他缺乏远见,没有预测到产品贸然公布后的影响所致。

在事情没有发生之前,要学会运用发散性思维,全方位地思考问题,将各种可能发生的情况都纳入考虑的范畴,采取排除法,最终确定一种或几种最有可能发生的情况,然后针对情况准备,那样便能将危险与损失降到最低。

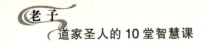

6.不显山不露水，真君子也

上德若谷；大白若辱；广德若不足；建德若偷；质真若渝；大方无隅；大器晚成；大音希声；大象无形；道隐无名。

——《道德经》第四十一章

上德的人虚怀若谷，在大庭广众之下却看似卑微。广德的人总是表现出好像德行还有不足的谦虚。建德者做了仁德之事后绝不会四处张扬。真正实质上有德行的人，从不自我表现。真正的大德，有如最大的方形，找不到角落。最有价值的器具，总需经过长时间的千锤百炼，才能制成。最大的声音是人听不到的声音。最大的影像会大到人无法看到全貌。

有些人做事时，表面上看去轰轰烈烈，实际上却是"雷声大，雨点小"，见不到办事的效率，所以我们在生活中鄙视这类人。

还有一类人就是老子比较欣赏的，这类人"上德若谷；广德若不足；建德若偷；大白若辱"，即在平日里很少"显山露水"、抢风光，这类人表面上看去很不显眼，然而他们却能在暗中默默地将事情完成，丝毫不张扬。

在这个社会上，做事太张扬、太显露虽然能够显得自己高人一等，然而却很容易引来众人的妒忌，让别人更关注自己的一举一动，确切地说是更关注我们的失误，这样就会给日后自己的工作带来更多的压力和不便。

清朝皇帝雍正也曾这样认为："但不必露出行迹。稍有不密，更不若明而行之。"讲的就是这个道理。雍正不但是嘴上这么说，在他的执政生涯中也是如此做的。

在雍正皇帝之前,历代王朝都以宰相统辖六部,权力过重,使皇帝的权威受到了一定影响。如果一个君王有手腕驾驭全局,使宰相为我所用,这当然很好。但如果统领军队的宰相超权行事,时间一长便很容易与皇帝、大臣们产生隔膜和分歧,很容易给国家添乱子、造麻烦。这样的例子举不胜举。

雍正即位之初,虽然掌管着国家的最高权力,但凡军国大政,都需经过集体讨论,最后由皇帝宣布执行,皇帝不能随心所欲自行其事,权力受到了制约,皇位受到了挑战。雍正设置军机处,正是把自己推向了权力的金字塔顶端。简单地说,就是皇帝统治军机处,军机处又统治百官。

军机处还有一种职能,即充当最高统治者的秘书角色,类似于情报局,有很强的保密性。军机处的由来,是在雍正七年(1729年)六月,清政府平息准噶尔叛乱时产生的。雍正密授四位大臣统领有关军需事务,严守军报、军饷等军事机密,以致两年有余而不被外界所知,保持了工作的高效运转和战斗的最终胜利。

雍正对军机处管理得特别严密,他对军机大臣的要求也极为严格,要求他们时刻同自己保持联系,并留在皇帝最近的地方,以便随时召入宫中应付突发事件。军机处也会像飘移的帐篷一样随皇帝的行止而不断改变;皇帝走到哪里,军机处就设在哪里,类似于我们现在的现场办公。雍正察言观色、去伪存真地选用人才的方式方法,在当今已经渗透到我们的日常工作当中,并产生了不可低估的社会价值。

雍正的第二大特点是对军机处的印信管理得非常严密。印信是机构的符号和象征,是出门办事的护身符和通行证。军机处的印信由礼部负责铸造,并将其藏于军机处以外的地方,派专人负责管理。当需用印信时,必须报告皇上予以批准,然后才能由军机大臣凭牌开启印信,在众人的监视下使用,以便起到相互制约的作用。

设立军机处起到了意想不到的效果。以前每办一件事情,或者有关的奏折,都要经过各个部门的周转,最后才能送达皇上,其中扯皮、推诿、拖沓等官场陋习,使办事效率极为低下,保密性能也差,皇上的口谕无法贯穿始终。自从设立军机处以来,启动军机大臣,摆脱了官僚机构的独断专行,使雍正的口谕可以畅通无阻地到达每一个职能机构,从而把国家大权牢牢地控制在自己手里。

设立军机处,将"生杀之权,操之自朕"的雍正推向了封建专制权力的顶峰。军机处由于在皇上的直接监视下开展工作,所以处处谨小慎微,自知自律,奉公守法,营造了一种清廉的官场形象。军机处的设置,保证了中央集权的顺利实施,维持了社会的相对稳定和统一,避免了社会动乱和民族分裂,推动了社会繁荣和发展,具有一定的积极意义。

无论是在正史还是野史的记载中,雍正都是一个喜欢秘密行事的皇帝,这也正是他高明智慧的一方面,故而在他死后的乾隆年间,才会出现乾隆盛世的局面。

无论是做人还是处世,若想取得最大限度的成功,首先不要过分暴露自己的意图和能力。唯有这样,事情办起来才不会出现众多人为的障碍和束缚,办起事来就会出现事半功倍的效果。反之,我们将会受到许多意想不到的人为阻挠,事情办起来就很难成功。

7.天之道,不争而善胜

天之道,不争而善胜,不言而善应,不召而自来,繟然而善谋。
——《道德经》第七十三章

在古远的时候,老子就提出了"天之道,不争而善胜,不言而善应,不召而自来,繟然而善谋。天网恢恢,疏而不失"的至理名言。

曾经有一次,海尔总裁张瑞敏喂狼的时候发现,当他扔给狼一根骨头的时候,所有的狼都在抢这根骨头,当他再扔一根的时候,所有的狼又扑过来抢另一根骨头。即使丢进去很多骨头,狼群也不是去分,而是哄抢。

虽说是动物界的生存现象,但也折射出市场的残酷性和盲目性。他想,如今的企业不都是这样的吗?每个人都紧紧地盯着对手的一举一动,甚至忘记或放弃了自己原有的想法和思路,这种做法无异于那群抢骨头的狼。

这样的启示让他把精力从竞争的市场转回到自己的企业本身上来,一门心思修炼"内功",做好自己的管理,专注客户的需求。

其实不管怎样的角逐,最后的赢家都是顾客,也就是说,最核心的竞争力就是抓住市场需求,获得用户对企业的忠诚度,这也就是"不争"的本质所在。

想别人没想过的问题,做别人没做过的事情,这正是张瑞敏的智慧所在。不和对手争,却和自己争,和用户争,否定既有的错误和不成熟的思想,刷新和确立新的正确的发展路子,这是一个企业健康发展壮大的必经过程。

因此在别人都纷纷"抢骨头"的时候,张瑞敏却在抓服务和管理,从公司高层到下面的每一个员工都在捕捉着顾客的消费需求,他们的营销网点遍布全国各地,他们从各个渠道获取用户的需求和信息,每一个用户都可以提出自己的想法,每一个员工都可以去设计用户所需的产品……当时机成熟时,企业自身已经发展壮大,消费者潜在需求也被开发出来,那些所谓的竞争对手自然会落在后面,这个时候,市场已经紧紧地掌握在自己的手中。

不争，是一种高明。张瑞敏如同打太极拳一般，看似无作为，实际上却获得了潜在的大势态，"故天下莫能与之争"。海尔正是凭借着踏实、专注、善始善终的精神从同行中一跃而出，跻身于世界五百强企业，成为当之无愧的领头羊！

从表面上看，"不争"似乎有悖进化规律，然而其背后却有更深层的道理。"争与不争"的辩证法，透露着天机：不争而争、无为无不为、不争而善胜，乃是人类社会进化的公理。

"争"，需要对手；而"不争"，是想别人没想过的问题，做别人没做过的事情。"善胜敌者，不争。"不是和对手争，而是和自己争，和自己争就是要战胜自我。这样做的高明，在于以"不争"泯绝那些形名之争，而得潜在的大势态，"故天下莫能与之争"。

在许多企业热衷于把自己定位于行业"龙头"、集团"航母"、销量"第一"的时候，国内厨具知名品牌方太的当家人茅理翔却提出了与众不同的观点："不争第一，甘当老二。"

方太集团董事长茅理翔认为，老大、老二均是行业的领导者，何必一定要去争老大呢？更何况第一也好，第二也罢，关键在于谁是强势品牌，能永远立于不败之地，谁才是长寿企业。尤其是正处于企业成长阶段，定位于"老二"更有助于减少浮躁情绪，稳下心来精耕细作。

对于这样的说法，也可能有人会讥笑说："你没能力拔头筹，才故意自圆其说，这是懦夫哲学。"而茅理翔的理解是："当第一太累了，会成为众矢之的，天天战战兢兢就怕掉下来。事实上，当老二也不是件简单的事，而甘当老二，更难能可贵。现在有很多大企业扩张太快，几年后立即倒下去。有的图个盛名，内部千疮百孔，不堪一击；有的是泡沫，一有风吹草动，就会破灭。所以，关键还得保持内功，才能真正成为长寿企业。"

甘当第二，还有一个理由。像方太的市场定位是中高档，而中高档消费阶层不可能占大多数,从市场占有率来讲,市场份额就相对比较小。能长久当老二,就是一个成功者、胜利者。

茅理翔这种甘居第二的态度,同样具有老子"不争"的智慧。这种智慧对于企业来说,能使企业不急于求成,走稳企业发展道路上的每一步。把根基立稳了,实力自然就上去了,在客观上可以称它为一种"不争"中的胜利。

进一步而言,老子的"不争"并非要我们消极处世,而是让我们能够以冷静的心态面对那些没有意义的纷争,省出更多的时间做更有意义、更有价值的事。老子的"不争"正是让我们不要去争一时的高下,而是积蓄力量去争取人生更长远的成功。

老子心目中的"不争",即要求个人在处世过程中要具有谦退而不是你争我夺的品格,能在合适的位置上,即便是处在十分卑下的地方,也能始终如一地付出,能够"心善渊""事善能",充分实现自己的人生价值,而没有怨怼、遗憾、悔恨。

第七章

知舍善得，虚怀若谷，永葆长久的秘诀

1.少一分贪婪，多一分幸福

圣人为腹不为目，故去彼取此。

——《道德经》第十二章

圣人生存在世间，无生存之虞就已知足，不求看着好看；因而抛弃外在的追逐，只取内在的满足。

老子针对当时社会中人丧失自我于物欲、迷失本性于世俗的现象，阐述了修身养性的道理。他认为"圣人为腹不为目，故去彼取此"。圣人对生存的条件并不苛求，他们没有过多的贪欲，只追逐内心的满足。

像老子这样对人与社会认识透彻的人，对于人生的态度是不会过

于激进的。他们知道人事的微妙和社会的错综复杂,如履薄冰是他们真实的感觉,很少有放松的时候。烦恼都是因事而起,而好事也绝非那么的单纯。其实,人们眼中的美事儿有许多都是虚幻的,它们能让人逐步堕落,过分地追逐物欲只能给人们带来一时的快乐,而引发的祸患却是长久的。

春秋时期,越国被吴国打败,越王勾践带领残兵逃到会稽山上,却被吴军团团围住。勾践派人向吴王夫差请降,夫差不答应,勾践几乎绝望了。

就在这个时候,勾践的谋臣文仲、范蠡为他出主意说:"吴国大臣伯嚭十分贪财,他现在正受夫差宠信,如果用重礼向他行贿,他一定会为我们说好话。"

勾践于是让文仲带上大量金银财宝,又选了八位美女,前去求见伯嚭。

伯嚭偷偷接见了文仲,他一见重金和美人,心中就高兴起来。文仲对他说:"我奉命来见你,是不想让好事给别人占去。财宝和美人都在这,只要你肯替我家大王美言几句,让吴王退兵,这些就都是你的了。"

伯嚭说:"越国灭亡了,越国的东西都会归吴国所有,这点东西又算得了什么呢? 你是骗不了我的。"

文仲早有准备,他马上说:"如果是这样,越国的一切也是都归吴王所有,你是得不到半点好处的。何况只要越国不亡,我们定会时时记得你的恩德,进献永远不会停止。这是天大的好事,聪明人是不会拒绝的。"

伯嚭觉得文仲说得在理,于是收下美人和财宝,答应替越国求情。

伯嚭的一位心腹看出了问题,他对伯嚭说:"越国送钱送人,看是好事,实际上是陷你于不义! 他们现在有求于你,才会这样,哪里是他们的真心呢? 收下礼物,以后的麻烦就大了。"

伯嚭不听规劝,从此百般在吴王面前说勾践的好话,越国终于保存下来。

勾践在吴国做人质期间，文仲给伯嚭送礼无数，从未间断。伯嚭不停地为勾践进言，帮助他回到了越国。

勾践灭掉吴国后，伯嚭自以为有功，欢天喜地地拜见勾践。勾践对他说："你贪财好色，出卖自己的国家，还有脸见我吗？"

最后，勾践杀了伯嚭，他的家人也一个不留。

伯嚭让主动送上门的所谓好事迷住了双眼，不厌其多，结果搭上了自己和全家人的性命，还断送了吴国。他不问青红皂白，见好事就要，这是他贪婪幼稚的表现，注定要有那样的下场。

古人因为贪欲而丢权丧命的不在少数，而现代人却依然没有感悟老子的这方面智慧。现代人常常认为，"吃点拿点收点，不算什么大问题"，这种自谅心态使有些人忽视了贪欲之害。

惩治腐败的高压态势，贪官落马的惨痛教训，使有些人对十几万、几十万元的大"红包"不得不心存畏惧。但他们对"喝个小酒、收个小礼、受个小贿"等"小诱惑"，往往毫无畏惧之心，统统照单全收。在他们看来，收大礼、受大贿风险大，一旦暴露将受到严惩；而收点小礼、违纪不犯法，警察管不着，法官判不着，处分够不着。殊不知，"恶不积不足以灭身"，一个人贪欲之口一开，就不会满足于小打小闹，很难在诱惑面前止步，最终会滑入贪欲的泥潭难以自拔。

只要不过分追逐那些"生不带来死不带去"的虚空幻物，各种贪欲就不会成为扼杀我们美好人生的隐形杀手。换句话说，人生少一分贪念，便会多一分快乐、多一分幸福。

2.学会知足，该放手时就放手

知足不辱，知止不殆，可以长久。

——《道德经》第四十四章

老子的这句名言启示我们，一个人要能真正把持住自己、堂堂正正地为人处世，关键在于知足知止。知足，就会有感恩之心、报答之心、奉献之心、进取之心；知止，就会摒除不公、不当、不仁、不义之欲。知足知止，就会在名利问题上多一些淡定，对进退得失处之泰然，并以感恩之心创造奋发、乐观、向上的幸福人生。反之，就会患得患失、盲目攀比、贪得无厌，以至于违法犯罪、身陷囹圄。

清乾隆年间最风光的大臣非和珅莫属，其实和珅在多年间是非常成功的。他由一名默默无闻的三等侍卫，成长为一名皇帝身边的红人，不论说他会拍马溜须也好，有真才实学也罢，总的来说他是成功的。乾隆在位时，他可谓呼风唤雨，乾隆对于他的贪污之事并非全无不知，然而由于对他甚为喜爱，也就睁一眼闭一眼了。

和珅之死，一是与乾隆退位有关，另一个就是他过于贪得无厌。据查抄时记载，他的家产中包括了无数的奇珍异宝，有的甚至连皇宫里都不曾拥有。他的家产折合了两亿六千四百万两白银，还有许多价值连城的宝物无法估价。如果按现在的估价算来，和珅大概拥有11亿多两白银的资产，简直富可敌国。

这么多的资产是和珅不知疲倦、不知休止地贪污而来的。也可以说这些资产加速了和珅的灭亡，是他的催命符。

"知足知止"是明智之举，尽管这样不会得到很多，然而它却可以让我们拥有某些实在的东西，更不会为了无底的欲望而丢掉性命。

有个阿拉伯神话说：有一个人去寻宝藏，历尽千辛万苦终于找到。他小心翼翼地进了山洞，看到里面有个宝瓶，宝瓶上贴着一张字条，字条上写道："打开瓶盖，里面就会冒出金沙。请在取到足量的金沙后把盖子盖上。"这人欣喜若狂，打开了瓶盖，果然金沙就像礼花炮一样飞射而出，黄金灿烂，炫美无比。

"发大财了！"这人用袋子装、用帽子接、用衣服兜、用双手捧，甚至鞋子里面也盛满了金沙。宝瓶里的金沙如喷泉般涌出，越喷越多，渐渐地这人没东西装了，金沙从他手上溢出，但他还是一动不动地跪在地上捧着手接。他太高兴了、太疯狂了、太痴迷了，只顾欣赏金沙狂涌的美景，忘了宝瓶上的告诫："请在取到足量的金沙后把盖子盖上。"最后，他被埋葬在了金沙堆里。

很多人就像这个寻宝的人一样"不知足""不知止"，结果一无所获，还搭上了性命。

"知足知止"用在人们的创业之路上，更多地表现为"该放手时就放手"的智慧。许多创业者曾盲目地坚信"胜利往往来自再坚持一下的努力之中"，结果把企业成本一压再压，甚至连个人的生活都逼到了边缘，最终的结果还是被迫放弃。

商场上的机会比比皆是，只要你有心，放弃一个项目，肯定还会找到另一个项目。放弃并不等于抛弃，只要不是一败涂地，完全有可能东山再起，以另一种方式重新开始。

成功创业者当中很少有人是在最初的项目上一次成功的，多数人都尝试了很多项目。而每一次尝试都意味着上一次的放弃,但大多数的创业者还是在这种选择与放弃的过程中,找到了适合自己的项目,实现了成功的梦想。

"知止而后得,不止而后失",说的就是这种"知足知止""该放手时就放手"的智慧。这种智慧表面上看似是一种中庸之术,然而它却能使人们正确地对待欲望与现实,让人们能够享受到属于自己的那份幸福。

我们每个人都有欲望,但欲望太多,人生就会变得疲惫不堪。每个人都应学会轻载,因为如果生命之舟负荷太重,就会搁浅,就会沉没!

3.绝交一些人,才能交往另一些人

绝圣弃智,民利百倍。

——《道德经》第十九章

老子说,拒绝圣人,抛弃智慧,人就会获利百倍。连圣人与智者都要弃绝,何况常人!只有舍得放弃,才会有收获。

"让损友留在身边,会耗损益友的时间和精力,伤害你的自尊或者害了你自己。"社会学家《当朋友让你伤害》的作者詹·耶格博士曾这样说。这里,她解析了十一种你可能想要与之绝交的所谓的朋友。

(1)吹毛求疵的人

你认识这种人:他们对你所做和所说的每件事情都一直挑刺,这种行为有时候会感染他人(情绪)。如果这个朋友也有一些可以弥补缺点的优点,那你就不要把他过度挑剔的意见放在心上,或者开个这样玩笑,"让我们看看如果你不发表任何批判意见,是不是能坚持一个小时"。可是,如果你抛不开这些,或者自尊受到太大伤害,那么就应远离这种关系。

(2)心理诊疗师

忠告太多就不是什么好事,尤其是当这些忠告出于一个你所认识的朋友。如果你继续和他交往是因为他还具有其他很好的特质,那么告诉你的朋友,除非是你主动要求,否则你不需要他的建议,或者绝口不提他给的建议,而只是谢谢他。另外的解决办法,是分析他的性格,这样他才有可能会意识到,老给别人建议会有多烦人。

(3)自恋狂

从某种程度上来说,每个人都是自恋的,但是当一个人总是以自我为中心,从不让你分享你自己的任何事情,或是某些需要交流的事情时,因为他可能并未意识到自己的行为不妥,那么要让你的朋友知道。如果他不能抑制这种性格,而你也不想终结这种友谊,就限制他絮絮叨叨谈论自己的时间,然后给自己同样长的时间发表意见。

(4)一味模仿者

模仿是奉承的最高级形式,但是这会让你和朋友之间产生敌意。如果你想和他交往,你可以通过更多地单独行事,或者在分享某信息时掌握好合适的时间,从而保护你自己。可是如果这种性格太烦人,那就终结友谊。

(5)爱违约者

你受够了这种经常让你失望的朋友,所以如果你想继续和这种人交往,就要降低期望值。同时,也要和你的朋友谈谈。通过下面的问话来提示他,如:"你知道吗?这是两个月内,你第四次在最后一刻取消午餐。"然而,如果这种性格置你于太多不利情形,因为受到这样的待遇,你感到灰心丧气或失望,可能正是放弃这段友谊的时候了。

(6)好冒险的人

从入店行窃、以身试毒到不顾后果驾驶,你蛮勇的朋友的行为应引起严重警戒,"你需要保护你自己"。耶格说:"你想要帮助你的朋友停止冒险活动。但是,不要试着单靠你自己来改变他,你朋友需要专业理疗师的帮助。然后,告诉你的朋友,你会暂时中止你们的关系,直到他改过自新。"

(7)竞争者

有些竞争是良性的(如果朋友的目标或者成就,能成为你的动力),但有些竞争者想得到你所拥有的东西,以一种敌意的方式行事,甚至可以不惜一切手段来得到你有的东西,而且要是被夺去这些,可能会让你付出惨痛教训。如果朋友一定要得到一所比你更大更贵的房子,以显得比你更成功,那么可能是摆脱他的时候了。

(8)寄生者

这种朋友在情感方面或者信息方面过度依赖于你。被别人需要会让你觉得很受用,然而当其他朋友因为太忙而不能陪你时,寄生者可能会站在你身边。但这种精力吸血鬼会大量消耗你,这就是为什么你要考虑一下,是否这种朋友值得你交。只要你设有忍耐限度,并且知道这种人可能会对你作出过分要求,那么,你是可以与这种人来往的。

(9)出卖朋友者

从散播关于你的谎言到追求你的恋人,出卖朋友的人所作所为刚好是处在朋友的反面。如果出卖朋友行为只发生了一次,你可以决定继续友谊,但是要让这个家伙知道这种行为不能接受。如果你不能原谅,那么就中止友谊,只是不要激起他的愤怒,否则他会与你为敌。

(10)控制狂

做个控制者是其个性的一部分,这意味着这种个性是较难纠正的,但如果受控很严重,就很令人沮丧。该控制狂作为朋友可能会对你所做的和想要做的每件事情都不请自来地给出意见。那是不容商量的,因为如果你想对某件事作出选择,控制狂会不安而专横。如果你想保持友谊,就让那个人知道你有多么不喜欢受控。可是,这种个性,有时会变得很不利,以至你需要断绝这种关系。

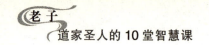

(11)扫兴者

"扫兴者是一种让他进入你生活时你必须小心的人，因为这种性格会感染他人。"耶格说。当然,不用说,这种人一直情绪低落,但是有讽刺意味的是,如果你达观而积极,那可能是扫兴者被你吸引的首要原因。做心理治疗师不是你的工作,但你要知道如果没有专业帮助,他可能改变不了。你要确定他是否在缺点之外,还有一些可以弥补的优点,是否有他在身边你仍可以保持达观。如果答案是否定的,那么就结束友谊,不要仅仅因为你为他感到遗憾,就和他继续交往。

4.物盛则衰是常理

持而盈之,不如其己。

——《道德经》第九章

与其把持而使它满盈,还不如尽早放弃。

太阳在天地的正中央,不久就要移开,月亮圆满了,不久之后就会亏缺,事物兴盛之后,将会引来衰败的局面。这些都是显而易见的现象,也是人们熟知的常理,可是老子看到这些后,却想到了更高的层次。他对当官之人说,一定要注意这些,做官的道理是一样的,越是春风得意,越要谦虚谨慎,否则一定会盛极而衰。

春秋时期,孔子的远祖正考父在宋国,是一位三朝元老,辅佐过宋戴公、宋武公、宋宣公三位国君。按照常理,这样的人是最有资格躺在功劳簿上伸手的。但是,正考父却与别人相反,官做得越大,人却越发谦虚谨慎,因为他最明白盛极而衰的道理。他曾在家庙的鼎上作过如下的铭文:"一命而偻,二命而伛,三命而俯。循墙而走,亦莫余敢侮。于是,鬻于是,以糊余口。"意思是说,当他每次接受任命和提升职位时,都是越来越恭敬:始而低头,继而曲背,三而弯腰。连走路时也小心翼翼地靠着墙边走,然而谁也不会侮慢他。他用这鼎煮馂和粥,聊以充饥而已。正考父的这种谦虚、低调值得人们学习。

熟知历史的人都认为历史上一乱一治是很普遍的现象,很多王朝统治者在即位之初兢兢业业,可是到了晚年就会松弛懈怠,危机四伏,为国家埋下一颗定时炸弹。这些若说是普遍现象,那么就是说老子太独具慧眼了,太有预见性了,几千年的历史规律也让他摸得一清二楚。

就拿唐朝来说,唐玄宗即位之初,开元年间锐意进取,任人唯贤,先后任命了姚崇、宋璟、张九龄等人为宰相,他们直言敢谏,补救政缺。在此基础之上,唐玄宗也积极进行吏治改革,坚决裁汰冗员,精简机构,把前朝封的一些乱七八糟的官员一律撤销,这样既节省了开支,也提高了政府的工作效率。他还非常重视县令的选择,有时还亲自出题,了解县令是否通晓治国之道。

当时,国内的许多豪强大族一直在兼并土地,人民没有土地,负担越来越重,经常破产流亡,中央政府的财政也困难。唐玄宗执政以来,就开始清查户口,分别把各地的黑地以及荫庇在豪强贵族下的农户清查出来,并把检查出来的土地没收,然后分给无地的农民。光是这一项政策,国家的收入就增加了数百万。唐玄宗还注重兴修水利,全国各地有许多水利工程兴建,大大促进了农业生产的发展。在对边疆政策方面,他在即位之初就迅速整顿军队,派遣官员检查军队训练的情况。正是由于唐玄宗的锐意进取,之前失陷的地方都收回了,长城以北的回纥等少数民族也向唐政府俯首称臣;唐政府也逐步恢复了对西域主权,维护了国家的统一。

这些措施使唐朝国力蒸蒸日上,开创了"开元盛世"的局面。大诗人杜甫赞颂道:"忆昔开元全盛日,小邑犹藏万家室。稻米流脂粟米白,公私仓廪俱丰实。九州道路无豺虎,远行不劳吉日出。"形象地描述了盛唐的富强,然而辉煌的盛唐气象却随着安史之乱的爆发而烟消云散。

这是什么原因呢?主要是因为随着天下大治局面的到来,唐玄宗便沉迷于盛世不能自拔,他宠爱杨贵妃,不愿意多理政事,还把朝政委任于李林甫、杨国忠等奸臣之手,官僚机构也从此腐败不堪,贪官墨吏对人民极尽搜刮之能,社会矛盾日益尖锐;他还宠信番将安禄山等人,他们手握重兵,最终终于导致了"安史之乱"的爆发,从此唐朝一蹶不振。

清朝也是如此,我们都知道乾隆即位之初,乾隆在政治上矫其祖宽父严之弊,实行"宽严相济"之策,务实足国,整顿吏治,厘定各项典章制度,优待士人,安抚雍正朝受打击的宗室。经济上奖励垦荒,兴修水利,全国呈现出一派繁荣昌盛之势。从乾隆初年至中期,是乾隆帝政治生命中最有活力、备受后人称颂的时期。乾隆在发展社会生产方面主要继承自康熙和雍正以来的经济和政治制度,最大成绩是对雍正时期"改土归流""摊丁入亩"及"火耗归公"等政策执行得非常彻底。为此,乾隆听取大臣张广泗的建议,对贵州、云南等地的少数民族采取安抚为主、征讨为辅的手段,将少数民族的叛乱快速平定。这些措施的施行,使清朝国力达到顶峰。

可是乾隆晚年自认在军事上有成就,因此自称"文治武功十全老人"。所谓十全武功,旷日持久,劳民伤财。由于乾隆好大喜功,穷兵黩武,终朝兵事不断。朝廷上下,从皇帝到各级官吏好大喜功,统治者放松了吏治,丢弃了先前廉政简政的传统,奢靡贪污之风日益盛行。乾隆朝岁入虽比前代有所增加,但开支增加得更快,而国库积储增加的速度已大大放慢。朝野上下在富裕和鼎盛之后,昧于时世,看不到世界大局的变化,迷失了继续前进的方向,丢失了前进的动力,贪图眼前的奢侈享受,追求花天酒地、纸醉金迷的奢靡生活,贪奢淫靡和腐败之风更是遍及官场内外,貌似强盛的清王朝潜伏着社会变乱和衰落覆亡的巨大危机。

与统治阶级奢靡生活相伴随的是权力机构中普遍的贪赃枉法和腐败黑暗。在清王朝表面繁荣实际在走下坡路的过程中,腐败就如癌细胞一样在国家和社会肌体里扩散,损害着国家机体的健康。到乾隆晚年时,官僚机构日益膨胀老化,行政运转日益低效。并且由于皇帝带头奢靡腐化,官僚机构所潜伏的腐败细胞失去抑制,获得疯长的环境条件,朝野上下,贿赂公行,贪污成风。乾隆晚年宠信和珅等人,朝政为之把持,一片混乱。和珅等人公然贪腐,富可敌国,王朝下走之势一发而不可收。

老子所说的物盛则衰,并不仅仅是为了告诉我们物盛则衰就完了,国家之所以兴盛,主要还是靠人的努力,尤其是为政者身居高位,关乎国家前途,更应该谨小慎微,善始善终。

5.不畏名利遮望眼

名与身孰亲?身与货孰多?得与亡孰病?甚爱必大费;多藏必厚亡。

——《道德经》第四十四章

名誉与身体哪一个对我更亲近？财货与身体哪一个对我更重要？得到与失去哪一个对我更不利？所以，过于吝啬必会导致更大的破费，太多收藏反而会导致更多的损失。

老子生活的春秋时期，正是诸侯并起，互动干戈，生灵涂炭的时代。在乱世中，各诸侯国中的政局也是一片混乱，争名夺利者比比皆是，身败名裂者也是层出不穷，家破人亡者更是绵绵不绝，在这样的情况下怎样才能保护自己呢？老子首先提出了这样的观念：自己的身家性命才是最重要的，名声、名望、钱财这些东西和身家比起来，并不是最重要的。所以他告诫人们不要"甚爱"，不要"多藏"，身家性命比名誉、财货更重要。

可是，人的贪欲之心毕竟是无止境的，有了一百就想要一千，有了一千就想要一万。拿当今的炒股票来说，赚了一万想要十万，赚了十万就想二十万，可是突然哪一天都赔进去了，很是懊恼，叫苦不迭，但是为时已晚。

清代乾隆时期的大贪官和珅早年也是一位能臣，有很高的处理政务的能力，所以他能够平步青云，飞黄腾达，最后成为一等公爵，身兼首辅大学士、领班军机大臣等要职，可以说是满门显贵，位极人臣，真是一人之下，万人之上。

乾隆皇帝晚年陶醉于自己的十全武功，大举动兵，还大兴土木，四处巡游，耗费不已。和珅则趁机中饱私囊，大肆攫取。在任用官员的时候，他经常索取贿银。凡是官员不向和珅献宝的，只要不是和珅亲友的，就很难当上官，在这种局面之下，官员上任，自然是大肆搜刮民财，祸国殃民的官员比比皆是。连乾隆皇帝最关心的河道，也早就败坏得不成样子，河道决口的消息不绝于耳。

关于和珅究竟有多少财产，数目早已难以知晓了，但和珅垮台时，民间传唱着"和珅跌倒，嘉庆吃饱"的民谣。和珅的故事正是验证了老子所说的"甚爱必大费，多藏必厚亡"的说法。和珅搜刮的结果，有人说是给嘉庆皇帝攒了一大笔钱,因为当时还没有把钱存到海外的条件,所以还是有点好处。笔者不敢苟同这样的说法,和珅搜刮造成清朝中期政治风气的败坏,给人民带来的灾难和沉重负担,不是"嘉庆吃饱"的那点钱就能够买回来的。和珅是个能臣,却走到了老子所说的"多藏必厚亡"这一步,是很可惜的。如果他的贪欲没有那么大,也许会成为一个青史留名的人物,至少也是一个"治世之能臣",然而在贪欲面前,他倒下了,自己死于狱中,还以大贪官之名遗臭万年。

汉朝的名相邴吉则是一位深通老子之道的能臣。汉昭帝即位后,大将军霍光辅政,邴吉担任大将军长史,也就相当于现在的高级辅佐人员。邴吉执政有方,很受霍光器重,因此被提拔为光禄大夫给事中,成为皇帝身边的人。不幸的是,汉昭帝在二十一岁时就去世了,邴吉从朝廷大局出发,向霍光推荐汉武帝的曾孙刘恂为太子,继承王位。他对霍光说,曾皇孙刘恂现在民间,已经有十八九岁了,他通晓治国之道,行为严谨,举行也很谦和,是合适的继承人。霍光认为他说的很有道理,于是就上书皇太后,册立刘恂为皇帝。霍光派邴吉亲自去接刘恂继承皇位,这就是汉宣帝。

刘恂的祖父刘据曾经是汉武帝立的太子,在汉武帝晚年"巫蛊之祸"爆发的时候,刘据被逼自杀,刚刚出生不久的刘恂也被投入监狱,所以他年幼的时候,多经磨难。邴吉曾经对他照顾有加,如今刘恂登上皇位,若是一般人很是会将自己的功劳挂在嘴边,并且向皇帝要名要利,可是邴吉根本就没有这样的想法。他一心为朝廷着想,踏踏实实地做事,在人面前从来不说过去对皇帝的恩德。刘恂也不清楚邴吉对自己有多大的恩惠,朝中的官员更是不清楚他对皇帝有多大恩德。因此,汉宣帝即位之后,仅仅给了他一个"关内侯"。邴吉对自己过去的功劳只字不提,无怨无悔地为国家尽力,很是令人钦佩。不久,邴吉被提拔为御史大夫。在霍氏的阴谋败露后,刘恂亲政,邴吉担任尚书,大权在握,辅佐刘恂处理朝政。公元前66年,刘恂册立太子,就派邴吉担任太子的老师,他更是忠心耿耿

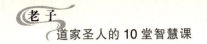

地教育太子,深受皇帝盛赞。

一天,有位老宫女上书说,自己早年曾经保护养育过皇帝,要求封赏。刘恂便派人去询问,那位老宫女说这件事情邴吉知道。于是,那位宫女就被带到邴吉家中,邴吉一看根本不是那位养育皇帝的宫女,就指着那位宫女说:"我是曾经让你好好照顾皇曾孙,可是你根本不尽心,甚至经常打他,你有什么功劳!那只有渭城的胡组和淮阳的郭征卿才对皇帝有养育之恩。"邴吉这才把汉宣帝早年的事情一五一十地说了出来。刘恂听后,这才明白邴吉才是自己的救命恩人,刘恂觉得邴吉明明有如此大功却只字不提,实乃贤臣。于是立刻下令封他为博阳侯。

受封之前,邴吉已经病重,刘恂就让人把封印佩戴在邴吉身上,表示封赏,可是邴吉仍然谦恭地辞谢。在他病好之后,他上书辞谢赏赐,并谦虚地说:"我不能无功受禄,接受虚名和赏赐呀。"刘恂则动情地说:"封赏你是因为你对朝廷有大功,这不是虚名。你上书辞谢,我若是同意了你的辞谢,那么我就是一个知恩不报的人。如今天下太平,你就安心养病吧。"

邴吉只是一个小吏出身,自学成才,后来做到丞相,位高权重,但是终其一生,既不为自己邀名,也不敛财,不仅生荣死哀,还泽及子孙。邴吉死后,他的儿子邴显曾经因为犯罪,司隶校尉奏请逮捕,皇帝说:"故丞相邴吉有旧恩,朕不忍绝。"只是把邴显免职,夺取封邑400户,这不能不说是邴吉留下的恩泽。

传说乾隆皇帝下江南时,有一次看江中有无数的船驶来驶去,就问随从的大才子纪晓岚:"这江上有多少条船?"这是一个难题,但是纪晓岚沉思片刻答道:"只有两只船。一只为名,一只为利。"乾隆听了很是满意。司马迁在《史记·货殖列传》中开宗明义地说:"天下熙熙,皆为利来,天下攘攘,皆为利往。"自古以来,"名"与"利"这两只船,不知成就了多少人,也不知毁灭了多少人。

"多藏厚亡"已经成为我们中国人的经验之谈,很多人都明白这个道理,可还是屡屡出现多藏厚亡的现象,难道不是很奇怪么？主要是因为没有学会知足、适度,没有把自己的心境修炼好。

6.少私寡欲,心无忧

见素抱朴,少私寡欲。

——《道德经》第十九章

生活简单,保持质朴。减少私心,降低欲望。

从老子"见素抱朴,少私寡欲"的话里,我们不难发现"少私寡欲"是有利于无忧的。"少私寡欲"用现在的话来说,就是减少自身的私心和欲望。

事实证明,人们的私心和欲望越多,在这些私心和欲望上花费的精力和时间就要相应地增多。凡事都应有一个限度,一旦这样或那样的私心、欲望过多,就会消耗掉我们更多的精力和时间,打破原本的正常生活秩序和心态,许多悲剧的发生也源于此处。

五代时,后唐皇帝李存勖以救国救民号召百姓,招募将士,先后灭掉了后梁等国,势力达到了顶点。

天下略为安定后,李存勖开始贪图享乐。他对大臣们说:"我军征战多年,今日有成,应该休息罢兵,享受太平生活。"

李存勖从此不理朝政,天天忙着看戏玩乐,一些忠心正直的大臣也

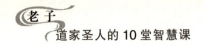
被他疏远了。

皇后刘玉娘特别爱财，她把国库窃为己有，积攒了堆积如山的财宝。她任用自己的亲信做捞钱的肥差，四处暴敛，到处横征，百姓怨声载道。

忠心的大臣把刘玉娘的行为报告给了李存勖，说："当天下人的君主，应该关心天下人的生死，这样人们才能爱戴他，国家也会安定。现在皇后只顾自己捞钱，全不管百姓如何生活，这样下去要出大事的，皇上一定要好好管教她。"

李存勖这时也失去了往日的爱民之心，他为皇后辩护说："筹钱粮，救民于水火，百姓一定会感激皇后的仁德，誓死保卫国家。"

刘玉娘把国库的东西视为自己的财产，她拒不交出赈灾，还生气地说："你是宰相，救济百姓是你的事，与我有什么关系？"

她只拿出两个银盆，让宰相卖了当军饷。宰相长叹一声，掉头就走。他对自己家人说："皇上、皇后只为自己享乐积财，这样怎能治理好国家呢？他们太自私了，国家一定会灭亡，我们也另做打算吧。"宰相也不管事了，朝廷陷于瘫痪。

时间不长，大将李嗣源就率兵反叛。李存勖领兵平乱，愤怒的士兵纷纷投向叛军，不愿再为李存勖卖命。

李存勖见事不好，急忙用重赏安稳军心。他对士兵们说："我带领你们打天下，绝不是为了我自己，是为了你们啊！这次如果平定了叛乱，你们每个人都有重赏，我说到做到，绝不食言！"

士兵们早不相信他了，这时见他还在说谎，不禁更加愤怒。他们发动了兵变，乱箭射死李存勖；刘玉娘逃进了尼姑庵，也被士兵搜出绞死。

李存勖、刘玉娘平时不知关爱将士百姓，只是自己享受捞钱，结果导致了国家灭亡。

一心为私的人是干不成大事的，他可以利用人于一时，可一旦被人识破真面目，所有人都会离开他、反对他。为多数人谋取福利，首先要放

160

弃个人的私利,这样才能处事公平,赢得世人的信任。

人有七情六欲,这无可厚非。但人是有理性的动物,必须懂得控制和疏导自己的欲望。如果任由欲望泛滥,那可能会伤人伤己,最终什么事情都做不成。对于掌握一定权力的人来说,这一点更加重要。

在这里,老子提出了一个命题:领导者要能够控制自己的欲望,懂得取舍。按照老子的观点,人只要吃饱肚子就可以了,迷恋于声色犬马会伤害到自己。我们看看他说的,五彩缤纷的颜色伤眼睛,喧嚣悦耳的音乐伤耳朵,美食吃多了伤胃,游戏娱乐则让人难以控制自己。由此说来,老子不让人发展物质了么?那大错特错了。在老子的年代,物质生活水平还很低,人民生活在水深火热之中,只有那些贵族为政者才会声色犬马,挥霍纵欲。所以,老子的这些话是针对那些为政者说的,他希望这些人不要为声色所迷惑,而是懂得哪些是自己需要的,哪些纯粹属于自我放纵。

现代社会中的物质生活水平比起老子那个时代来有了很大的提高,各种各样的物质享受更是不可同日而语。那么,老子的话过时了吗?答案是没有,而且现代的物质诱惑杀伤力更大。关于这一点,有位美国人曾经有这样一个提议,他建议每天晚上关闭电视一个小时,让家庭聚在一块儿聊聊天,以增进家庭成员之间的交流。实际上,他是怀念早年没有电视的时候,曾经有父母聚在一块谈谈心,大家在一起书声琅琅,也是一件令人欣羡的事情。后来,有了电视,人们逐渐沉迷于各种各样的节目,家庭成员之间的交流少了,关系淡薄了,父母与孩子之间的关系也出现了问题,甚至离婚率也上升了。

这位美国人所说的现象很具有代表性。就拿现代人来说,电视节目、电脑游戏、网络技术,以及各种各样新出现的娱乐形式,人们都沉迷于个人各种各样的享受之中,面对纷纷扰扰的社会,眼花缭乱,无所适从,怎么能不受干扰与诱惑呢?对于掌握一定权力的领导者来说,各种各样的诱惑会比一般人更多。

吴隐之是淮阳初城人,初城也就是今天山东聊城这个地方,他的家族曾经很有背景,祖上吴质曾经是魏文帝曹丕信赖的侍中。后来,家道中衰,吴隐之的父亲就沦落为下层的寒族。家庭本来就不宽裕,不幸的是父亲在他十多岁的时候就早死了,一家人更是吃糠咽菜,过着清贫的生活。贫苦的生活磨炼了他的性情,少年老成的吴隐之更加勤奋好学、吃苦耐劳,他孝敬母亲、敬重师长,为人正直,从来不贪图不义之财。

尚书令谢石慧眼识珠,聘吴隐之为卫将军主簿。不久,吴隐之的女儿要出嫁了。女儿出嫁就算在一般人家也是一件大事了,更何况是官宦人家呢?谢石本来就知道吴隐之清贫如洗,就吩咐厨师带着物品去吴家帮着操办婚事。可是,当厨师到了吴家后却发现,吴家人与平时一样,根本没有一丝一毫官宦人家的喜庆气象。

吴隐之出任晋陵太守之后,与当地官员的所作所为迥然相异。晋陵这个地方是北民南迁的重镇,北方居民乔迁到这里,鱼龙混杂。很多地方官员可以凭此搜刮钱财,中饱私囊。可是吴隐之上任之后,恪守清廉,从不以权谋私。他家甚至没有仆人,家里的事情基本上由妻子一人包办了。

任职期满之后,吴隐之就被调回到朝中,一度荣升,历任中书侍郎、国子博士、秘书监、御史中丞等职。当时,东晋王朝一片混乱,官场上更是污浊不堪,达官权贵争权夺势,或沉迷于酒色,或为祸百姓。吴隐之却是丝毫不改旧行,清廉之风昭然若揭。他不贪图富贵安逸,也不攀附权贵,即便是得了赏赐与俸禄,也总要与那些贫苦的亲族一块享用。据说吴隐之在寒冬腊月,竟然没有一床像样的被褥,衣服也没有替换的,当妻子为他洗衣时,经常给他披一块棉絮,等衣服干了再换上。据说有一次,吴隐之与妻子在湖畔赏景,妻子乘兴买了一斤沉香。吴隐之看见后,觉得是奢侈之物,就随手抛入水中。

吴隐之不仅廉洁自律,还严于治吏,他手下的官员都不敢胡作非为,更不必说骚扰百姓了。岭南素以贪赃渎职闻名,可是在吴隐之的治理之下,风气为之一变,朝野一片赞誉,晋安帝都曾经下诏褒奖,还赐钱五十万,谷千斛。

吴隐之在乱世浊流中能够洁身自好,这与其清心寡欲的心境是分不开的,老子教导我们过上简单的生活,摒却外界的诱惑,该得时就得,不该得时就不得。

正所谓,无欲则刚强,无私才博大。有的人把个人利益、名声、地位、权势看得高于一切,地位略有动摇,利益稍有损失,权势稍有削弱,就看成是大祸临头,结果生活得非常痛苦。只有解脱名利的羁绊和生死的束缚,完全从自我占有、自我为中心的心态中超脱出来,心灵的世界才能像浩瀚的天空,任鸟儿自由飞翔。

人生在世,有成功、有自豪,也有失败和失落。如何面对,不仅反映出一个人的觉悟、境界,同时也是一种现实考验。不论在什么情况下,对个人的名利、进退、荣辱,都要看淡一些、超脱一些。像古人说的那样,"宠辱不惊,看庭前花开花落;去留无意,望天上云卷云舒","无故加之而不怒,猝然临之而不惊"。事业成功了,不沾沾自喜,忘乎所以;个人进步了,不孤芳自赏,洋洋得意。要调整好心态,把握住自己,脚踏实地往前走,始终以高昂的精神状态和一流的工作标准谋事尽责,多做贡献。

7.永葆长久的秘诀

重积德则无不克,无不克则莫知其极。莫知其极,可以有国;有国之母,可以长久。是谓深根固柢,长生久视之道。

——《道德经》第五十九章

老子说,不断地积蓄自己的"内德",就没有什么不能胜任的。没有不能胜任就无法估计他的力量;无法估计他的力量,就可以守护国家。掌握治天下的道理,就可以长治久安。这就是根深蒂固,"长生永新"的道理!

老子认为,要积累雄厚的德,有了德,也就接近了道,这就与圣人治国联系到一起了。就老子而言,他十分重视"俭"德,这也是道家一贯的思想特征。

老子生活在生产力水平低下的农耕时代,当时的农业就是重中之重,要想富国强兵就要狠抓农业,唯有如此人民才能有饭吃。春秋时期管子曾经说过一句话:"仓廪实而知礼节,衣食足而知荣辱。"也就是说,只有解决了粮食问题、温饱问题,人民才能学会懂礼节。孟子也对此有过评论,那就是"民无恒产,斯无恒心,既无恒心,放僻邪侈,救死不赡,奚暇礼义",意思是说,人们连稳定的产业都没有,哪里还会有安定的心态呢?既然没有安定的心态,那就会有奢侈放任的心理,哪里还顾得上什么礼义!

在历史上,凡是不重视农民生活的、劳民伤财的人,都会落得惨痛的下场。

中国历史上第一个皇帝秦始皇在统一六国之后,就忘乎所以,实施暴政。他从统一全国后,就将各国的宫殿绘成图纸在首都咸阳北部的山麓中进行仿造,据统计,关中有宫殿三百多座,关外还有四百多座,咸阳旁边有宫殿近三百座。除此之外,秦始皇还造了著名的阿房宫,这座宫殿规模巨大,东西五百步,南北五十丈,庭中可以容纳一万人,宫前还有十二个大铜人。秦始皇在亲政时就开始建造骊山墓,为了防御北方胡人的入侵,还修建万里长城。秦始皇在这么短的时间内,兴起了这么多的工程,还真是劳民伤财,耗费了巨大的人力物力!

除此之外,国家征收大量的赋税,对民众进行横征暴敛,以至于秦朝当时的赋税超出了古代二十倍，人民被压迫到了无以为生的地步。大量的徭役兵役，使民众苦不堪言。据统计，当时秦朝的人口有两千万，可是征发徭役的人就达到了二百万人，这些服役的人都是劳动力，哪里还有空去耕作庄稼？秦朝还用严厉的刑法镇压人民的反抗，秦始皇的暴政激起了人民群众的强烈反抗，在秦始皇死后的第二年终于爆发了陈胜吴广农民大起义，最终推翻了秦朝的残暴统治。

老子说的保持长久之道，不仅是要重视农业，还要以德治国。人民都广泛行善积德，就没有办不成的事，没有办不成的事，就可以确保长治久安。为"官"者，必须有"德"，且不断提升其自身道德修养，才能通过言传身教，提高全社会的道德水平，达到治国安邦的目的。

8. 放低姿态，虚心进取

大邦者下流，天下之牝，天下之交也。牝常以静胜牡，以静为下。故大邦以下小邦，则取小邦；小邦以下大邦，则取大邦。故或下以取，或下而取。大邦不过欲兼畜人，小邦不过欲入事人。夫两者各得所欲，大者宜为下。

——《道德经》第六十一章

大国像百川附江海那样，为天下所归附，因此就如万物之母一般。雌性常能以安静战胜雄性，就在于安静而居于下。所以大国对小国谦下，即可取得小国的信赖;小国对大国谦下,就能取得大国的信任。所以大国要以谦下取得小国的信赖,小国要以谦下取得大国的信任。大国不过是要领导小国,小国不过是要依附大国。那么大国小国各得其所,大国更应谦下一些。

在《道德经》第六十一章中,老子表面上阐述的是国家如何发展壮大,实则讲述了一种人生智慧:若想发展自己,唯有将自己放低才行。

放低自己,就是通常所说的低调做人。它是一个心态问题,也是对自己人生价值的估量问题。自觉非同一般、高人一等,便会放不下架子,也夹不住尾巴,只能颐指气使、俯视他人。只有把自己当成一个平凡人、不比别人在某方面强的人,才会与人平等、看人平视、待人平和。

一个满怀失望的年轻人千里迢迢来到法门寺,对住持释圆说:"我一心一意要学丹青,但至今没有找到一个能令我满意的老师。"

释圆笑笑问:"你走南闯北十几年,真没能找到一个适合自己的老师吗?"

年轻人深深叹了口气说:"许多人都是徒有虚名,我见过他们的画帧,有的画技甚至不如我。"

释圆听了,淡淡一笑说:"老僧虽然不懂丹青,但也颇爱收集一些名家精品。既然施主的画技不比那些名家逊色,就烦请施主为老僧留下一幅墨宝吧。"说着,便吩咐一个小和尚拿了笔墨纸砚来。

释圆说:"老僧的最大嗜好,就是爱品茗饮茶,尤其喜爱那些造型流畅的古朴茶具。施主可否为我画一个茶杯和一个茶壶?"

年轻人听了,说:"这还不容易?"于是调了一砚浓墨,铺开宣纸,寥寥数笔,就画出一个倾斜的水壶和一个造型典雅的茶杯。那水壶的壶嘴正徐徐吐出一脉茶,注入到了茶杯中。年轻人问释圆:"这幅画您满意吗?"

释圆微微一笑,摇了摇头。

释圆说:"你画得确实不错,只是把茶壶和茶杯放错位置了。应该是茶杯在上,茶壶在下呀。"

年轻人听了,笑道:"大师为何如此糊涂,哪有茶壶往茶杯里注水,而茶杯在上茶壶在下的?"

释圆听了,又微微一笑说:"原来你懂得这个道理啊!你渴望自己的杯子里能注入那些丹青高手的香茗,但你总把自己的杯子放得比那些茶壶还要高,香茗怎么能注入你的杯子里呢?"

人们都知道,只有从山脚下攀登才能到达山顶,只有从起点起步才能到达成功的彼岸。

诸葛亮懂得放低自己,虽躬耕于山林,不也同样修得满腹韬略,成就了日后蜀国霸业?林肯懂得放低自己,虽鞋匠出身,不也成了受人景仰的美国总统?所谓智慧,并不是把自己摆在一个很高的位置上让自己飘飘然,而是来到低处,以一种谦卑的心去仰视芸芸众生。

放低自己,会不会真的使自己变矮?当然不会。放低不是降低,更不是贬低。相反,低调做人、潜心做事的人,不但不会降低他的社会价值和社会地位,反而会得到社会更广泛的承认和人们更普遍的尊重。有一则谚语说得好:"口袋里装着麝香的人不会在街上大吵大嚷,因为他身后飘出的香味已经说明了一切。"

9.摒除傲气,才能取得进步

不自矜,故长。

——《道德经》第二十二章

老子的"不自矜,故长",就是告诫人们只有戒除傲气,才可能进步、可以成功的。

傲气,一是盛气凌人、傲慢自负、自我感觉良好,也许某一方面高人一等、优人一招、先人一步,或者并无过人之处,只是虚张声势、故弄玄虚罢了。不管属于哪一种类型,都是过高地评价自己,蔑视别人,习惯仰面朝天、居高临下、盛气凌人。若问此人为何这般德性?是自负,自以为了不起,自高自大,盈气于内,形态于表,大有自己天下第一的气势,用不可一世的表现来傲视别人。因此,傲气会使人陷入困境,进而导致失败,这方面的教训简直太多、也太深刻了。

杨修为什么会招来杀身之祸?还不是因为他自恃才高、傲气太盛。他的傲气惹恼了曹操,日积月累,最终因"鸡肋"命丧黄泉。

闯王李自成率大军驰骋疆场,转战东西,其气势之浩大如排山倒海,不可遏止,可为什么最终也会惨遭失败呢?还不是因为傲气。闯王率大军进驻北京城后,张灯结彩,天天过年,结果傲气磨钝了起义军的锐气,使起义功败垂成,留下了无尽的遗憾。

有傲气的人大都从个人着眼,一切从个人出发,张扬自己、无视他人,以一己之私傲视万物于脚下。这时的傲气就成为羁绊个人发展、破坏群体关系的一剂毒药,它所导致的是一种唯我独尊、目空一切、自高自大的自恋情结,相伴而生的是一种排斥他人、拒绝合作、蔑视群体、崇尚个人的排他情结,从而形成一种自恋自娱的狭隘的个人空间。

与此同时,自傲也是令人失败的根源所在。《三国演义》中的"关云长大意失荆州"一节,与其说是关羽大意,还不如说是关羽自傲来得更确切。

陆逊曰:"某奉吴侯命,敬探子明贵恙。"吕蒙曰:"贱躯偶病,何劳探问。"陆逊曰:"吴侯以重任付公,公不乘时而动,空怀郁结,何也?"吕蒙目视陆逊,良久不语。陆逊又曰:"愚有小方,能治将军之疾,未审可用否?"

吕蒙乃屏退左右而问曰："伯言良方，乞早赐教。"陆逊笑曰："子明之疾，不过因荆州兵马整肃，沿江有烽火台之备耳。予有一计，令沿江守吏不能举火，荆州之兵束手归降，可乎？"吕蒙惊谢曰："伯言之语，如见我肺腑，愿闻良策。"陆逊曰："云长倚恃英雄，自料无敌，所虑者唯将军耳。将军乘此机会，托疾辞职，以陆口之任让之他人。使他人卑辞赞美关公，以骄其心，彼必尽撤荆州之兵以向樊城。若荆州无备，用一旅之师，别出奇计以袭之，则荆州在掌握之中矣。"吕蒙大喜曰："真良策也。"由是吕蒙托病不起，上书辞职。

陆逊回见孙权。孙权乃召吕蒙还建业养病。吕蒙至，入见孙权。孙权问曰："陆口之任，昔周公瑾荐鲁子敬以自代，后子敬又荐卿自代，今卿亦须荐一才望兼隆者代卿为妙。"吕蒙曰："若用望重之人，云长必然防备。陆逊意思深长，而未有远名，非云长所忌。若即用以代臣之任，必有所济。"孙权大喜，即日拜陆逊为偏将军、右都督，代吕蒙守陆口。陆逊谢曰："某年幼无学，恐不堪重任。"孙权曰："子明保卿，必不差错。卿无得推辞。"陆逊乃拜授印绶。连夜往陆口，交割马步水三军已毕，即修书一封，具名马、异锦、酒礼等物，遣使赍送樊城见关公。

时公正将息箭疮，按兵不动。忽报："江东陆口守将吕蒙病危，孙权取回调理。近拜陆逊为将，代吕蒙守陆口。今逊差人赍书具礼，特来拜见。"关公召入，指来使而言曰："仲谋见识短浅，用此孺子为将。"来使伏地告曰："陆将军呈书备礼，一来与君侯作贺，二来求两家和好。幸乞笑留。"关公拆书视之，书词极其卑谨。关公览毕，仰面大笑，令左右收了礼物，发付使者回去。使者回见陆逊曰："关公欣喜，无复有忧江东之意。"陆逊大喜，密遣人探得关公，果然撤荆州大半兵赴樊城听调，只待箭疮痊合，便欲进兵。

吕蒙正是抓住了关羽的这个"傲"，才故意称病让陆逊顶替位置迷惑关羽。结果关羽果然中计，撤走了防守东吴一方的兵马，降低了对东吴兵马的预防,才使得吕蒙偷袭成功,丢掉了赖以保身的荆州,落了个败走麦城、兵败被杀的悲惨结局。

意大利哲学家阿奎那将"骄傲"列为人的七种罪之首,毛泽东也曾专门撰文强调中国共产党人需"戒骄戒躁"。这都是从一定意义上说明,骄傲的思想万万要不得。因此,我们也只有遵循老子"不自矜,故长"的智慧,摒除傲气,才能使自己在人生的舞台上更加成功。

国画大师徐悲鸿先生有句名言:"人不可有傲气,但不能无傲骨。"前半句很明确地告诫我们:人不可恃才傲物、孤芳自赏,看自己一朵花,看别人豆腐渣,而应该尊重别人,不要认为别人都不如自己。因为那样根本无法提高自己,只能让自己在自傲自负中一天天堕落下去。

10.不居功,功自言

万物作而弗始,生而弗有,为而弗恃,功成而弗居。夫唯弗居,是以不去。

——《道德经》第二章

让万物自己发展而不加以干预,辅助万物生长而不据为己有,对万物有所施为而不自恃有恩,事情成功而不自居有功。正由于圣人这样不居功骄傲,所以他的功绩永远不会失去。

老子认为,一个人有了功劳越是不居功,越能够让人永记于心;越是居功自傲的人,越容易成为别人攻击的对象,从而失去应有的功劳。

在某种意义上说,老子更是在教导我们做人应该低调一些。俗话说"枪打出头鸟",只有低调一些,才能避免成为"枪口下"的那只"出头鸟"。

《左传》记载,鲁国与齐国作战,鲁军大败,作为统帅之一的孟之反留在后面掩护大军撤退。当大家都安全撤回,迎接他最后到达时,他却故意鞭打着马说:"不是我敢于殿后,而是我的马跑不快呀!"其实,孟之反不自夸,谦逊只是原因之一,原因之二还在于他不愿居功,以免引起其他将领和同僚的妒忌。

谦逊也好,不居功以免妒忌也好,都是立身处世的艺术,尤其是在人际关系复杂的环境下,不锋芒毕露,不居功自傲,的确是非常高深的修养。对于一般人来说,能够做到不争功就不错了,哪里还能把自己本来就有的功劳推到一边去呢? 正因为孟之反有这样高深的智慧,所以才能在乱世中自保。

东汉开国大将军冯异,跟随汉光武帝南征北战,立下汗马功劳不以功自居的故事,更能解释老子的这一智慧。

冯异原来是王莽的新朝官员,以郡掾的身份监理五个县,与父城长苗萌一同守城,与起义军作战。刘秀那时候是绿林军拥立的更始皇帝的部下,攻打父城,驻军在巾车乡。一次,冯异到所管辖的县里去,被刘秀的士兵抓住。

冯异的堂兄正跟随着刘秀,于是把冯异推荐给刘秀。冯异说:"我一个人能力有限,不如让我回去拿五座城地来立功报答您。"刘秀应允,于是冯异回去劝说苗萌一同归降刘秀。

刘秀向南回到宛城后,更始帝的其他将领,前后共有十几个人带兵来攻打父城,冯异就是坚守不降。后来更始帝派刘秀到洛阳担任司隶校尉,经过父城,冯异立即开门迎接。刘秀让冯异担任主簿的职务,跟着到洛阳去。

刘秀的哥哥被更始帝杀了,刘秀表面上不敢显示出悲痛,一个人的时候则不吃肉、不喝酒,暗暗流泪,冯异经常劝解他。后来更始帝派刘秀到河北开拓地盘,冯异劝刘秀趁机派人巡视郡县,平反冤狱,收揽民心,刘秀这样做了。

刘秀到河北的初期,因为王朗割据势力猖獗,处境一度比较艰难。在饶阳无蒌亭,天气寒冷,人又疲劳,冯异献上豆粥,刘秀喝了饥寒俱解。渡过滹沱河,在南宫遇到大雨,刘秀在道路旁的农舍里避雨烤火,冯异又送上麦饭。后来刘秀消灭了王郎,封冯异为应侯。

可是冯异从来不居功、不骄傲。每次宿营地有将领坐在一起谈论自己的功劳时,冯异都自己一个人站在大树底下不声不响,所以军中称他为"大树将军"。

在刘秀麾下的众将之中,冯异治军有方,爱护士卒,深得部属拥戴,因此,士兵都愿意在他的手下作战。

后来冯异为刘秀建立了更大的功勋,打败赤眉军,平定关中地区,成为独当一面的大员。有人上奏章说,冯异专制关中,威权太重,百姓归心,称他"咸阳王"。刘秀把奏章给冯异看,冯异感到恐惧,上书请罪。刘秀说:"将军之于国家,义为君臣,恩犹父子,何嫌何疑,而有惧意?"可见刘秀对他十分信任。

后来冯异到洛阳朝见,刘秀对其他大臣介绍说:"这是我起兵时候的主簿,为我披荆斩棘平定了关中。"又下诏书说:"仓卒无蒌亭豆粥,滹沱河麦饭,厚意久不报。"说明刘秀一直记着他的情意。

而冯异则一如既往谦虚不居其功,他学管仲对齐桓公说的话,说道:"臣希望国家(指刘秀)不要忘掉河北时的艰难,小臣我不敢忘记在巾车乡受的恩惠。"后来平定西北时,冯异病死在军中。

冯异从不以功自居,坚守旧有的正道,是始终保荣华平安的一个原因。所以,在下者对在上者,切忌以功自居,"无成"才能有成,这就是人生的辩证法。

"功劳"被别人传播出来是金子,被自己卖弄出来就成了黄土。因此我们应该学会老子的这一智慧:有了功劳要善于隐藏,不张扬不卖弄。唯有不居功,才能给别人留下一个很好的印象,才更能突出自己的功劳、受到重用。相反,如果稍有功劳就自吹自擂,一方面显得自己素质低下,另一方面也容易引起别人的反感,成为公众眼中的"烦人"。

11.要"慎"也要"重"

重为轻根,静为躁君。是以君子终日行不离辎重。

——《道德经》第二十六章

重是轻的基础,静是动的主宰。因此君子终日行走都不离开载着粮秣的辎重。

老子对于人们的行为有过这样的告诫:"重为轻根,静为躁君。是以君子终日行不离辎重。"老子在这里所说的"轻"指的是轻浮,而"躁"是浮躁的意思。很明显,老子在为人处事方面更多的是建议人们要谦虚、稳重。

历史上伟大的人物大都具备虚怀若谷、异常谦卑的态度,很少有骄傲自负、狂妄自大或目空一切的习惯。也唯有如此,他们才能不断地努力,不停地探讨钻研,发掘创造,永远不以已有的成就自满。俗语说:"满招损,谦受益。"唯有谦逊卑下的态度才能使人变得更有成就,古今中外的伟大人物几乎莫不如此。

17世纪最伟大的科学家牛顿曾经向世人表示,他并非一般人所称赞颂扬的科学奇才。他说:"我常觉得自己不过是像一个无知的小孩,在海滨上游玩,偶然发现一些发亮的贝壳,由于好奇心的作祟,加以观察一番而已。事实上,整个宇宙的奥秘,就像那浩瀚的海洋一样,是我们无能为力的。"

但历史上也不乏有一些人自身有一定的天分,却因为他们的狂妄、轻浮而一败涂地,遗憾终身。

西汉成帝时,著名大儒刘向受成帝的指派,率领儿子刘歆和一大批学者整理藏书。

刘向治学严谨,为人正直。他告诫儿子刘歆说:"我们读书人有个毛病,一旦书读多了,便以为无所不知,浑身傲气,你一定要自律啊!"

刘歆聪明好学,深得父亲厚爱。他提出疑问说:"父亲学问精深,人所敬仰,难道非要做出谦逊之态吗?和那些无知的俗人相比,父亲用不着自抑啊。"刘向一听大怒,斥责说:"我哪里是什么惺惺作态?我是真的自觉无知!你这样狂妄,不知世情,将来要吃大亏的!"

刘歆心中不服,对刘向的话并不放在心上。他对别人说:"我父亲太迂腐了,这只怪他事事不张扬。如果换作他人,就会有更高的官职,这不是太可惜了吗?"刘歆写成一部目录学著作《七略》。在别人的恭贺声中,刘向提醒儿子说:"你写得很好,但我并不想夸赞你。很多人就是在他人的赞颂声中毁灭的,因为这助长了他的傲气。大地如此之大,我们所学所知的实在太少。如果你知道这一点,时刻牢记在心,做事才不敢张狂。"

整理图书之中,一批战国以前的典籍浮出水面。刘向对此并不推崇,而刘歆却主张向天下人推行这些典籍,为此,父子二人发生了争论。刘向劝说儿子道:"古时典籍固有些道理,但它并不能揭示万物的规律。世事千变万化,一切贵在创新,何必拘泥于古呢?"

刘歆辩论说:"是好是坏,相信人们一看便知,我敢断定,我的意见终会有人赏识的。"

后来,汉平帝继位,王莽掌握了朝廷大权。王莽为了篡权的需要,特召来刘歆,假作诚恳说:"先生聪明过人,从前主张推行古籍,这实是远见之举。我的心意和先生相同,先生的大志可伸了。"

刘歆感激涕零,马上投到了王莽的怀抱。有人提醒他说:"如果事关个人前途、国家命运,那么一切就必须慎重。王莽要重用你,福祸未知,你不能太草率了。"

刘歆自信满满地说:"我一向不甘为人下,今日终有出头之日,可见苍天佑我。以我的智慧,只要王莽纳谏,天下的局面定会焕然一新。"

刘歆自恃己能,频频向王莽进言,建议全面复古。他信誓旦旦地说:"在我看来,世事的变化已被古人全然掌握了,现在只要大胆实行便是。治理天下虽不是易事,但只要多读一些古书,也就了然于胸,化难为易。我看古籍所述完全可行,称得上尽善尽美了。"

刘韵的朋友为他担心,说:"凡事说得容易,但做起来就难了,你不该轻下断言。老实说,你做学问可以,对治国之术就生疏了。纸上谈兵害国害己,怎敢涉足呢?"

刘歆暴跳如雷,大骂朋友是个愚人。朋友说:"我宁肯做一个愚人,至少不会招惹祸患。你把自己看得无所不能,将来一定会后悔的。"

王莽依刘歆所议全面改制,结果遭到惨败,激起了各地的民变。

刘歆害怕王莽追究,又自作聪明地想要发动宫廷政变,除掉王莽。很快,消息泄漏出去,刘歆绝望之下,无奈自杀了。

西方一位哲学家曾经说过一段发人深省的话:"一个人如果骄矜,即使是身为天使也会沦为魔鬼；如果是谦卑，虽是凡人也会成为圣贤。"由此可见，谦卑不仅是一种美德，也是通向成功和伟大的一个途径。

人和自然社会相比，始终是渺小的。在无穷奥妙的宇宙面前，人应该保持一种谦卑态度。实际上，一个知识广博的人，他所知的也很有限，这就决定了人不能自恃聪明，傲视一切。总有人处处显露精明，玩弄手段，他们自以为这是聪明人的表现，也能得到更多的实惠。这是一个致命的错误，真正的聪明人是勇于承认自己无知的。

12.诚实守信，务实无虚

信不足焉，有不信焉。

——《道德经》第十七章

若是诚信不足，才会有不被信任的事情发生。

为人，首先要学会做人，二是要学会做事。然而，无论是做人还是做事，都离不开一个"诚"字。古代做生意讲究"童叟无欺"，现代做生意讲究"诚信为本"；古代交朋友讲究"肝胆相照"，现代交朋友讲究"一诺千金"。怪不得老子一直告诫我们说，"信不足焉，有不信焉"，让我们在做人方面一定要谨守诚信美德。因为诚信可以让我们交更多的朋友，让我们获得更多的信赖，使人生之路走得更加顺畅。

抗战时期，某县内有一个姓胡的石匠，为人忠厚。一次，他应人要求去修石磨，那人叮嘱了他几句就离开了。胡石匠在打开磨底时，突然发现石磨内藏了数十个金元宝，石匠先密封石磨，再找到主人告之，一时传为佳话。

当时这个县内有一伙啸聚山林、打家劫舍的土匪，抗日力量念这帮土匪几次伏击日伪军有功，根据政策对其开展争取团结的工作。匪首对此感激涕零，但又考虑到自己曾有劣迹，一时踌躇无语。几经争取，匪首才以实言相告，惧怕投诚之后遭到清算，想找一可信之人作证，以担保其日后的安全。

抗日力量列举了这个县内绅士、名流数个为其担保，匪首都摇头否定，最后匪首自报人名一个：胡石匠！

匪首并未见过胡石匠，然而匪首根据胡石匠的信誉就能够相信他的担保，这说明了坦诚之人容易让人信服的道理。

东汉的许慎在他所著的《说文解字》中说，"诚，信也"，又说"信，诚也"。由此可见，"诚"和"信"，无论是单独使用还是相连使用，在古代都是同一个意思，诚实守信无论是在古代还是现代，都具有十分重要的意义。

自古以来，诚实守信就是做人最基本的品德，"言出必行""一诺千金""诚实不欺"，一直被公认为为人处世的基本准则。

西汉初年有一个叫季布的人，他为人正直，乐于助人，特别讲信义。只要是他答应过的事，无论有多么困难，他一定要想方设法办到，所以在当时名声很好。

季布曾经是项羽的部将，他很会打仗，几次把刘邦打败，弄得刘邦很狼狈。后来项羽被围自杀，刘邦夺取天下，当上了皇帝。刘邦每每想起败在季布手下的事，就十分生气。愤怒之下，刘邦下令缉拿季布。

幸好有个姓周的人得到消息，秘密地将季布送到鲁地一户姓朱的人家。朱家是关东一霸，素以"仁侠"闻名。此人很欣赏季布的侠义行为，尽力将季布保护起来。不仅如此，还专程到洛阳去找汝阴侯夏侯婴，请他解救季布。

夏侯婴从小与刘邦很亲近，后来跟刘邦起兵，转战各地，为刘邦建立汉王朝立下了汗马功劳。他很同情季布的不幸处境，在刘邦面前为季布说情，终于使刘邦赦免了季布，还封他为郎中，不久又任命他为河东太守。

当时，楚地有个名叫曹丘生的人，能言善辩，专爱结交权贵。季布和这个人是同乡，很瞧不起他，并在一些朋友面前表示过厌恶之意。曹丘生听说季布又做了大官，一心想巴结他，特地请求国戚窦长君写一封信给季布，介绍自己给季布认识。窦长君早就知道季布对曹丘生印象不好，劝他不要去见季布，免得惹出是非来，但曹丘生坚持要窦长君介绍。窦长君无奈，只好勉强写了一封推荐信，派人送到季布那里。

季布读了信后，很不高兴，准备等曹丘生来时，当面教训教训他。过了几天，曹丘生果然登门拜访。季布一见曹丘生，就面露厌恶之情。曹丘生对此毫不在乎，先恭恭敬敬地向季布施礼，然后慢条斯理地说："我们楚地有句俗语，叫做'得黄金百两，不如得季布一诺'。您是怎样得到这么高的声誉的呢？您和我都是楚人，如今我在各处宣扬您的好名声，这难道不好吗？您又何必不愿见我呢？"

季布觉得曹丘生说得很有道理，顿时不再讨厌他，并热情款待他，留他在府里住了几个月。曹丘生临走时，还送他许多礼物。曹丘生确实也照自己说过的那样去做，每到一地，就宣扬季布如何礼贤下士、如何仗义疏财。这样，季布的名声越来越大，而后人则用"一诺千金"来形容一个人很讲信用，说话算数。

诚实守信，在社会交往中有着十分重要的作用。一个人说话实实在在，说到做到，就会使人产生信任感，愿意同他交往合作。相反，轻诺寡信,一而再地自食其言,必然要引起人们的猜疑和不满。只有彼此守信,友谊才会持久,因此老子的"信不足焉,有不信焉"智慧,仍然是现代人立足的法宝。

一个人要做到"诚信",并不是一件简单、容易的事情,必须具备诚信的世界观,养成诚信的品格才能做到。一个人要做到"诚信",就需在生活、学习和工作中,处处以诚为本才行,凡与诚信原则相符者就做,与其相悖者坚决不做。如若不然,必将一事无成。

13.忠言多逆耳,美言常害人

信言不美,美言不信。

——《道德经》第八十一章

真话不好听,好听的不是真话。

人们都喜欢听夸耀自己的美言,不喜欢听取别人对自己的批评建议;人们都喜欢吃甘甜的药草,不喜欢吃涩苦的药草。但事实上,听信美言常常使人迷失自我,陷自己于危难之中,甘甜的药草一般很难有药到病除的功效。

人际交往中说话很重要,聆听也很重要。中国文化中关于聆听的智慧是非常多而且美妙的,名言警句络绎不绝,熠熠生辉。老子所谓"信言不美,美言不信",正是要人们提高对语言的鉴别能力,不能一味地听信顺耳美言,摒弃逆耳忠言。

邹忌讽齐王纳谏的故事尽人皆知。邹忌在镜前穿朝服时,随口问妻:"我和徐公谁漂亮?"妻曰:"君美甚,徐公何能及公也!"徐公之美齐国有名,邹忌当然不信,又问其妾:"我与徐公谁漂亮?"妾曰:"徐公何能及君也!"翌日有客来访,邹忌再问:"我和徐公谁漂亮?"客人还说:"徐公不如你漂亮。"后来邹忌亲眼见到徐公,方知确实不如人家。换别人,故事可能就结束了,但邹忌的特别之处恰恰在此:他先是"寝而思之",明白了"吾妻之美我者,私我也;妾之美我者,畏我也;客之美我者,欲有求于我也";然后又以此事面谏齐威王:"今齐地方千里,百二十城,宫妇左右,莫不私王;朝廷之臣,莫不畏王;四境之内,莫不有求于王。由此观之,王之蔽甚矣!"导致齐威王下令悬赏纳谏,促使国家得以振兴。

邹忌的过人之处就在于, 他能够对称赞自己的美言抱有怀疑的态度,而不是毫不客气地收入耳中,飘飘然起来。

唐太宗李世民曾经对大臣萧禹说:"我少年时就喜爱弓箭,得到好弓几十张,自以为再不会有更好的弓了,近来拿给工匠看,工匠说都不是好弓。我问是什么原因?工匠说:'木心不直,自然脉理都斜,弓虽然硬,发箭却不能直。'我才知道以往的鉴别不够精确。我以弓箭定天下,尚且不能真正识别弓箭的优劣,天下的事我怎么能都懂得。"有一次,他问魏徵:"君王怎样才算明智,怎样才算昏暗?"魏徵回答说:"兼听则明,偏听则暗。"他十分赞同,于是鼓励大小官员都可以积极进谏。

李世民在位时,魏徵进谏二百多次,提出的意见都是十分尖锐的,但李世民每次都能非常理性地对待,改变自己的施政方略,对开创盛世起了至关重要的作用。

在现实生活中,有的人将话说得天花乱坠,很动听、很华美,但是到头来是为了让你上当受骗。因为他不伪装得美一些,怎么会打动你、让你上钩? 所以"不信"的话,经过外表"包装"变成"美言",不就容易使一些人相信了? 相反,"信言"是真实的、素朴的,一般都不会使用"包装",没有那种外表的掩饰,却经常被一些人愤怒地抛弃。

一只狐狸正在找食物,找了很久也没找到,这时它在河边碰上了一只仙鹤。狐狸脑子一转,计上心来,换了一副笑脸对仙鹤说:"早安,聪明的仙鹤,近来您的身体好吗?"

"很好,谢谢您! 狐狸先生,您有什么事吗?"仙鹤很高兴地说。狐狸凑近一点说:"我有些问题想请教您。如果风从北边吹来,您的头朝什么方向转?"

"当然是朝南面转啦。"

"如果风从西面吹来,您的头朝什么方向转?"

"朝东。"

"怪不得连人类都夸您聪明呢,要我说您一定是世界上最聪明的动物!"

仙鹤已经有些洋洋得意了。狐狸又悄悄地向前靠近了一点问:"那如果风从四面八方刮来,那该怎么办呢?"

仙鹤已经完全被狐狸的奉承话吹晕了,它得意地说:"那我就把头伸进翅膀里去——像这样。"愚蠢的仙鹤边说边把头藏进翅膀下面,以示范给狐狸看,可是没等它再把头露出来,狐狸就"唰"地往前一扑,狠狠地咬住了仙鹤的脖子。

狐狸只凭几句好听话就把仙鹤骗成了口里的美餐,要怪也只能怪仙鹤自己对奉承话太过敏了。虽然这只是一则童话,但也能给我们很大的启示。生活中,我们也会常常听到赞美声,无论是真诚的还是别有用心的,都应该控制自己,保持冷静和清醒,以免成为别人赞美声中的牺

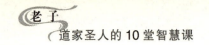

牲品。

历史告诉我们,谁能够区分美言与忠言,并能接受那些逆耳忠言,谁就能成为圣人。

生活中,有的人笑脸迎人,心中未必友好;有的人痛哭失声,心中未必悲伤。人的内心常与外表不一,很难看透。给你恰当批评的人,是你的老师;给你恰当肯定的人,是你的朋友;给你不恰当恭维的人,是你的敌人。讲别人的坏话,并非直爽;帮别人做坏事,并非有义。

14.老子的三件法宝

我有三宝,持而保之。一曰慈,二曰俭,三曰不敢为天下先。慈,故能勇;俭,故能广;不敢为天下先,故能成器长。今舍慈且勇,舍俭且广,舍后且先,死矣! 夫慈以战则胜,以守则固。天将救之,以慈卫之。

——《道德经》第六十七章

老子宣称自己有三种宝贝,按照它们去做可以保证平安。第一种叫仁慈,第二种叫勤俭,第三种叫不敢处于天下人的前面。仁慈就能够勇武;勤俭才能够宽广;不敢处于天下人的前面,才能成为人们的尊长。现在的人舍弃仁慈而求勇武,舍弃勤俭而求宽富,舍弃退让而求争先,这是死亡之路啊! 仁慈,用来征战就能胜利,用来守卫就能坚固。天要救助谁,就用仁慈的品格来卫护他。

其实,老子所说的这三个方面是分不开的,历朝历代的诸多伟人谋士都身具这样的优良品德。

　　唐朝名臣杨绾,官至宰相,他的节俭为人称道。唐肃宗的时候,他官至中书舍人,按年龄,他应该是元老级的人物了,中书省里面的各项花费他自己也能分得上大部分。但是杨绾不以为然,他觉得很多人与自己都是同级,不能因为年龄而例外,若是倚老卖老,不仅不利于年轻人发挥才干,也不利于国家,因此他就把这些费用平均分配给了其他人。如此一来,朝廷中赞誉之声不绝于耳。

　　不久,杨绾又因为政绩突出而被擢升为礼部侍郎,专门负责官员的考核,权力很大,可是杨绾依旧平和,并不居功自傲,公平地考选所有官员,因此备受称赞。当时,朝廷中权臣元载掌控着大权,满朝文武都去巴结奉承,唯独杨绾不慕权贵,他从来不去拜会他。元载表面上对其十分敬重,但是私下里却暗怀坏心,找了个机会将杨绾明升暗降,派他当了国子监祭酒。这是一个清闲的差事,没有多少实权,但是大家对杨绾都非常支持。待到元载犯罪被诛杀之后,杨绾又担任了中书侍郎。诏书一公布,朝野庆贺之声络绎不绝。

　　杨绾尽管身居高位,但是素来简朴,所乘坐车马也是非常普通,在他的引领下,整个朝廷都养成了这种简朴的风气。据说有个御史中丞,家资万贯,平时也是极尽奢华,他甚至在皇城之南修了一座别墅,别墅里面的亭台轩榭也是华美无伦,堪称天下第一。当他闻知杨绾做了宰相之后,就下令把那座别墅拆了。

　　位高权重的郭子仪听说杨绾当了宰相之后,也下令军营中的音乐削减五分之四。京城里有个叫黎幹的官员,深受皇帝宠信,每次出门排场都很大,都要带上一支壮观的队伍,就在杨绾当上宰相的诏书颁布之后,他立刻减少了随从。

　　杨绾在位期间,总是以德服众,从不以权压人,他执法公正无私,因此能够在节俭方面有如此威严,这对后人也不免是一个警醒。当然,杨绾在以身作则倡导简朴的同时,也心系朝廷,关乎天下,没有修身、齐家、治国、平天下的抱负,又怎么能有此作为呢?

不过,除了官员本身的抱负,还要有他们自身时时刻刻注意自己的修为。

孔镛是明代著名的官员,他善于抚慰百姓,政绩卓著,被提拔为高州的代理知府。高州是少数民族聚居的地方,当地瑶民经常聚众闹事,甚至还发动叛乱,公然对抗朝廷。前任知府刘海面对瑶民的公然挑衅,下令关闭城门,不敢出去。当时很多乡民要求到城内避难,刘海也一律把他们关在门外,有时还怀疑有瑶民与他们串通一气,将之杀害。这种做法逼得很多不愿意作乱的百姓走投无路,他们干脆与瑶民联合起来攻城略地,反对官府。

孔镛到任之后,一反前任知府的做法,下令大开城门,收留避难的乡民,还供给他们吃穿住。流亡的乡民听说后接二连三地奔来,城内因为来的人太多容纳不下了,孔镛就在城东北角又建了一座城专门给老百姓居住,乡民们对他感恩戴德。

这帮流民是安顿好了,可是那些瑶民中有十几个部落依旧杀人放火,无恶不作,孔镛曾经多次规劝,他们依旧我行我素。有一天,孔镛就带了两个随从,骑马去见占山为王的邓公长。道路崎岖蜿蜒,突然路边跳出几个贼徒,孔镛大吼问是什么人,那些人回答说是邓公长的手下。孔镛对他们说,他是新任太守,要见邓公长。这几个贼徒自然将信将疑,赶快回去报告。

当邓公长听说新太守来了之后,非常紧张,立刻召集部下,率军出战,可是一看,只见孔镛单枪匹马、从容自如地来了。他跳下马,径直在庭院中坦然坐下,没有丝毫敌意。邓公长看到新任太守竟然如此豪爽洒脱,敬畏之情油然而生,立刻命部下放下武器磕头谢罪。孔镛语重心长地说:

"你们以前都是良民,只是因为没有吃的才铤而走险,之前的太守不知道爱护子民,还对你们实行屠杀政策,这是不对的。现在我就是你们的父母官,如果你们相信我,那么就散伙,做个良民,也可以为国家效力。如果不相信我,就一刀杀了我!"

部下一听早就泣不成声,邓公长也跪在地上说:"太守爱民如子,我们愿意听命。"接着邓公长就摆下酒席让孔镛享用,孔镛一点也不推辞,吃完酒后天色渐黑,邓公长盛情挽留他,孔镛也照办了。

夜间,孔镛坦腹而睡,一点也不戒备,邓公长看后不禁叹服。两天后,孔镛领着几十个兵还城,城里的居民老远就看见贼徒来了,惊慌地关上城门。孔镛下令护送的骑兵在外等候,并选取了几个身材瘦弱的人随同自己进城,命令部下设宴款待,还开仓取出财物给他们,邓公长感激涕零,回去后就放火烧了营寨,率部归降,其他叛乱的瑶民听说了也纷纷请降。

老子说的"仁慈就能勇敢",就是为老百姓的安危和生计着想,老百姓又怎么会不理解呢?老百姓的叛乱大多是因为他们吃不上饭,被逼得走投无路。为政者若能够仁慈、简朴,并且把老百姓放在心上,又怎么会治理不好天下呢?

第八章

合作双赢,发挥团队的力量

1.取人之长,补己之短

天之道,损有余而补不足。

——《道德经》第七十七章

天地运作的道理,是取多余的去补不足的。

俗话说:"尺有所短,寸有所长。"世界上各种事物都是这样,从不同的角度看,各有所长,又各有所短。唯有取长补短,才会互相取益,各显其才。长处和短处每个人都有,关键在于如何看待。

老子在长处与短处这个问题上这样认为:"天之道,损有余而补不足。"他觉得取人之长,补己之短,才是人生应有的处世之道。从下面这则寓言故事,我们就不难感受到老子的这一人生智慧了。

一天,上帝对一个盲人、一个跛子以及两个壮汉说:"你们沿着这条路一起出发,谁先把幸福之门打开,我就将满足他的任何愿望。"上帝说着就一声令下,比赛正式开始。

只见两个壮汉拔腿就跑,其速度快如风驰电掣。而盲人因眼疾,只能一步步试探性地前进,跛子虽明确目标,也只能缓缓前进。

历经无数次的坎坷摸索之后,盲人和跛子达成了共识,即盲人背起跛子充当双腿,跛子给盲人充当双眼,两人取长补短,一步步向幸福之门迈近。

眼看着两个壮汉临近终点,一个壮汉突然停下将另一个壮汉狠狠地推倒在地,而后自己继续向前跑去。被推倒的人迅速爬起来追上前者,一脚踢在对方的后腿上。两人厮打起来,他们谁都不允许对方推开幸福之门。

就在他们纠缠在一起时,盲人和跛子赶了上来。两个壮汉因为互相阻挠,都没注意到周围事物的变化。盲人和跛子因为互相弥补了自己的缺陷,慢慢地走到了前面。在幸福之门前面,他们并没有互相抛弃,而是彼此示意了一下,共同打开了幸福之门。

有人以自己的长处为满足点,终日骄傲无比、自以为是,对于他人的短处,总是冷嘲热讽,结果既害了自己又害了别人。我们应该将长处加以发扬,却不能骄傲;我们应该将短处加以克服,却不可因此而掩饰。

丹麦天文学家第谷有出色的观察能力,但不擅长于理论研究,结果得出了很多错误的结论。后来,第谷请了德国天文学家开普勒做自己的助手。虽然开普勒在观察方面不如第谷,但他很有理论研究方面的才华。他们互相合作,终于发现了行星运动的"三定律"。

显然,在他们两者中,只要有一个不存在,那么就不会有这样伟大的天文发现,也正因为他们的密切配合,互相取长补短,才能在天文学领域做出卓越的贡献。

俗话说:"人无完人。"人毕竟不是"神",是活生生的有着缺点和长处的结合体。尤其是在科学文化发达的今天,分工很细,现代化建设需要有各种各样的专门人才。而由于时间和精力限制,我们每个人又不可能什么都学,什么都懂。因此人与人之间,所长和所短差距很大。这就要求我们每个人既要谦虚谨慎,时时正视自己的短处,又要不断看到别人的长处,不能因别人有缺点或短处就紧盯着别人不放,把别人看得一无是处。

老子的智慧告诉我们,在人生中应该多一些取长补短。广泛吸取别人的优点以弥补自身的缺点,是对待长处、短处的正确方法,也是达到让人进步的必备条件。

2.求同存异,皆大欢喜

夫唯无知,是以不我知。

——《道德经》第七十章

由于人们的无知,所以难于理解我。

理解,固然是很美好的,谁不渴望被理解呢?然而事实上,由于年龄、性格、职业、知识结构、品德修养、生活经历等因素的影响,人和人之间有时是很难互相理解的。

在我们的工作场所中,总是充满着形形色色的人,即有各种背景的人、有各种性格的人、有不同生活经验的人,我们要尊重个体的差异和不同并要找出共同点。一个好的企业文化是能包含不同个性,塑造共同价值观的。人人生而不同,但对我们工作都会有独特的贡献,切不可只用一种人,用一种方法来做事。

通用电气公司曾面临一项需要慎重处理的工作——免除查尔斯·史坦恩梅兹担任计算部门主管职务。史坦恩梅兹在电器方面是一等一的天才,但担任计算部门主管却彻底地失败了,然而公司不敢冒犯他。公司绝对不会批评他,因为他又十分敏感。于是公司给了他一个新头衔,让他担任"通用电气公司顾问工程师"。工作还是和以前一样,只是换了一项新头衔,并让其他人担任部门主管。

史坦恩梅兹对新头衔十分满意,通用公司的高级人员也很高兴。他们已温和地调动了他们这位最暴躁的大牌明星职员,而且这样做并没有引起一场大风暴,这是因为他们的尊重举措让他保住了面子。

在微软计算机软件帝国里,对人的尊重被放在了首要位置。每一个细节都体现着对员工的重视。为给员工提供自由表达的机会,微软设立了个性化的办公室,设立了弹性工作时间,虽然他们的价值观没有任何的口号和标语,也没有像英特尔那样印在每一位员工的铭牌上,但是他们的价值观已经深入到企业生活的点滴之中。每一位员工都对自己的本职工作有着强烈的兴趣,他们各司其职又高度合作。他们通过不断地创新来体现个人价值,也对企业发展形成推动力量。所以在微软公司,每一位员工都在为实现个人价值、追求顾客满意和承担社会责任而不懈努力着。尊重员工,创造"和"的氛围,为微软带来强大的"软"实力。

3M公司在尊重员工方面有着一个非常著名的原则:不必询问、不必告知,充分尊重员工的隐私。这个原则就是天条,任何管理者都必须遵守。管理者鼓励员工做他们想做的事,而不要求详细了解员工的工作细节。

身为管理者,要学习用不同的方式管理不同的人。要承认人的最大特点是人与人之间存在差异,克服自己的偏见,这样才能使公司更和谐,也更具效率。

(1)尊重下属的不同意见

管理者不愿听取下属的意见,大致原因是认为下属能力不足,意见不具备参考价值,这实际上是个误区。下属能力较你弱或许是事实,但并非他们的每个意见都不高明,有些意见可能对方案有补充作用,或者可以通过这些意见本身了解下级在执行中会有什么样的心态及要求。总之,无论从哪个角度讲,都有必要认真倾听不同意见,因为一个人考虑问题不可能十全十美,况且,就怎样做成一件事来说,也很少有标准答案,我们要的是结果,如果大家能齐心协力共同完成一个任务,这不是很开心的一件事吗?

(2)尊重下属的选择

员工有选择工作的自由,不可将员工的辞职视为背叛你,气愤过后千万不能在你的心中留下任何不好的印象,这会让你在今后的工作中对你的下属产生不信任的态度。员工辞职本是一件可以理解的事情,也许是你的企业目标和员工的个人发展目标相悖,也许是员工个人价值趋向的改变,你都不能过多地去强求他们,也不能戴上有色眼镜。员工选择了到公司工作,那么帮助他们个人成长就是你应尽的义务;切不可把员工的成长当成公司给予他们机会的某种结果,并要求员工不断地给予回报,这会让你在人格上不尊重他们,认为他们应该为你工作,或者他们应该全部听从于你。我们真正需要的是接受员工的选择,对员工的离职完全可以做到"人走茶不凉"。下属的辞职是再正常不过的事情,我们应该正视这个问题,同时这样也可以发现自己身上的不足,也为你在今后的工作中提供了借鉴,你可以因此而调整自己的领导方式。管理者是否有雅量可以从对待离职员工的态度中去发现。

3.分工合作,各司其职

圣人常善救人,故无弃人;常善救物,故无弃物。

——《道德经》第二十七章

圣人很懂得让每个人发挥自己的有用之处,以至于没有人会被他放弃;圣人很懂得运用各种东西的长处,所以就没有任何可以放弃的东西。这是真正的觉者。

《泾野子·内篇》有一个故事可以帮助我们理解什么叫作管理。

一西邻人,生有五子,却有三个残疾:长子老实、次子聪明、三子目盲、四子背驼、五子脚跛。一般的家庭遇到这种情况,必是苦不堪言——他的人力资源状况太差了,与那些健康的家庭比,不是被急死气死,就是被饿死。可西邻人用创新的方式思考问题、配置资源。结果他们一家比周围的人家都生活得好。

长子老实,西邻人便让其务农,老实人总是不误农时,年年丰收;次子聪明,让其经商,经营有术财源广进;三子目盲,学习按摩卜卦,收益颇多;四子背驼,让其搓绳子,胜过常人;五子脚跛,让其纺线,一点也不误事。西邻人由于能短中见长,以长避短,所以让五子各展其长、各得其所,将现有资源的优势和潜力充分发挥,因而能够"不患于食,且乐"。

每个员工都有自己所长,主管要让每个人都能发挥长处,最重要的

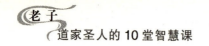

就是要把合适的人用在合适的岗位上,让每个人的工作效率最优化。

10年来,柯达经理们进行了5次改革,但都以失败告终。由于失败的挫折和投资者给予的压力,由纽约股票交易所前任董事长约翰·J·菲兰和可口可乐公司董事长罗伯特·C·C为代表的公司领导层在1993年辞退了凯伊·R·怀特董事长。他们推选了乔治·费雪为柯达的新总裁。他们认为,费雪才是这个职位的最佳人选。而他,也只有在这个岗位上才能发挥出他的巨大实力。

53岁的费雪是一位应用数学博士,他曾在贝尔实验室和摩托罗拉公司任职。虽然他对于化学或者是胶片生产知道的不是太多,但是他明白,公司不会轻易地进行改革。费雪当选为柯达公司的总裁后,他对媒体说:"柯达有自身的优势,我希望在公司现有的基础之上,寻求令人鼓舞的增长。"

貌似简单而令人吃惊的许诺引起了人们长期的争论。许多投资专家和金融分析家都认为费雪的许诺只是空口许诺。批评家认为公司应该从现在一步一个脚印,脚踏实地削减成本,以获得最大限度的增长,同时收购股票,提高股价。分析家格勒热说:"我认为没有人能够做到这样。但是如果费雪做到了,那将是一大商业奇迹。"

结果,费雪上任之后,立刻烧了三把火:开展电子产品业务、压缩贷款、加强宣传。终于使得柯达一步一步走出了困境。1994年3月,在学院授奖仪式上,柯达说:"93%的好莱坞导演都用柯达。"而且,为了实现向海外扩张的梦想,柯达已经采用了可口可乐的营销方式,一步一步地扩大了海外市场。

美国市场评论家们终于认识到,让费雪来担任这个职位是一个多么英明的决策。

其实,主管用人也如此,只要把人放在合适的位置上,就能使他发挥出最大的功效，使绩效大大提高。所以，管理者要学会用人，把合适的人用在合适的岗位上。

领导者的职责应该是建立一个可以出人才的机制，就是营造一个"赛马场"，通过人才机制来发现人才，产生人才。对一个组织来说，领导者建立这种机制，比亲力亲为去发现人才更重要。

能否成为一个成功的领导者，一方面是要有卓越的工作能力和竞争意识，努力使自己的愿望变成现实；另一方面则是要有高超的驾驭下属的能力，这样才能使每一个下属都人尽其才，才尽其用。没有下属的功劳和成绩作根本保证，领导者的工作等于零。

不要整天为找不到能够促进团体发展与进步的人而忧心忡忡，也许有不少有能力的人就在你的下属里面，如果能够将其潜力善加挖掘，他们的能力就会很好地发挥出来。

昔日以论辩见长的毛遂就是向平原君赵胜自荐的，而为信陵君献计窃得兵符，败退秦军的侯嬴只不过是城边的一个看门人。不要以为那些整天沉默不语、几乎找不出一点儿优点的人就一无是处，关键还在于你的塑造和点拨。

人们都知道，充满斗志和士气的单位，具有化不可能为可能的神奇力量。这其中起决定作用的自然是领导。一个好领导通过自身的言传身教，最终会把手下的一帮人改变过来。好的业绩不但能使人增强信心，向越来越高的目标发起挑战，而且为了保持曾经达到的水平，也会愈发努力，激发出潜力。这等于是在无形之中提高了属下员工的工作能力。

然而，在一个没有干劲的组织里，则会出现与上述局面相反的情形。那里的人们会争先恐后地把失败归罪于他人，根本谈不上配合；无论什么样的批评，即使是极其善意的，也不会被虚心接受，更没有人会对此进行认真思考。在这种氛围之下，人才怎么可能得到成长呢？组织只会陷入业绩日趋跌落、信心丧失、推卸责任的恶性循环之中。

要想管好人、带好人，建设一支活力充沛的队伍，领导者就必须卓有成效地激发下属的潜能和干劲,使之形成一种协调有序、竞相发展的整体氛围。

由于机会有限,或个人性格差异,有些下属常常不敢或没有机会表现自己。这就要求领导善于观察,为下属创造机会,鼓励下属小试牛刀,使他们的各方面才能充分体现,这样识别了众人之长,再派以适当职位,组织效率准会大大提高。

4.付出是安身立命的基础

圣人后其身而身先;外其身而身存。非以其无私邪? 故能成其私。

——《道德经》第七章

圣人把自己的位置放在最后,自己反而占先;把自己的利益置之度外,自己反得保全。不正是由于不考虑自己,反而成全了自己吗?

老子"非以其无私邪? 故能成其私"的论述,堪称是人生智慧的经典。老子这句话所说的人生智慧就是:人们如果以无私的心去帮助别人,最终受益的将会是自己。

或许很多人无法理解这一智慧的现实意义与真实性,然而在现实生活中,这样的人生智慧却一直在影响着我们的生活,存在于少数能够看到这点的人身上。

美国南部的一个州,每年都举办南瓜品种大赛。有一个农夫的成绩相当优异，经常是首奖及优等奖的得主。他在得奖之后，毫不吝惜地将得奖的种子分送给街坊邻居。

有一位邻居很诧异地问他："你的奖项得来不易，每季都看你投入大量的时间和精力来做品种改良，为什么还这么慷慨地将种子送给我们呢？你难道不怕我们的南瓜品种超越你的吗？"

这位农夫回答："我将种子分送给大家，帮助大家，其实也就是帮助我自己！"

原来，这位农夫所居住的城镇是典型的农村形态，家家户户的田地都毗邻相连。农夫将得奖的种子分送给邻居，邻居们就能改良他们的南瓜品种，也可以避免蜜蜂在传递花粉的过程中，将邻近的较差的品种转而传染自己，农夫才能够专心致力于品种的改良。相反，若农夫将得奖的种子私藏，则邻居们在南瓜品种的改良方面势必无法跟上，蜜蜂就容易将那些较差的品种传染给自己，他反而可能因为在防范外采花粉方面大费周折，而造成损失。

由此可见，这位农夫大公无私地奉献，最终受益的还是他自己。

许多人做事情的时候喜欢将事情做绝，这就如同做生意时的"一锤子买卖"一样，从不给别人留任何喘息的机会。这样的人目光短浅，丝毫看不到其中的利害，以至于做人，人失败；做生意，生意亏本。

做人就应该将目光看得远一些，不把事情做绝，这样也是为自己留了条"后路"。

战国时期，齐国的孟尝君广招天下宾客，不管宾客有无才能，他都一律以礼相待，奉为上宾。

有人劝孟尝君不要这样，说："你志在求取贤人，帮助你建功立业，如今很多无才无德的人混了进来，骗吃骗喝，你却视而不见？"

孟尝君回答说："我只不过破费些钱财，可赶走他们，他们就会与我

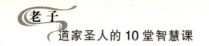

为仇了,谁知道会有什么祸事发生呢?"

孟尝君这样仁义,可有人还是不领情,一个宾客竟勾搭上了他的一位小妾,暗地里私通。这是任何男人都难以接受的事,孟尝君知道后却十分平静。他不主张惩治那个宾客,反而为他开脱说:"男人喜爱美色,这是人之常情。要怪,也要怪我的小妾淫荡无耻。如果她遵守妇道,这种事就不会发生了。"

孟尝君的手下人又气又怒,坚持要把那个宾客治罪。他们说:"你讲仁义,原谅他人的过错,所以他们才会胆子越来越大。如今这种无耻的事都出来了,再不严办,我们都没脸待下去。你三番两次替坏人说话,你到底为了什么呢?"

孟尝君说:"为了我自己啊!我树大招风,说不上哪一天就会大难临头,到了那时,只有我的仁义才会救我。人心都是肉长的,我今天给人留条活路,他日人家才会卖力帮我。这也是我不咄咄逼人的原因。"

一年之后,孟尝君又推荐那个宾客到卫国为官。那个宾客感动万分,日思夜想报答孟尝君的恩情。

后来,齐国和卫国关系恶化,卫国国君想要联合其他诸侯攻打齐国。这时,那个宾客冒死进谏,他对卫国国君说:"我并没有什么才能,多亏孟尝君的推荐,这才被大王器重。大王和齐国交战违背盟约,也不会占什么便宜,不该草率。大王如果坚持攻打齐国,我就死在大王的面前。"

在那位宾客的努力下,齐国避免了战祸,度过了危机。孟尝君受过多次挫折,都依赖他的宾客之力化解。他关心别人,为他人着想,结果受惠最多的还是他自己,这就是他屹立不倒的根本原因。

许多人求功心切,为了自己的目的损人利己,他们认为只有这样才能快快有成,其实他们大错特错了。成功需要别人相助,灾难中更需要他人援手,没有朋友便会死路一条。如果一个人极端自私,人们自会处处和他过不去,拆他的台,这样的人绝不会有大成就的。

一分耕耘,一分收获,我们不要总想学会如何去得,而是要学会如何去舍。懂得了付出才会懂得取得,有付出才能有回报,没有无回报的付出,同样也没有无付出的回报,付出越大,回报越大。为人为己也是如此,只有为别人着想,别人才会反过来帮助自己。

5.切莫轻视对手

祸莫大于轻敌,轻敌几丧吾宝。故抗兵相若,哀者胜矣。

——《道德经》第六十九章

没有比轻视对手更大的祸患了,轻视对手几乎让我们丧失了三件宝贝。所以,当两军对抗力量相当时,一定是有悲哀之气的一方胜利!

老子说,自己有三件宝贝,仁慈、简朴和不敢为天下先。老子又说,千万不要轻敌,轻敌就会把那几件宝贝丢了。在革命战争年代,毛泽东同志一直强调:"在战略上轻视敌人,在战术上重视敌人。"这句话意思就是说,不仅要有战胜敌人的勇气,还要有谨慎的对敌态度。由于轻敌而失败,古今中外历史上的事例不胜枚举。

三国时期,曹操与袁绍为了争夺中原展开了著名的官渡之战。袁绍举兵南下,曹操的部下荀彧认为袁绍军队强大,曹军现在不是他们的对手,可是曹操却认为袁绍志大才疏,刚愎自用,骄傲轻敌,因此完全可以打败他。为了争取主动,曹操在荀攸的建议下,采用声东击西的策略,分散其注意力,趁机打败颜良文丑,与袁绍在官渡对峙。袁绍军队虽然初战失利,但是还占据着优势,曹军则士卒疲乏,后方不稳,步履维艰。

可是,曹操虚心听取正确的意见。谋士荀彧劝曹操坚持危局,加强防守,命负责后勤补给的任峻采取十路纵队为一部,缩短运输队的前后距离,并加强护卫,防止袁军袭击;另一方面积极寻求和捕捉战机,击败袁军,不久派曹仁、史涣截击、烧毁袁军数千辆粮车,增加了袁军的困难。

袁绍则根本听不进谋士许攸的正确意见,许攸为此投向了曹操。此时,曹操的粮草也十分困难,为此许攸就提出了奇袭乌巢的作战计划。曹操立即付诸实行,留曹洪、荀攸守营垒,亲自率领步骑五千,冒用袁军旗号,人衔枚马缚口,各带柴草一束,利用夜暗走小路偷袭乌巢。到达后立即围攻放火。袁绍获知曹操袭击乌巢后,只派轻骑救援,主力则猛攻曹军大营。哪知曹营坚固,攻打不下。当曹军急攻乌巢淳于琼营时,袁绍增援的部队已经迫近。曹操励士死战,大破袁军,杀淳于琼等,并将其粮草全数烧毁。袁军前线闻得乌巢被破,导致军心动摇,内部分裂,大军遂溃。袁绍仓惶带八百骑退回河北,曹军先后歼灭和坑杀袁军七万余人,官渡之战就这样以曹胜袁败而结束。曹操以自己的聪明才智打败了骄傲轻敌的袁绍,可是他自己的接连胜利也让他开始骄傲自大起来,逐渐不把对手放在眼里了。处于劣势的孙刘联军,面对人多势众的曹军,展开了著名的赤壁之战。

曹操以寡敌众,在官渡之战中一举击败袁绍后,陆续统一了北方,独霸中原。紧接着他又挥师平定辽东各地,消除了北方少数民族的威胁。然而,这仅仅是曹操的第一步,他决定积极南下,夺取江南,就在准备就绪之后,曹操浩浩荡荡地挥师南方。

曹操首先要进攻的是荆州,就在战事将要进行时,刘表一命呜呼,接班人刘琮根本不争气,早就被曹操吓破了胆,还没有交兵,就把荆州拱手让出。曹操接着又在长坂坡击败刘备,占领了江陵。军事上的胜利,使曹操踌躇满志,得意忘形,企图顺势东下,直接占领长江以东的地方,进而一举消灭孙权。他的谋士建议他先在荆州休养充足后,巩固好新的基地,然后再迫降孙权,可是曹操一点也听不进去,他迫不及待地进兵。

就在大敌压境之时,孙权与刘备为了避免覆灭的命运,结成联盟,共抗曹军。公元208年10月,周瑜率兵沿着长江西上到樊口与刘备会师,接着继续挺进,与曹军隔江对峙。

孙刘联军占尽天时地利人和,可是毕竟势单力薄,要想打败曹操非常困难。曹军因为大多是北方人,不习水战,长江上风浪颠簸厉害,他们经常晕船,苦不堪言,只好把战船用铁环首尾连接。周瑜的部将黄盖更是建议速战速决,于是大家决定采用火攻。周瑜利用曹操骄傲轻敌的弱点,先让黄盖写了一封诈降信,并与曹操约定了投降的时间,曹操不知道这是诡计,爽快地答应了。到时,黄盖率领着几十艘装满干草、硫磺的小船扬帆出发。当时,江上刮起了东南风,战船快靠近曹军时,随即下令点火,一时间风猛火烈,直冲曹军。曹军战船首尾连接,移动不得,分散不开,顿时间就成了一片火海。风势火势甚猛,还波及了岸上的曹营,曹军被这场突如其来的大火烧得溃不成军。烧死溺死不计其数。孙刘联军趁机擂鼓前进,横渡长江,奋起追杀,杀得曹军落花流水。曹操见势不妙,立即经华容道撤向江陵。路上又遇大雨,道路泥泞不堪,只得以草铺路,骑兵才勉强过去。奔走时人马自相践踏,死伤累累,孙刘联军更是乘胜追击,一直追到南郡。赤壁之战最终以孙刘联军的胜利告终,曹操逃回北方。曹操再也没有余力南下,因此孙权在江南的地位得到了进一步巩固,刘备则趁机获取了立足之地,实力大增,从此三国鼎立的局面就此形成了。赤壁之战中,曹操的失败的确让人警醒,他轻敌冒进,舍长取短,放弃了自己擅长的骑兵作战,进行水战,面对敌人的火攻而毫无准备,轻信诈降,疏于戒备,最终尝到了失败的苦果。

同样的事例在近现代历史上更是不胜枚举,老子所说的要重视对手,保证社会和谐,国家的安定,在今天意义依然重大。如今领导干部在工作中,面对的对手已经不是你死我活的敌人了,变得更加复杂。它可能是突然出现的问题,可能是社会中各种各样的人,也可能是自身的欲望,但不论对手是谁,都应该严肃对待,慎重处理。

6.能吃亏的人才能赢得更多

古之所谓"曲则全"者,岂虚言哉? 诚全而归之。

——《道德经》第二十二章

古人常说"弯曲才能保全"这个道理,难道是空话吗? 这确实是能够让他保全的真理啊!

人们常说,人生不如意事十之八九,"不经历风雨,怎么见彩虹",风雨就好比人们经历了挫折。记得有人曾经说过这样一句话,人生之中难免会遇到挫折,只是有人来得早些,有人来得晚些。经历了挫折就难免会吃亏,不过吃这些亏并不见得是坏事。

韩信是中国古代一位著名的军事统帅,他出身贫贱,从小就失去了双亲。建立军功之前的韩信,既不会经商,又不愿种地,家无余财,过着穷困而备受歧视的生活,常常是吃了上顿没有下顿。在韩信的家乡淮阴城,有些年轻人看不起韩信,有一天,一个少年看到韩信身材高大却常佩带宝剑,以为他是胆小,便在闹市里拦住韩信,说:"你要是有胆量,就拔剑刺我;如果是懦夫,就从我的裤裆下钻过去。"围观的人都知道这是故意找碴羞辱韩信,不知道韩信会怎么办。只见韩信想了好一会儿,一言不发,就从那人的裤裆下钻了过去。当时在场的人都哄然大笑,认为韩信是胆小怕死、没有勇气的人。

其实韩信是一个很有谋略的人,他看到当时社会正处于改朝换代之际,于是专心研究兵法,练习武艺,相信会有自己的出头之日。秦朝末年,全国各地反对秦朝统治的农民起义爆发,韩信加入了其中一支实力较强的军队,军队的首领就是后来成为下个朝代开国皇帝的刘邦。最初,韩信只是做了一个管押运粮草的小官,很不得志。后来他认识了刘邦的谋士萧何,两人经常讨论时事和军事,萧何意识到韩信是一位很有才能的人,于是极力向刘邦推荐,但刘邦仍不肯重用韩信。

一天,心灰意冷的韩信悄悄离开刘邦的军队,投奔别的起义军。萧何得到他离开的消息后,也没向刘邦汇报,赶忙骑马去追韩信。刘邦得到消息后,以为二人逃跑了。过了两天,萧何和韩信回来了,刘邦又惊又喜,责问萧何是怎么回事。萧何说:"我是为您追人去了。"刘邦大惑不解:"过去逃跑的将领有几十个,你都不去追,为什么单单去追韩信呢。"萧何说:"以前逃跑的将领都是平庸之辈,容易得到,至于韩信是难得的奇才。如果您想争夺天下,除了韩信您就再也找不到同您计议大事的人了。"刘邦说:"那就让他在你手下作个将领吧"。萧何说:"让他做一般的将领,他未必肯留下来。"刘邦说:"那就让他作一个军事统帅吧。"从此,韩信由一名运粮官变成了一位将军。在后来帮助刘邦打天下的过程中,他每战必胜,立下了赫赫功勋。

东汉末年,王莽改制搞得社会一片混乱,民不聊生,爆发了著名的绿林、赤眉大起义。刘秀这时在其兄长刘縯率领和宾客七八千人在春陵起兵,招新市、平林、下江等军编为六部,击杀王莽南阳守将,又击败王莽大将严尤、陈茂,进军围宛,声势大振。地皇四年,新市、平林诸将拥立刘玄做汉帝,号更始帝,是年刘縯攻下宛城,更始帝入都宛城。更始帝害死刘秀大哥,并让刘秀巡河北,想让河北势力杀了刘秀。刘秀忍住悲痛,到了河北之后就借机发展壮大自己的势力，并先后消灭了其他割据势力，趁机镇压和收编了几十万农民军，最后建立了东汉政权。

韩信吃了胯下之辱的亏，刘秀吃了被人猜忌的亏，但是他们都能忍住，并最终成就了一番功业。

当然了，很多人口里说着"吃亏是福"，真正做起来却不是那么容易的，正是因为很多人怕吃亏，所以才不愿意吃亏。"事非经过不知难"，没有切身的经历，又怎么会有深切的感受呢？

选择吃亏，虽然意味着"舍弃"与"牺牲"，但那毕竟只是一时的，并且也不失为一种胸怀，一种品质，一种风度。况且，"吃亏是福"，"亏"是我们走向未来成功的助力剂。在人生的历程中，吃亏和受益是一种互为存在、互为结果的东西。一个人不能事事只想着受益，有些事情当时即使真的受益了，最终导致的结果仍有可能是吃亏；我们更不能时时怕吃亏，有些事情当时可能是吃亏了，但事后仍有可能会出现一个受益的结果。无论哪一个人，无论哪一件事，没有永远的受益，也没有永远的吃亏。

有人说："一个人心胸有多大，他做成的事业就有多大。"的确有理！只要我们留心一下历史和身边的人就不难发现，大凡那些取得了巨大成就者，尤其是那些有杰出成就的人，无一不是胸怀宽广、能吃亏的人。敢于和勇于吃亏的人，才会赢得更多，才会有一份平和、快乐的心境，以后的路也才会更顺畅。相反，再看看我们身边那些一生无所作为、无所建树的人，有哪一个不是心胸狭窄、斤斤计较、不肯吃亏之辈？

不少好朋友，抑或事业上的合作伙伴，由于种种原因，后来反目成仇了，双方都搞得很不开心，甚至是大打出手。有个人却不一样，他与朋友合伙做生意，几年后一笔生意让他们将所赚的钱又赔了进去，剩下的都是一些值不了多少钱的设备。他对朋友说："全归你吧，你想怎么处理就怎么处理。"留下这句话后，他就与朋友分手了。没有相互埋怨，这叫"好聚好散"，日后的合作，也会自然而然，顺理成章。任何时候，人与人之间的"人情"不能践踏。主动吃亏,山不转水转,水不转路还转,也许以后还有合作的机会,还可能又走到一起。若一个人处处不肯吃亏,则处处必想占便宜,于是,妄想日生,骄心日盛。而一个人一旦有了骄狂的态势,就难免会侵害别人的利益,于是便起纠纷,在四面楚歌之中,又焉有不败之理?吃亏者,能让人们觉得他有度量而加以敬重。这样,吃亏者的人际关系自然就比别人好。当他遇到困难时,别人也乐于向他伸出援救之手;当他做事业时,别人也肯对他给予支持,给予帮助,他的事业自然就容易获得成功。

7.合格领导者的标准

载营魄抱一,能无离乎?专气致柔,能如婴儿乎?涤除玄览,能无疵乎?爱民治国,能无为乎?天门开阖,能为雌乎?明白四达,能无知乎?生之,畜之,生而不有,为而不恃,长而不宰,是谓玄德。

——《道德经》第十章

一个合作的团队离不开一个好的领导者。那么什么才是好领导的标准呢?

这一整段话,老子是运用反问句式提出的——

身心一致、持之以恒地遵循自然规律,能否不偏离方向?

把能量聚在一起,内部和谐协调,能否达到柔和的状态?

排除一切杂念苦心专研,能否做到没有纰漏、瑕疵?

爱国治国,能否做到"无为而治"?

思想、言行,能否以阴柔自居?

清楚地明白四方内外的事物,能够做到"无知,无欲"?

……

老子要求我们修炼道德心境要达到:"坚忍不拔,持之以恒;致阴致阳,致柔致刚;涤除杂念,专心致志;顺其自然,无为而治;大智若愚,虚怀若谷;无知无欲,通达四方。"这是何等致高致远的境界。

如果帝王能够达到这种心境,老百姓会尊称他为"真命天子"。然而,即便是开创了"贞观之治"的李世民,也发动了玄武门之变;开创了"开元盛世"的李隆基,也沉迷酒色;开创了"康乾盛世"的康熙大帝,也逼反了吴三桂。

"金无足赤,人无完人",我们不能对任何人求全责备,但我们可以按照老子给我们指明的修炼心境的标准来修炼自己。修炼自己的心境,不仅可以使自己超凡脱俗,还可以改变命运。尤其是作为一个现代的领导者,这是一个非常标准的领导境界参照,即要求领导者在思想上和行为上做到"载营魄抱一";在坚持原则、讲求正气上做到"专气致柔";在清除私心杂念、致力于集体和国家上做到"涤除玄览";在管理国家上做到"爱民治国";在思维上做到"天门开阖";在处理纷繁复杂的事务中做到"明白四达"。

而作为企业的中高层领导,尤其要重视在日常工作中易被忽略的以下几个方面问题:

(1)要包容大度

企业里的领导,多少有一定的权利,有时一句话、一件事就能改变一个人甚至一群人的命运。所以,当领导的除了要有正确的决策之外,还要有一颗包容大度的心。

作为领导,怎样看待他人的各种需求,就显得非常重要了。一般来讲,只要这个人能对企业的发展起积极作用,我们就应该宽容地对待他,并且为他创造条件成就他。成熟的、有本领的领导必须有气量，对他人的各种小毛病要包容，当然，包容并不等于纵容。邓小平说："善于发现人才、团结人才、使用人才，是领导者成熟的主要标志之一。"

一个领导的本领体现在哪里？首先他要才能出众，但这并不是最重要的因素。最重要的是他手下要有一群高水平的人，可以全心全意地为他工作。如三国时期的刘备，手下就有诸葛亮和五虎上将等，虽然他们也都有各种缺点，但只要用好了就是最得力的人。

(2)要善于沟通

协调是一种领导艺术。有一项研究表明，人们花在沟通上的时间是70%。普通人花费70%时间，而领导要花费90%以上的时间用于沟通。作为领导，沟通分为三个方面：第一是对下沟通，就是调动下属的主动性和积极性；第二方面是对上沟通，就是获得上级的支持、信任，得到上级的肯定；第三方面是平级部门之间的沟通，这恰恰是我们日常工作中容易忽略的。

在日常工作中，经常会发生下属与上级产生冲突的情况。其实这里有个最基本的三项基本原则："纯化自身顾大局，细察深思识大体，兼容自律求大同。"

(3)要学会妥协

在企业中，有的领导非常强势，总是自我感觉良好，对别人的意见听不进去，一切必须按自己的意思去办。长此以往，下级只会按他交代的去做，不会有创新，不会动脑筋，只会领导说一句，他就动一下。殊不知，伟人也会犯错误，何况是我们普通人。作为领导，要善于听取不同意见，甚至在一些事情上，还要学会妥协。国与国之间都可以妥协，领导在工作问题上做一些让步有何不可呢？多听听下属的意见，多调动下属的积极性，一定会收到意想不到的效果。当然，妥协不是无原则地妥协，也不是一切问题都妥协，应该有一个基本底线，不能触及根本。

(4)要善于沟通

日常工作中,信息沟通不足是上下级之间产生误解的主要原因。面对误解,下级应该主动与领导沟通,通过坦白、真诚地对话谈心来改善上下级之间的关系。

管理学上有句名言:"下属对我们的报告永远少于我们的期望。"可见,所有领导都希望从下级那里得到更多的信息。作为下属,要主动报告工作进度。在日常工作中,领导将工作布置给下属,下属完成了,但就是不报告;或者这项工作进行得怎么样了,下属也从不报告。听了上面这句管理上的名言后,下属一定要养成及时报告、经常报告的工作习惯。

沟通首先要通过语言来表达,所以作为领导,首先要注重自己的口头表达能力,努力提高自己的语言技巧、提升自己的讲话艺术。而这种讲话艺术不是谁天生就有的,很多领导的说话做事风格都是经过后天不断学习、模仿,进而内化形成的。领导者要懂得尊重下属,尽量让自己做到指令清晰,意图明确,这样才能得到下属的理解和认可,工作也才不会受到影响。针对出现的问题,我们要冷静思考,善于沟通。

一名优秀领导的标准可以概括为:知使命、善用人、懂决策、出业绩。最高的境界则应该是:锐气藏于胸,和气浮于脸,才气见于事,义气施于人。

作为一个领导者,如果对以上所提到的这些都能做到,那么就能够达到老子说的那样,能使万物自然生长,并养畜万物;如果让其自由生长而不占为己有,积极地为其服务而不居功自傲,积极地引导而不任意宰割,这样的领导者便具有深远的"德"。

第九章

敦厚朴实,保持淡泊虚静的心境

1.得意时莫忘形

> 鱼不可脱于渊,国之利器不可以示人。
>
> ——《道德经》第三十六章

鱼必须隐藏在深渊之中,不可离水而居;国家的有效武器不可以轻易展示于人。

"鱼不可脱于渊,国之利器不可以示人"揭示的正是老子小心谨慎方面的智慧。这是老子对众人的一个"得意时不要忘形"的忠告,让人们在得势之后一定要居安思危,存在一定的忧患之心,才能让自己的"得意"更长久。

炎炎夏日,蚊虫肆虐,人们对此深恶痛绝。它们虽不易灭绝,却容易捕杀,原因很简单,它们时常得意忘形,把自己推上死路。

如果仔细观察就会发现,有些蚊子在吸食人畜的血液时,在没有受到惊扰的情况下,它会一个劲儿地吸个没完,直到飞不动或勉强飞往一处自认为安全的地方休息,安于享受成功。此时它们吃饱喝足的身体已经变得迟钝,完全忽视了危险的存在,而这正是它们接近死亡的时刻。若这时想杀死它,已无须奋力拍打,只需轻轻一按,它们便一命呜呼。

蚊子的死给我们的启示却是深刻的:一个人经历千辛万苦换来成功的甘果时,是手捧观之得意洋洋,还是保持冷静视之为过去,重新设定新的目标,并加倍努力实现?选择前者,就选择了和蚊子一样的命运;选择后者,成功的甘甜将会始终伴随左右。

"得意时不忘形"在现实中更多地表现为懂得居安思危。其实,居安思危的道理人人都懂,但真正做起来,就没有几个人能贯彻始终了。人在安逸的环境中,总以为苦难远在天边;人在得意时,总认为快乐可以长久。其实,一时的得意并不能说明自己以后便能高枕无忧,如果那样就大错特错了。

前秦皇帝符坚刚上台时,做事谨慎,善于听取不同的意见。统一北方后,符坚变得自命不凡起来。他对大臣们说:"我东征西伐,没有谁是我的对手。现在我准备征服晋国,一统天下,相信定会马到成功。"

丞相王猛这时已死,他临终曾告诫符坚不可伐晋。太子符宏于是以王猛的遗言为由,劝谏符坚说:"从前王猛丞相主张不能对晋国用兵,是因为我国内部还不稳定,而晋国也无败亡之相。现在这种情况并没有太大的改变,父皇还是不出兵的好。"

符坚说:"我国正处盛时,这时候攻打晋国,不是最好的时机吗?现在国内大治,人心稳定,你说的一点也不对。"

对形势盲目乐观的符坚决心开战,大臣道安急忙出来相劝。他说:

"皇上统一北方不久,人心并没有真正归附,许多不甘心的失败者还在蠢蠢欲动。现在皇上虽有百万大军,可有不少还是刚刚归顺的,他们的战斗力并不强大。皇上应当看到这些不利情况,万不可为表面的强盛所迷惑啊!"

道安说的都是实情,符坚听了却感到分外刺耳。心有异志的鲜卑人慕容垂为了自己的打算,极力拥护符坚。就这样,符坚伐晋的主张轻率确定了。

事后,慕容垂对他的心腹说:"符坚狂妄自大,他是被先前的胜利冲昏头脑了。我怂恿他伐晋,一旦天下大乱,我们鲜卑人就能趁机复国了。"

符坚出征之前,仍有忠贞的大臣苦苦相劝,说:"皇上现在回头,也不为晚啊。要知晋国君臣合心,百姓安定,皇上无故出兵,他们一定会拼死反抗。而我军人员复杂,来源不一,一点小的失败都可能引起大的波动。一旦出师不利,国家就有瓦解的危险,皇上不该不计利害啊!"

符坚坚持用兵,结果正像劝谏者所预料的那样,前秦大败。不久,符坚被杀,他的国家也灭亡了。

符坚是个很有能力的君主,否则,他也不能统一北方。他的失败是因为他太相信自己的能力了,看不到自身的问题,结果做出了十分错误的决策。

有能力的人能干大事,同样,有能力的人也最容易骄傲。骄傲可以使人过高地估量自己,进而在力不从心的事情上失败。

成功永远是相对的,在成功之时,危机并没有被永远消灭,而是潜藏起来了。看不到这些隐患,高枕无忧地大肆行乐,隐患便会悄悄增长,直到有一天浮出水面。促使成功的奋斗精神和积极力量一旦消退,失败的各种要素就要强劲反弹,把成功化为乌有了。

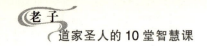
2.当于静处品人生

致虚极,守静笃。

——《道德经》第十六章

达到心灵虚寂的极点,保持清静的心情。老子说,"致虚极,守静笃",讲的就是要我们以一种虚空的心态,去守静与守笃。"守静"就是守住安静的心情,"守笃"就是守住实在。

外表看似安静的人,他的内心不一定平静;真正的安静是实在的、踏实的,所以很舒服,而不是一静下来,心里就空得慌。

为什么我们要那么紧张? 能不能不紧张呢? 今天的我们生活得太紧张,把自己逼迫得太厉害,疯狂地赚钱、工作,结果得不偿失,所得到的物质财富并不能弥补失去的精神财富。那么,我们何不学学老子"致虚极,守静笃"的智慧,让自己的心平静下来,品味生活的乐趣呢?

有一位成功的商人,虽然赚了几百万美元,但他似乎没有轻松过。

他下班回到家里,踏入餐厅中。餐厅中的家具都是胡桃木做的,十分华丽,有一张大餐桌和六张椅子,但他根本没去注意它们。

他在餐桌前坐下来,但心情十分烦躁不安,于是他又站了起来,在房间里走来走去。他心不在焉地敲敲桌面,差点被椅子绊倒。

他的妻子这时候走了进来,在餐桌前坐下。他说声"你好",一面用手敲桌面,直到一个仆人把晚餐端上来为止。

他很快地把东西一一吞下,他的两只手就像两把铲子,不断地把眼前的晚餐——"铲"进口中。

吃完晚餐后,他立刻起身走进起居室去。起居室装饰得富丽堂皇,意大利真皮大沙发,地板铺着土耳其的手织地毯,墙上挂着名画。他把自己投进一张椅子中,几乎在同一时刻拿起一份报纸。他匆忙地翻了几页,急急瞄了瞄大字标题,然后,把报纸丢到地上,拿起了一根雪茄。他一口咬掉雪茄的头部,点燃后吸了两口,便把它放到烟灰缸去。

他不知道自己该怎么办。他突然跳了起来,走到电视机前,打开电视机,等到画面出现时,又很不耐烦地把它关掉。他大步走到客厅的衣架前,抓起他的帽子和外衣,走到屋外散步。

他这样子已有好几百次了。他在事业上虽然十分成功,却一直未学会如何放松自己。他是位紧张的生意人,并且把他职业上的紧张气氛从办公室里带回家里。

这个商人没有经济上的问题,他的家是室内设计师的梦想,他拥有四部汽车。可以说,这个商人已经拥有了一切所需,然而他却不懂得如何去享受这些生活、享受这些快乐,因此他是不快乐的。

在这个日益繁杂的社会中,大多数人都变得如同这个商人一般焦躁不安、失去了快乐。唯一可以改变这种状态的办法,便是保持心灵的宁静,在静处细心体味生活的点滴,让生活重归宁静。

老街上有一家铁匠铺,铺里住着一位老铁匠。由于没人再需要他打制的铁器,现在的他以卖栓狗的链子为生。

他的经营方式非常古老。人坐在门内,货物摆在门外,不吆喝,不还价,晚上也不收摊。无论什么时候从这儿经过,人们都会看到他在竹椅上躺着,微闭着眼,手里是一只半导体,旁边有一把紫砂壶。

他的生意也没有好坏之说,每天的收入正好够他喝茶和吃饭。他老了,已不再需要多余的东西,因此他非常满足。

一天，一个古董商人从老街上经过，偶然间看到老铁匠身旁的那把紫砂壶。那把壶古朴雅致，紫黑如墨，有清代制壶名家戴振公的风范。他走过去，顺手端起那把壶。

壶嘴内有一记印章，果然是戴振公的。商人惊喜不已，因为戴振公在世界上有捏泥成金的美名。据说他的作品现在仅存三件：一件在美国纽约州立博物馆；一件在台湾故宫博物院；还有一件在泰国某位华侨手里，是他1995年在伦敦拍卖市场上，以60万美元的拍卖价买下的。

商人端着那把壶，想以15万元的价格买下它。当他说出这个数字时，老铁匠先是一惊后又拒绝了，因为这把壶是他爷爷留下的，他们祖孙三代打铁时都喝这把壶里的水。

虽没卖壶，但商人走后，老铁匠有生以来第一次失眠了。这把壶他用了近60年，他一直以为这是把普普通通的壶，没想到现在竟有人要以15万元的价钱买下它，他有点想不通。

过去他躺在椅子上喝水，都是闭着眼睛把壶放在小桌上，现在他总要坐起来再看一眼，这让他非常不舒服。特别让他不能容忍的是，当人们知道他有一把价值连城的茶壶后，总是拥破门。有的问他还有没有其他的宝贝，有的甚至开始向他借钱，更有甚者，晚上也推他的门。他的生活被彻底打乱了，他不知该怎样处置这把壶。当那位商人带着30万元现金，第二次登门的时候，老铁匠再也坐不住了。他招来左右邻居，拿起一把斧头，当众把那把紫砂壶砸了个粉碎。现在，老铁匠还在卖拴小狗的链子，据说今年他已经101岁了。

能在一切环境中保持宁静心态的人，都具有高贵的品格修养。每个人都应努力培养自己心理上的抗干扰能力，才能达到"致虚极，守静笃"的境界。

人生如茶，我们唯有静下心来细细地品味它，才能品尝出茶中的芬芳。如果如牛饮一般开怀畅饮，尝到的只有苦涩或无味。

3.淡泊名利,顺其自然

天长地久。天地所以能长且久者,以其不自生,故能长生。

——《道德经》第七章

很多西方人认为,天地万物是由上帝创造出来的。《圣经》里说,上帝用六天的时间创造了光明与夜晚、山川湖泊、草木虫鱼以及人类,所以在西方人眼里,上帝是最高大的。中国古代也有类似的传说,只不过中国人认为是天地孕育了万物,万物的代谢,都由天地掌控,所以,天地在人们心中是最伟大的。可是,既然天地孕育了万物,为什么还让他们生生死死,来往不休呢?

这个问题,老子早就给出了一个答案。他说,天有无限那么大,地有"永恒"那么久。天、地之所以能够如此长久,是因为它们从来不在意自己的存在,不认为自己属于自己,不为自身做任何事情。

居里夫人是世界上唯一一位曾经两次获得诺贝尔奖的科学家。早年,她和她的丈夫皮埃尔·居里一起进行研究的时候,就生活俭朴,不求名利。居里夫妇成名后,各种勋章、奖章和荣誉纷沓而至,但是他们没有把这些放在心上,有的甚至视之如废物。1902年,居里先生收到了法兰西共和国大学理学院的通知,说是将向部里提出申请,颁发给他荣誉勋章,以表彰他在科学上的贡献,务请他不要拒绝接受。夫妻俩商量了一下,回信说:"请代向部长先生表示我的谢意。并请转告,我对勋章没有丝毫兴趣,我只急需一个实验室。"一次,居里夫人的一位朋友应邀到她家做客,进屋后看见居里夫人的小女儿正在玩弄英国皇家协会刚刚授予居里夫人的一枚金质奖章,惊讶地说:"这枚体现极高荣誉的金质奖章,能得到它是极不容易的,怎么能够让孩子玩呢?"居里夫人却说:"就是要让孩子从小知道荣誉这东西,只是玩具而已,只能玩玩,绝不可以太看重它,如果永远守着它,就不会有出息。"

居里夫人可以说是对名利淡泊到一定境界了,所以才能够在科学事业上做出令人无法企及的成就。

我们假设,居里夫人获奖后,忙于出书、做演讲,参加各种社会活动,那么她的科学事业必将陷于停滞,也许生前能够热闹一时,但是在为人类做出的巨大贡献和在科学史上的地位,必将改写。对居里夫人来说,是选择生前热闹一阵子很快被世人忘记?还是选择为人类科学事业做出更大的贡献、在科学史上名垂千古?居里夫人无疑选择的是后者,她也许并没有想名垂千古,但她的行动让她做到了这一点。这正应了老子的"圣人后其身而身先,外其身而身存"的思想,因此"能成其私"。如果从老子的视角去看,居里夫人已属于"圣人"的层次了。

老子的这种思想对后世影响深远。西汉时期,淮南王刘安招募了诸多宾客,主持编纂了著名的《淮南子》,这本书反映了道家的思想。

其中《道应训》一文中,有公仪休相鲁的故事。大致是说公仪休在鲁国做宰相,他非常喜欢吃鱼,鲁国人知道后就争着买鱼献给他,可是公仪休都拒绝了。他的弟弟疑惑不解,就奇怪地问:"您既然这么喜欢吃鱼,却不接受别人送的鱼,这是为什么呢?"公仪休说:"就是因为我太喜欢吃鱼了,所以才不接受人们送给我的鱼。如果我接受了,必定不敢责备别人的不正当表现,那就会违法曲断。倘若因违法被免去宰相的职务,即便是我喜欢吃鱼,那些人也不会再送给我鱼了。而到时,连我自己也不能供给自己鱼了。如若当今我不接受别人送给我的鱼,宰相的位子自然是免不去,即便不接受别人送的鱼,我也能经常自己供给自己鱼吃。"

公仪休深受老子的影响,因此他更加深切地明白以天下为公,保持淡泊无奇心境的道理。古人对圣人的追慕,不仅仅是行动上的体现,还有那种对心境的锤炼。

在中国古代官员仕途上,升迁是一件难以预测的事情,这就更需要官员用淡泊的心境处之。唯有如此,才能保持健康的心态。

大家都熟知,中国宋代历史上著名的宰相司马光,他曾经主持编纂了鸿篇巨制《资治通鉴》,可是他的仕途也是坎坷崎岖,几度升降,失意时也曾一度消沉。但是他酷爱看书的习惯始终没有改变,他经常与一帮人喝酒论道,谈古论今。他在升迁之后,虽然日理万机,但闲暇之余还是会与昔日的旧友互通往来,鸿雁传书。书信中不免喜忧哀乐,诉诸笔端。当然也有许多人慨叹怀才不遇,希望哪一天有人推荐一展抱负。司马光对此都了然于胸,他也有选择地推荐了一些人,刘器之就是其中之一。

一天,刘器之来访,司马光就问他:"你知道我为什么推荐你么?"刘器之笑着回答说:"当然因为我们是老相识了。"司马光听后哈哈大笑,反问道:"我的旧友故交那么多,若是仅仅因为思念旧友,朝廷里不都是旧友故知了吗?"刘器之听后一句话也说不上来,司马光接着说:"当我赋闲在家的时候,你经常去看望我。咱们一块儿坐而论道,各抒己见,有时还因为意见不同而争得脸红脖子粗。当时,我的心境不好,你却经常宽慰我,鼓励我。我当时无权无势,是你在真正帮我。后来我做官之后,凡是那些与我有过一面之交或者是数语的泛泛之交,都纷纷来信,要我提拔,只有你从来不给我来信。你并不是那种因为我身居高位就依附于我的人,对我无求,依然能够安心地做学问。对失意的人照顾有加,并不打击,对得意的人并不吹捧,这就是你与其他人最大的差别,因此我就推荐了你。"刘器之听后,不禁慨叹司马光对他的理解,也对司马光加深了认识。

　　刘器之正是因为有如此心态,才会被司马光推荐。刘器之并没有刻意去这样做,那是长期锤炼养成的品格,在不知不觉中潜移默化,逐渐由凡入圣,暗合道家圣人的轨迹。

　　淡泊无奇不是禁欲修行,而是能够时刻不忘记自己的角色和目标,抵御住各种各样的诱惑,在自己的领域里不断攀升。这样,人们能够成就的才是"大私",才是对社会、对他人都有益的一种"私"。

4.宠辱不惊,淡看人生枯荣

宠为下,得之若惊,失之若惊,是谓宠辱若惊。

——《道德经》第十三章

　　宠代表利益,辱代表灾祸;得到灾祸会恐惧,一心想远离;得到利益也会恐惧,因为不知何时会失去。因此,得到也心惊,失去也心惊,这就叫"宠辱都会让人心惊"。

　　老子说过:"宠为下,得之若惊,失之若惊,是谓宠辱若惊。"意思是说,人们倘若将荣辱得失过于放在心头,在得到和失去时都会心惊:没有时怕得不到,凭空得到后又怕失去。人们一旦整天生活在得失的心惊之中,没有病也会被折腾出病来的。

　　生活中就是有这么一些人,整天被笼罩在患得患失的阴影之中,心被得失纷扰得寝食难安,终日忧心忡忡。古人说:"得不喜,失不忧。"这话说起来虽然不难,但做起来却并非易事。

从前有一位神射手,名叫后羿。他练就了一身百步穿杨的好本领,立射、跪射、骑射样样精通,而且箭箭都射中靶心,几乎从来没有失过手。人们争相传颂他高超的射技,对他非常敬佩。

夏王也从左右人的嘴里听说了这位神射手的本领,在目睹过后羿的表演后,十分欣赏他的功夫。有一天,夏王想把后羿召入宫中来,单独给他一个人演习一番,好尽情领略他那炉火纯青的射技。

于是,夏王命人把后羿找来,带他到御花园里找了个开阔地带,叫人拿来了一块一尺见方,靶心直径大约一寸的兽皮箭靶。夏王用手指着说:"今天请先生来,是想请你展示一下精湛的本领,这个箭靶就是你的目标。为了使这次表演不至于因为没有竞争而沉闷乏味,我来给你定个赏罚规则:如果射中的话,我就赏赐给你黄金万两;如果射不中,那就要削减你一千户的封地。现在请先生开始吧。"

后羿听了夏王的话,一言不发,面色变得凝重起来。他慢慢走到离箭靶一百步的地方,脚步显得相当沉重。然后,后羿取出一支箭搭上弓弦,摆好姿势拉开弓开始瞄准。

想到自己这一箭出去可能发生的结果,一向镇定的后羿呼吸变得急促起来,拉弓的手也微微发抖,瞄了几次都没有把箭射出去。后羿终于下定决心松开了弦,箭应声而出,"啪"地一下钉在离靶心足有几寸远的地方。后羿脸色一下子白了,他再次弯弓搭箭,精神却更加不集中了,射出的箭也偏得更加离谱。

后羿收拾弓箭,勉强赔笑向夏王告辞,悻悻地离开了王宫。夏王在失望的同时掩饰不住心头的疑惑,就问手下道:"这个神箭手后羿平时射起箭来百发百中,为什么今天跟他定下了赏罚规则,他就大失水准了呢?"

手下解释说:"后羿平日射箭,不过是一般练习,在一颗平常心之下,水平自然可以正常发挥。可是今天他射出的箭直接关系到他的切身利益,叫他怎能静下心来充分施展技术呢?看来一个人只有真正把赏罚置之度外,才能成为当之无愧的神箭手啊!"

面对得失成败,不同人有不同的态度,但患得患失却是不少人的通病。面对得失,他们斤斤计较,瞻前顾后,犹豫不决,吃着碗里看着锅里的,"得之若惊,失之若惊"。

一个和尚肩上挑着一根扁担信步而走,扁担上悬挂着一个盛满绿豆汤的壶子。突然间,和尚不慎失足跌了一跤,壶子掉落到地上摔得粉碎,然而这位和尚仍然若无若其事地继续往前走。

这时,有一个人急忙跑过来说:"你不知道壶子已经破了吗?"

"我知道。"老和尚不慌不忙地回答道,"我听到它掉落了。"

"那么你怎么不转身,看看该怎么办?"

"它已经破碎了,汤也流光了,你说我还能怎么办?"

在得失之间,一定要有故事中和尚那样的心态:得则得之,失则失之。任何东西都是生不带来、死不带走的,何必让自己饱受心惊的煎熬呢?

有这样一个故事:

清代有一位老童生,考了大半辈子,也没有考上秀才。最后,他还是和儿子一起去参加科举考试了。也许是失望太多的缘故,放榜的那天,老童生自己都不敢去看榜,只是让自己的儿子去看看。儿子看榜回来,老童生正在洗澡。儿子兴高采烈地告诉他:"我考取了,是第X名。"看着儿子的样子,老童生脸一沉,训诫儿子:"考取个秀才,有什么值得大惊小怪的!"儿子赶紧收敛笑容,告诉父亲:"你也考取了,是第X名。"老童生闻言兴奋地从澡盆里跳出来,没穿衣服就跑到院子里大喊:"我考上了!我考上了!"

老童生虽然很可笑,但我们想想吴敬梓笔下的范进,不也是一样吗?用老子的话说,这就叫"宠辱若惊"。人生在世,难免会遇到一些是是非非,经历一些风风雨雨。在生活中,我们常常看到,人很难放下功名屈辱,也就是说,对此很难看得开。当一个人有了成绩的时候经常欣喜若狂,甚至得意忘形;如果遇到挫折则往往垂头丧气,甚至一蹶不振。但老子很反对这样,说这些人的毛病就是把自己看得太重了,如果根本感觉不到自己的存在,你还会有什么忧虑和困扰呢?

宠辱不惊不是一种表面的样子,而是一种实实在在的内心修养。日本白隐禅师的故事,也许能给我们一点启发。

白隐禅师是位生活纯净的修行者,受到乡里居民的称颂,人们都认为他是个可敬的圣人。然而,一次突发的事件给他造成了不良的影响。附近乡里有一家小店铺,店主夫妇有个漂亮的女儿。有一天,老店主发现女儿的肚子无缘无故大了起来。好端端的黄花闺女,做出了这样不可告人的事,她的父母非常愤怒。在父母的一再逼问下,女儿终于吞吞吐吐地说出"白隐"两字。大家尊敬的圣人竟然做这样的事,老店主夫妇怒不可遏地去找白隐禅师讲理。然而,这位大师对这件事根本就不置可否,只是若无其事地说:"就是这样吗?"

孩子出生以后,这家人就把孩子送给白隐禅师。这时候,这位受人尊敬的出家人已经名誉扫地,大家都觉得他是一个伪君子,欺骗了大伙儿。但是白隐禅师并不以为然,他非常细心地照顾孩子,向附近的乡民们乞讨婴儿所需的奶水和其他用品。人们往往对他白眼以对,有时候还冷嘲热讽,不过总算是可怜孩子,多少给点施舍。白隐禅师对这一切却总是处之泰然,仿佛他是受托抚养别人的孩子一般。

一年以后,那位未婚生子的姑娘终于不忍心再欺瞒下去,老老实实地向父母吐露真情:其实,孩子和白隐禅师没有关系,孩子的生父是在鱼市工作的一名青年。老店主夫妇知道真相后，立即将她带到白隐禅师那里，向他道歉，请他原谅，并将孩子带回家自己抚养。白隐禅师仍然是淡然如水，他没有诉说自己的委屈，也没有乘机教训这一家人，只是在交回孩子的时候，轻声说了一句："就是这样吗？"仿佛什么事也不曾发生过。

白隐禅师的行为，和老子主张的宠辱不惊有异曲同工之妙。道家的人很注重对内心的修养，老子提倡的，实际上就是把自己锤炼得具有宠辱不惊的心态，这自然是与社会现实中的势利之交判若天隔的。

唐朝的时候，有个叫卢承庆的幽州人曾经遇到过一件奇怪的事情。他在考核官员业绩的时候，发现一艘运送粮食的船因为发生事故沉没了，他就找到负责此事的官员，并在给他评定业绩功劳的时候评为"中下"。当卢承庆把这件事情告诉这位官员时，没有想到这位官员既没有不高兴，也没有失望。卢承庆后来一想，船只的沉没是因为意外事故造成的，与这位官员并没有直接关系，因此就把该官员定为"中中"，谁知这个官员知道后还是一脸平静。卢承庆惊叹道："像这样的官员真是太难得了，这种宠辱不惊的情态世间少有。"因此，就坚决将他评为"中上"。

老子所谓的宠辱不惊，只不过是对人心境锤炼的最基本要求。唯有如此，人才能肩负重任，才能有所成就，为天下苍生谋利。

东汉中期著名官员第五访，年幼时家境贫寒，曾经到豪门大族家里打工，挣钱奉养兄嫂。少年的艰辛，令他尝遍了人间疾苦，对人民的遭遇有了更加深切地体会。长大以后，他被人举荐当了郡守的总务长，处理地方上一些人事的任免以及其他政务。任职期间，他就就业业，尽职尽责，政绩显著，很快就得到提拔，担任了县令。在上任之后，他更是治县有方，百业兴盛。短短三年之内，相邻几个县的人都纷纷涌入，该县人口激增。

要知道，中国古代人口多了，劳动力就多，这是评价一个官员政绩的重要标准。因为第五访的卓越政绩，他被朝廷提拔为甘肃张掖的太守。谁知他上任后不久，就遇见了百年不遇的大旱。一连好几个月，滴雨未下，焦土千里，庄稼更是颗粒无收。这时，一些豪家大贾趁机囤积居奇，抬高粮价，民众无钱购买，怨声载道。人民忍饥挨饿，奄奄一息。

第五访看到民众生活在水深火热之中，心急如焚，寝食难安。为此，他当即决定开仓放粮，赈济灾民。我们都知道，粮库开启是需要朝廷批准的，其他官员也都怕朝廷怪罪，因此迟迟不敢行动。他们打算先上报，然后再行动。可是，从甘肃到朝廷，路途遥远，若不果断采取行动，后果将不堪设想。因此，第五访果断地说："我身为一县之长，愿意以自身性命挽救民众。如若朝廷怪罪，那就我一人负责。"于是慨然打开粮仓，按照人口多少，赈灾放粮。

事后，第五访就把灾情和开仓放粮的情况上报朝廷，皇帝知道后并没有怪罪，反而嘉奖了他。第二年，第五访率领百姓救灾建设，恢复生产，在风调雨顺的年景下，大获丰收，官民喜气洋洋，郡内一片太平。百姓们都对第五访感恩戴德，称之为"父母官"。

第五访能够急民众之所急，以身为天下，也正是老子所提倡的精神。

在现代社会中，我们应该到老子那里寻找智慧，体会他所提倡的宠辱不惊的心境，追求他在此种心境之上以身托天下的境界。当然，宠辱不惊并不是要求我们什么事都不关心，而是要我们能够在"宠辱"面前放开自己、放下自己，去思考、去实践，想得更远，从而使人生的境界更高。

观世间万事，既得之，则安之；既失之，亦安之。不患不得，亦不患得而复失。这是一种自然、旷达、超然的人生智慧。

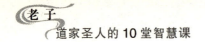

5.与世无争的奥秘

江海之所以能为百谷王者,以其善下之,故能为百谷王。是以圣人欲上民,必以言下之;欲先民,必以身后之。是以圣人处上而民不重,处前而民不害;是以天下乐推而不厌。以其不争,故天下莫能与之争。

——《道德经》第六十六章

江海之所以能成为百川归往之地,是因为它处于低下的地位,所以才能成为百川所归往。因此,"圣人"要上临于人民,必须先对他们谦下;要作人民的表率,必须把人民放在前面。所以"圣人"居于上位,而人民并不感到负累,居于前面,而人民并不感到妨碍,天下乐于推戴他而不厌弃他。就是因为他不与人争,所以天下没有人能与他争。

做人处事,最难得的是修炼出一种平和的心态。老子提倡的"不争",就是修炼心态的一剂良药。这种"不争",实际上是一种宽广的胸怀,一种江海般的的胸怀。

如果细读《老子》,我们就会发现,老子很喜欢水。在《老子》中,有多处都提到水,还常常用水做比喻,如"上善若水,水善利万物而不争"。在这里,老子用江海来作比喻,江海之所以能够称为百川的总汇,是因为它"不争",陆地上的河流最终都会自动流入大海,因此它能够成为"百川之王"。

老子生活的那个动乱年代已经过去了,与世无争的思想也应该被赋予新的含义。对现代的领导者来说,与世无争首先是一种心境的修炼,从内心中就知道自己的目标是什么,选择最佳的途径去实现目标,而不是被外界纷繁复杂的事情迷惑,陷入无休止的争斗之中。只有这样,才能不断取得上级的信任、下属的推戴和人民的满意。从下面这个故事,我们可以看出与世无争的一个奥秘。

　　隋代的韦世康被人们称作勤政爱民的官员。他出身名门大族,在十几岁的时候就当了州县的主簿,二十岁时就被任命为皇帝寝宫值班的警卫,还被封了汉安县公,地位十分尊崇。韦世康也不是碌碌之辈,他才貌双全,因此就被宇文泰看中,娶了宇文泰的女儿。在宇文泰称帝后,他就成了名副其实的驸马爷。韦世康的卓越政治才能还体现在地方治理上,他在北周曾担任沔州、硖州刺史。后来北周灭了北齐,为了安抚地方,北周政府就让韦世康担任地方的总管,他圆满地完成了这项任务,深得官吏百姓的爱戴。北周末年,相州一带发生叛乱,绛州深受影响。当时的丞相杨坚就让韦世康去驻守治理绛州。韦世康到任后,当地老百姓都愿意服从,安居乐业,韦世康自己干了几年,也打算退休了。其实他本来就生性淡泊,不在乎官位升迁,加上朝局动荡,他也不免担心。可是,朝廷不答应他辞职,他就只能在绛州继续干下去。绛州的政绩有目共睹,他也因此被提拔到朝廷做官。韦世康回朝之后,先后担任礼部、吏部尚书,可以说是位高权重,但是韦世康更是为人低调,生活上也是简朴无常,善于成人之美,别人做了好事就大力宣传;别人有过失时,也会妥善处理,更不会随便议论。在管理任免上,他总是提拔那些德才兼备的官员,深受大家赞许。

　　母亲去世之后,韦世康辞官回家守孝,但隋文帝杨坚还没有等他守孝期满就让他复任。韦世康一推再推,杨坚也不答应,韦世康只得继续担任吏部尚书。又过了几年,韦世康实在想退休了。在一次酒宴上,他就正式向隋文帝提出辞官,可是隋文帝却说:"你就是躺着,也要再替我干几年。"当时天下共设四处总管,并州总管是汉王杨谅,益州总管是蜀王杨秀,扬州总管是晋王杨广,全是隋文帝杨坚的亲儿子,只有荆州总管,任命了异姓的韦世康,这在当时真是莫大的荣耀。

韦世康之所以能够能有如此高位,也是因为他为人谦让、与世无争,不仅使老百姓都愿意服从他的管理,而且官员们对他也景仰万分,还深得皇帝的信赖,这不能不令后人欣羡。

与世无争的另一个奥秘就是能够认识到周围环境,从而避免别人来"争",这样自己也就可以达到"与世无争"的境界了。老子认为,人不应该片面地强调与别人争强斗胜,而是要在纷乱的事务中保护好自己,要不断地超越自己、提升自己,赢得别人的拥戴,把握住自己的方向,自然就能够达到自己的目标。可以说,"不争"是一种充满大智慧的做人与处世的哲学。

那么该怎样实现"与世无争"的观念呢?我们不妨看看北宋大将曹彬的做法。

北宋的开国大将曹彬是一位为人诚实且宽厚仁义的人。在征讨南唐的战争中,宋太祖赵匡胤任命曹彬担任宋军的主将,临行前还交给他一把尚方宝剑,授予他处决副将以下违令将领的权力。赵匡胤问曹彬还有什么要求。曹彬提出,希望能够调用将军田钦祚担任另一路的前敌指挥官,赵匡胤答应了。

曹彬的请求使自己的部下很奇怪,因为大家都知道田钦祚既狡猾又贪婪,喜欢争功诿过,最擅长的是在背后打小报告。大家平时躲他都来不及,把他弄到军中来是为什么呢?曹彬后来说出了自己这么做的道理:这场战争任务非常艰巨,恐怕要打很长时间,前方将士特别需要朝中的全力支持。作为领兵在外的将领,如果朝中有人不断进谗言捣乱,很可能坏了大事,而这个田钦祚就是个败坏别人的"高手"。防范他最好的办法就是把他放到自己的眼皮底下,派他点用场,分他点功名,堵住他那张爱进谗言的臭嘴。实在不行,还有尚方宝剑嘛,不怕他闹事。

曹彬是在“争”吗？我们看不到。但是我们知道这样一来，像田钦祚这样的小人就不能与他争了。

这就是老子告诉我们的道理：“以其不争，故天下莫能与之争。”

6.保持纯真的本性

小国寡民。使有什伯之器而不用；使民重死而不远徙。虽有舟舆，无所乘之，虽有甲兵，无所陈之。使民复结绳而用之。甘其食，美其服，安其居，乐其俗。邻国相望，鸡犬之声相闻，民至老死，不相往来。

——《道德经》第八十章

国土要狭小，人民要稀少。即使有各种工具，却并不使用。使人民爱惜生命而不向远方迁移。虽然有船只和车辆，却没有必要去乘坐；虽然有铠甲和武器，却没有地方去陈列。使人民回到结绳记事的时代去。让人们觉得自己的饮食很甜美，衣服很漂亮，居所很安适，习俗很称心。邻国之间互相可以望见，鸡鸣狗叫的声音可以互相听见，但这些相邻国家的人民，一直到老死，也互不往来。

《老子》中的这一章，是这五千言中遭受诟病较多的一章。有人认为，这一章集中表达了老子倒退、复古的历史观，幻想回到原始社会中去，因此是反动的、退步的。笔者不这样认为，尽管从字面的意思看是这样的，但如果这样理解就有些褊狭了。像老子这样的大哲学家，难道就给人们开出这样一个简单的"社会药方"吗？显然不是这样。

对于这一章，与其说是老子的社会历史观，不如说是老子发出的一句激愤的反语。对于那个战乱不止，各家诸侯各出奇招，互相争霸的时代，老子感受的不只是厌恶，简直是痛恨。在他看来，与其这样大家打来打去，让老百姓遭受无休止的战乱之苦，还不如回到过去那个落后的时代。但时代真的能够倒退回去吗？当然不能，老子自己也是知道的，他这样说，实际上是对过去曾经存在过的人类纯真的一种向往和呼唤。

人们总会怀念过去。拿我们今天许多人来说，我们都曾经抱怨现在过年、过节已经没有年味、节味了，甚至一点意思都没有，远远不如早年。遥想当年，虽然没有如今眼花缭乱的商品，也没有如今的山珍海味，但那段美好的回忆，却值得珍藏。我们都有一种怀旧情结，往日的岁月虽然困苦，但是在那个年代里大家都怀有一种对未来的美好憧憬。正是那种纯真的状态使人们葆有了对未来的无限期盼。

老子这些话是对谁说的呢？应该就是对当时的那些当政者说的。他的意思是说，你们现在把天下搞得这么乱，我们还不如回到过去呢。然而过去是回不去的，但是过去人们那种纯真的本性却是可以恢复的，只要你们这些当政者能够保持这种纯真的本性，老百姓也就会变得纯真起来，社会自然会安定了。老子对人性纯真的呼吁，在其他章节中也不难看到，如他所说的"复归于婴儿""含德之厚，比于赤子"之类的话，也表达了老子的这种观念。

北宋著名的文学家苏东坡就是一位保持着纯真本性的人，他的经历坎坷曲折，在仕途上也不是一帆风顺。宋神宗熙宁七年（1074年）秋天，苏东坡由杭州通判调迁为密州知州。杭州是众所周知的天下富足之地，当时号称"上有天堂，下有苏杭"，还有美不胜收的西湖美景。北宋时，杭州更是游览圣地，繁华富足天下闻名，很多人都在这里吟诗作唱，当然令人神往了。那时候的密州就是今天的山东诸城，尽管历史悠久，但比起杭州来说，还是有天壤之别，一般官员由杭州调到密州，往往会有被贬的心理。

刚到密州的时候，这里的收成一点也不好，盗贼经常出没。人们吃的东西更是非常少，哪里比得上江南的物阜繁华？苏东坡没有办法，干脆领着家人挖野菜，甚至吃菊花、枸杞。一年之后，苏东坡竟然身宽体胖，头发更黑了。这是什么原因呢？原来，苏东坡此时心境坦然，他非常喜欢那里淳厚的风俗，并且与当地的百姓和官员都相处得非常融洽。苏东坡在闲暇的时候会整理自己的园子，清扫庭院，甚至破漏的房屋也会修葺一下。苏东坡说，他家园子北面有个旧亭子，在整理修葺后他经常登亭远眺，放任自己的思绪在这里浮想联翩，台子冬暖夏凉，是他经常光顾的地方。

闲来无事的时候，苏东坡还会去打猎，那种旷达之情跃然纸上："老夫聊发少年狂，左牵黄，右擎苍，锦帽貂裘，千骑卷平冈。为报倾城随太守，亲射虎，看孙郎。酒酣胸胆尚开张，鬓微霜，又何妨！持节云中，何日遣冯唐？会挽雕弓如满月，西北望，射天狼。"苏东坡之所以能够过得如此快乐，关键是能够保持自己率真的本性，游于物外，过着老子提倡的日子，就是吃饭津津有味，穿衣服也很满足，居住的房子也不追求奢华，与当地的老百姓打成一片，同他们一块儿享乐，这又何乐而不为呢！

明代思想家洪应明说："涉世浅，点染亦浅；涉世深，机械亦深。故君子与其练达，不若朴鲁；与其谨慎，不若疏狂。"苏东坡虽然几经官场沉浮，但是仍然保持那种纯真的本色，是非常难得的。

孟子曾经说过"人之初，性本善"，人本来就有向善的一面。老子所说的追求人间的美好，保持纯真的本性，是人们永恒的诉求。

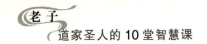

7.幸福不设限，俯首即拾

道常无名，朴。虽小，天下莫能臣。

——《道德经》第三十二章

"道"永远是无名的，朴实简单的。它虽然微小，但天下间却没有人能够操纵它。

世界上有许多人都觉得自己不幸福，都在以自己的方式寻找着幸福，然而这些人却越来越不幸福。这究竟是为什么呢？老子认为，"道常无名，朴。虽小，天下莫能臣"。生活是简单的，幸福也是简单的，然而这简单的幸福却不容易得到。唯有我们用心做自己，才能触及这些简单的幸福。

有一只老猫整日忧心忡忡，愁眉不展，想着自己的心事，它觉得自己是世界上最不幸福的猫。

有一天，它看到一只小猫正转着圈追赶自己的尾巴，玩得乐不可支。老猫便问："你怎么会这么幸福呢？"小猫说："我的尾巴上有幸福。"

老猫回到家，也转着圈追赶自己的尾巴，果然觉得自己很幸福，老猫恍然大悟："原来幸福全在尾巴上。"

"猫的幸福在猫尾巴上"，多么深奥而简单的智慧呀！由此可见，幸福是可以制造的。我们同样也有许多这样幸福的"尾巴"，只是在纷杂的生活中，将它们遗失了而已。

如果你认为幸福是清早起来新鲜的空气，一顿丰盛的晚餐，一个真诚的问候，那么幸福就会随时陪伴在你身边。

曾经有过这样一个调查："世界上谁最幸福？"在上万个答案中，有四个答案十分精彩，它们分别是：吹着口哨，欣赏自己刚刚完成的作品的艺术家；给婴儿洗澡的母亲；正在沙地里堆城堡的孩子；劳累了几个小时终于救治了一位病人的外科大夫。

这些幸福其实都在我们的生活周围。除了这些，应该还有许许多多的答案：口渴时的一杯水，酷热里的一阵风……

在罗马尼亚，有一个许多人都喜欢去的墓地。因为这墓地上有许多幸福的文字。有一块墓碑上写着一篇文章："村中我最老，生平喜舞蹈，彼得兄弟俩，放声做伴唱……你们快来看看我，像我这样能够活到九十六岁，祝您活得比我老。"这样的墓志铭在这片墓地上有很多，吸引了许多游客驻足，鲜有人迹的墓地俨然成了游览景点，为墓地管理者始料不及。而这些幸福竟然是这些步入黄泉的农人、贫困者，甚至是乞丐留给世人的，他们活着为自己制造了幸福，死后又给世人带来了幸福。

生活中的幸福有许多种。有钱的人，可能因为他有钱而觉得幸福；有权的人，可能因为他有权而觉得幸福。然而哪种是属于我们自己的？

我们自己的幸福，正是我们所拥有的生活，看似简单，实则充实的生活。

读小学二年级的儿子上学期期末，老师留了一项作业，要他们当小记者访问爸爸。共有六个问题，有一大半是资料性的：在哪里工作？负责哪一方面的事？等等，其中的第五题是："爸爸的梦想是什么？怎么实现？"

爸爸说："我有三个愿望，第一个愿望是吃得下饭；第二个愿望是睡得着觉；第三个愿望是笑得出来。"

儿子看了看爸爸，说："别人的爸爸都有着伟大的愿望，做科学家、航天员什么的。你这愿望，就是存心害小孩嘛。"

爸爸说："要不然你照我的话写完之后，再写一篇《我眼中的爸爸》附在后面让老师了解这不是你随便写的，而是你爸爸的本性就是如此。"

儿子觉得有道理，于是很快地写了一篇没分段的作文。

第二天，爸爸问儿子，老师怎么说？

儿子挠了挠头，有点不好意思地说："老师上课时叫我到前面，说我的访问和作文写得非常好，给我98分，是全班最高的，比班上的模范生还高，还把我的作文念给全班听。"

"那她有没有说为什么？"

"她说她先生的工作最近不太顺利，已经有好几天睡不着觉，也只吃得下一点东西。你爸爸的三个愿望很有意思。"

幸福没有多高的条件，吃得下饭、睡得着觉、笑得出来的人，就是幸福的。

放低幸福的底线，人们就会发现，幸福不是完美或永恒，它只是内心对生命流转的感受和领悟。幸福很简单，它不仅留存于他人给自己的关爱与恩惠中，同样也积存在我们自己的爱心与真诚里；幸福很简单，简单得在它来到我们身边的时候，或许我们根本没有察觉。

想要得到幸福，其实很简单，少一些欲望与杂念，多一份淡泊与从容，人生就会变得亮丽起来。

生活简单就是幸福，不意味着我们放弃了对目标的追逐，而是在忙碌中的停歇，是身心的恢复和调整，是下一步冲刺的前奏，是以饱满的热情和旺盛的精力去投入新"战斗"前的一个"驿站"；生活简单就是幸福，并不意味着我们放弃了对生活的热爱，而是于点点滴滴中去积累人生，在平平淡淡中去寻求充实和幸福。

放下沉重的负累，敞开明丽的心扉，去过好你的每一天。问问自己，你吃得下饭吗？睡得着觉吗？你笑得出来吗？如果你吃得下饭、睡得着觉、笑得出来，那你还有什么好悲伤的呢？适当降低幸福的底线，牢记幸福这三个简单的条件，相信幸福生活一定会属于你。

第十章

无为而治，最高明的管理之道

1.不要炫耀自己的权力

以道佐人主者，不以兵强天下，其事好还：师之所处，荆棘生焉。善者果而已，不敢以取强。果而勿矜，果而勿伐，果而勿骄，果而不得己，果而勿强。物壮则老，是谓不道，非道早已。

——《道德经》第三十章

以"道"辅佐王者的人，不靠炫耀武力而称雄于天下。用兵这件事，不会有好结果：军队所过的地方，会遍生荆棘；大的战役之后，一定会有大灾！因此善于用兵者达到战略目的会立即罢手，而不是长久地称霸。成功了也不要得意，成功了也不要炫耀，成功了也不要骄傲；成功了要认为这

231

是出于不得已,成功了也不要因此逞强。事物发展强大了,必然会走向衰老,因为这违背了"道",不合乎"道",必然会很快走向灭亡!

老子反对用兵打仗,想让人民过着平静安定的生活,使人民安闲自足。因为他知道,凡是军队经过的地方,民众总会受到骚扰;凡是战争经过的地方,往往是荆棘丛生,一片荒芜,甚至发生大的灾荒。因此,人们痛恨战争。战争毁弃了人们的美丽家园,给这个世界留下了无限遗憾与抚不平的伤疤。

诚然,老子是反对战争的。但是我们仔细思考老子在这一章里阐发的观点,其实他反对的是我们常用的两个字:征服——包括用武力征服,也包括用其他强制力征服。从这一点上看,老子对世人提出了一个劝告,不要做"强者",更不要恃强凌弱。

在上位者或者成功者,不要总是炫耀自己的成功,也不要骄傲。要有这样的一种心态,那就是成功了,觉得自己也是不得已。否则的话,"物壮则老",当你觉得自己最强盛的时候,你也就"老了",就要走向衰亡了。

那么,对于领导者来说,又有什么启示呢?在社会中,领导者掌握权力,相对于其他人来说,也是"强者"。老子告诫这些握有权力的强者,不要炫耀自己的权力,不要期望通过权力的强制力来压制别人,称王称霸。要本着谦虚低调的态度,去行使自己的权力,多为在下位的民众考虑,否则当一个人"强大"到一定的程度,也会做出"非道"的事来,最终遭遇"物壮则老"的命运。

元朝时期,著名大臣彻尔被元世祖忽必烈任命为平章政事,在福建行省任职。他到任之后,严肃法令,当地的老百姓很快就安定了。不过令人头疼的是,这里的强盗很长时间以来一直作乱,彻尔决定平定他们,于是,他亲自率军围剿。但彻尔下了一道命令,就是不能一味求胜,不能损害庄稼,更不准骚扰百姓。昂扬武威,却不攻打,白天合围山中,晚上在野外住宿,军队纪律非常严明,并且显得从容不迫。很多叛贼想来探听究竟，彻尔就好酒好肉地伺候，还趁机开导他们说："在此之前，你们因为不能忍受贪官污吏的骚扰，才被迫到这里居住的。现在若是能够回去种地采桑，就是良民百姓了，我怎么还会给你们扣上谋反的罪名呢？这不是给你们的家庭带来不幸么？"说完就放他们回去了。那些强盗闻知彻尔的这番话后，就纷纷出来，再也不当强盗了。强盗头子一人逃跑之后，被他的同伙绑到军中，彻尔只杀了他一个人。

从此，这里方圆千里之内，再也没有匪盗的骚扰，彻尔也可以安心地在公堂中签署文件办公。彻尔的这种不战而屈人之兵的做法，就在于他了解强盗们的苦衷，知道很多人当强盗是不得已而为之。若是一味地采取骄横的围剿做法，那么就不仅很难平息这场叛乱，反而还会让其愈演愈烈。

在现实中，有专家提出了一个概念——"一把手综合征"。所谓"一把手综合征"，指的是领导干部担任"一把手"以后，因为权力失去有效制约监督，出现了独断专行的综合症状。"一把手综合征"的最基本症状是独断专行，就是说领导干部太强势了，表现为"决策一言堂，用人一句话，花钱一支笔"。调查表明，绝大多数"一把手"在未被提拔之前，为人为官都是比较谨慎的，他们之所以能当上"一把手"，主要靠的是自己的能力、水平和工作实绩。但是到了"一把手"的岗位上以后，因为权力大了，环境变了，如果其为人为官的准则也相应发生改变的话，那么就可能患上"一把手综合征"。这样的领导干部，首先要根据党纪国法检讨自己，另外也不妨想想老子所说的"物壮则老，是谓不道，非道早已"。

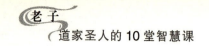

2.领导者要以身作则

是以圣人处无为之事,行不言之教。

——《道德经》第二章

圣人处事了无形迹,圣人传出的是无声的教诲。

老子书中经常说到的"圣人",其实也就是在上位的高明的领导者。老子认为,我们处处以圣人为表率,处处以圣人为楷模。但是圣人是什么样的呢? 其实圣人的表现并不是那么轰轰烈烈,而是在无声无息中感化着人们,他从来不用粗暴的行径去阻止人们的发展,圣人也从来不私自什么,这就是圣人的品德,也是圣人的崇高之处。正是有了圣人的标准,我们才有了新的目标和追求。因此为官者居庙堂之高,对于天下人民的行为要有表率作用,身教胜于言教。

在古代,实施文治教化是为政者的任务,他们也经常肩负起这一重任。很多为政者的高尚品德素来为人称道,为人敬仰。

春秋时期,晋国有一位名叫李离的掌管监狱案件的官员,有一次他在审理一件案子时,听从了属下的一面之词,致使一个人蒙受不白之冤,最终含冤死去。等到真相大白后,李离准备以死赎罪,晋文公就说:"当官的有高贵的,有低贱的,刑罚有轻的,有重的,况且这件案子主要是错在下面办事的官员身上,这不是你的罪过呀!"李离就说:"我平时没有与下面的人说我们一起来当这个官,并且拿的俸禄也没有与下面的人一块分享。现在犯了错误,如果将责任全部推到下面的办事人员身上,我又怎么会做得出来呢？"他没有听从晋文公的劝告，最后自刎而死。

李离没有听从晋文公的规劝，以死维护了法令的尊严与神圣，不能不让我们钦佩。在现实生活中，没有严格的纪律与法令，又怎么会有令人钦佩的队伍呢？身为领导都不能严格要求自己，又怎么会严格要求自己的下属呢？

三国时期，曹操的故事就很令我们深思。作为东汉末年的枭雄，曹操总有说不完的故事，无论是街头巷议，还是小说中的描写，他无一不是一位以身作则的表率。因此，在他的带领之下，他的军队战斗力惊人，很快就消灭了多股强大的割据势力，统一了北方。当时，曹操看到中原一带多年战乱，百姓离散，田地荒芜，因此就采纳部下的意见，下令让军队的士兵和老百姓屯田。很快，这些军队也就有了充足的军粮，为进一步统一全国打下了坚实的基础。

但是，很多士兵并不懂得爱惜粮食，他们经常踩毁庄稼，曹操知道之后非常生气，于是就下了一道非常严厉的命令，规定全军将士，一律不得践踏庄稼，违令者杀头。将士们都知道曹操军令如山，令出必行，令禁必止。此令一下，凡是行军经过旁边的庄稼地的时候，都会小心翼翼，有时士兵们看到倒地的庄稼也会将之扶起来。有一次，曹操率领将士们去打仗，那时候正是小麦成熟的季节，曹操骑马看见一望无垠的麦田，心里十分高兴。正在曹操行进途中，突然路旁的杂草丛中窜出几只野鸡，从曹操的马头上飞过。曹操的马被突如其来的情况惊住了，嘶叫着奔跑开来，一直跑进了附近的麦地里。等到马镇静的时候，地里的麦子已经倒了一大片。

看到眼前的情景，曹操就把执法官叫来，十分认真地说："今天我的马踩坏了麦田，违犯了军纪，你就按照军法给我治罪吧。"执法官犯难了，按照曹操制定的军纪，谁若踩坏了庄稼，就要治死罪。可曹操是主帅，怎么能治他的罪呢？

想到这里，执法官对曹操说："丞相，按照古制'刑不上大夫'，您是不必领罪的。""那怎么能行呢？如果大夫以上的高官都可以不受法令的约束，那么法令还有什么作用呢？何况踩坏庄稼的法令是我下的，如果我自己都不执行，怎么能让将士们去执行呢？"

执法官认为，曹操的马是因为受到惊吓才会冲入麦田，并不是有意踏毁庄稼，所以不必处罚。曹操坚决不同意，认为若是大家都违犯了军纪，都去找一些理由免于处罚，那么军令不就成了一纸空文了吗？所以，谁都不能例外。执法官头上冒出了汗，他想了想又说："丞相，您是全军的主帅，如果按军令从事，那谁来指挥打仗呢？再说，朝廷不能没有丞相，老百姓也不能没有您呐！"众将官见执法官这样说，也纷纷上前哀求，请曹操不要处罚自己。

曹操沉思了一会儿说："我是主帅，治死罪是不适宜。不过，不治死罪，也要治罪，那就用我的头发来代替我的首级吧！"说完他拔出了宝剑，割下了自己的一把头发。

曹操能够在历史上夺得不少威名，与之以身作则执法是分不开的。正如老子所言，我们以身作则，他人才会跟随你在相同的道路上奋进。或许这就是老子所说的感化的力量，就是在仿效圣人进程中的前进动力。

3.洞察别人,反观自身

故以身观身，以家观家，以乡观乡，以邦观邦，以天下观天下。吾何以知天下然哉？以此。

——《道德经》第五十四章

从他的自身观察其自身，从他的家族观察其家族，从他的乡里观察其乡里，从他的邦国观察其邦国，从他的治天下观察全天下。我是怎样知道天下事的？就靠这方法。

中国古代人讲究"格物、致知、正心、诚意、修身、齐家、治国、平天下"，因此他们很多人都要从自身做起，从点滴做起。人们常说，于细微之处见精神，就是这个道理。正如老子所言，只有清楚地洞察别人，才能更好地反观自己。

培养一个人良好的品性，我们都知道这是一项长期且艰巨的事情。曾子曾经说过一句话："吾日三省吾身。为人谋而不忠乎？与朋友交而不信乎？传不习乎？"意思就是说，我每天反省自己，为人谋划有没有尽心尽力？与朋友交往是否诚实可信？老师的传授温习了吗？这恰恰是古人的日课。

近代史上著名的曾国藩，就是这样一位非常卓越的人物，他每天都在检查自身的所作所为是否合适，与别人交往过程中，别人是怎么做的，自己做的又怎么样，这些都记在了自己的日记上。他甚至还劝导自己的朋友、家人也要洁身自好，在他留下的300多封家书中，内容涉及治家类、修身类、劝学类、理财类、济急类、交友类、用人类、行军类、旅行类、杂务类等，从这么多类别中我们可以看出，曾国藩每时每刻都在反观自己，在教育劝导他人，以至于年轻的毛泽东都留下了"愚于近人，独服曾文正"的论断。

曾国藩不仅仅在自身修行上是这样，他在观察国际大势上也是这样。当鸦片战争把中国的大门打开之后，中国人"天朝上国"的美梦从此被打破。有些知识分子纷纷睁眼看世界，有些人则是保守地守住自己的那片断瓯残阙，依旧沉浸在唯我中华独尊的梦境里。曾国藩在摇摇欲坠的清王朝中，逐渐成为中流砥柱，他睁眼看世界，看到了西方先进的科技，也看到了中国当时科技的落后，因此抱着强烈的责任感去付诸实践。在他的指导之下,中国第一艘轮船悄然诞生,由此开启了近代制造业的先声。紧接着第一所兵工学堂建立,中国近代史上高等教育也拉开了序幕。当中国陆续翻译印刷西方的书籍时,也奠定了近代中国科技的基础,并培养和塑造了很多中国近代史上的佼佼者,如唐绍仪、詹天佑、唐国安等。

曾国藩的经历,总会给我们诸多深切的感受,那就是需要深切地反省自己,看到他人哪方面做得不好,哪方面做得好,告诉人们需要培养良好的品行。

4.善用人者,不摆架子

善用人者为之下。是谓不争之德,是谓用人之力,是谓配天古之极。

——《道德经》第六十八章

古代那些善于用人的,对待别人都很谦下。这是不争的"内德",这就是善于借用别人的力量,这就是顺应于自然的真理。

驭人之道,一直是帝王学说中历久弥新的话题。很多人都对此有精深的研究,记得《史记》中所说的一个故事,当汉王平定天下之后,刘邦问韩信,他能够带多少兵?韩信说刘邦最多带十万。刘邦问韩信能带多少,韩信说是多多益善。刘邦不高兴地问:"统帅的士兵越多越好,那为什么你还会被我所擒?"韩信说:"陛下不能统帅士兵,但善于带领将领,这就是我之所以被陛下你擒获的原因。"

韩信的点睛之语，一下子道出了刘邦取胜的真谛，韩信说得也够直白的。老子也曾经说过，古代那些善于用人的人，对待自己的属下都是非常谦下的，为什么呢？因为很多事情虽然他自己不会做，却能让别人帮助去完成，这就是这些人的高明之处。

刘邦在称帝之后，分析自己能够取胜的原因时说的，运筹帷幄、决胜千里他不如张良，带兵打仗他不如韩信，确保粮草供给他不如萧何。但是他却知道怎样把众人的才能发挥到极致。而他的对手项羽则是刚愎自用，有一个得力的谋士范增，却不信任他，最终让其老死他乡，实属可悲。

东汉的开国皇帝光武帝刘秀也是一位用人的高手，这位出身于皇族世家的皇帝，自小接受正统的儒学教育，因此对教育非常重视，每到一处自然会收集古代典籍，拜访当地博学之人。他自己本身就出身于太学，可以算作是古代学历最高的皇帝了。刘秀曾经问太学生们："大家如果没有这样的经历，你们会有怎样的经历呢？"太傅邓禹说："我要是没有遇到陛下，可能已经是一个五经博士了。"扬虚侯马武见皇帝和首辅都这么谦虚，就说："马武要是没有遇到陛下，一定是去做县里抓捕强盗的捕头了。"光武帝说："你马武自己不去做强盗就万幸了，哪还指望着你去抓强盗？"君臣相对大笑，其乐融融，这种场面在历代君臣之间也实属少见。

这位皇帝早年就曾经发出了"仕官当作执金吾，娶妻当得阴丽华"的感叹，后来他就把执金吾的官职授予了贾复，可见他对其的器重与赏识。贾复能有如此礼遇，能不鞍前马后，万死不辞么？

大将军李忠自从参军之后，就经常在外操劳，不能照顾家人，后来竟然很长一段时间不能见面，音讯全无。刘秀对李忠说："现在我的部队已经成形了，你要回去寻找你的母亲、妻儿。凡是能帮你找到家属的官员，赏赐钱千万，钱从我这儿出。"李忠将军听罢内心不由激动。

公元24年秋,刘秀率兵在鄗地(今河北巨鹿县东南)作战,打败敌军后,很多人投降,可是投降他的人并不安心。刘秀就让那些投降的人各自回到原先统领的兵马中去,他本人则轻骑巡行各部,没有一点戒备的意思。投降的人发出感叹说:"萧王(刘秀当时被刘玄封为"萧王")推赤心置人腹中,怎么能不以死相报呢!"

从公元26年到28年,刘秀前后九次下诏释放奴婢,或提高奴婢的法律地位。规定民有被卖为奴婢,而愿意归随父母的听其自便,奴婢主人如果拘留不放,就依法治罪,对于没有释放的官私奴婢,也在法律上给予一定的人身保障,杀奴婢者不得减罪,炙伤奴婢者要依法治罪。

这些既是刘秀基于自身统治的需要,也是他善于用人,谦和仁爱的集中体现。

5.让下属感觉不到自己的存在

太上,不知有之;其次,亲而誉之;其次,畏之;其次,侮之。信不足焉,有不信焉。悠兮,其贵言!功成事遂,百姓皆谓"我自然"。

——《道德经》第十七章

最高明的领导者,老百姓感觉不到他的存在;次一等的领导者,是让老百姓热爱他;再次一等的领导者,是让老百姓赞美他;更次一等的领导者,是让老百姓畏惧他;最次的领导者,是让老百姓痛恨他。领导者的诚信靠不住，老百姓自然不会相信他！最好的领导者悠闲自在，不会轻易发号施令，但是一切举措都会取得成就，老百姓都说："我们本来就是这样的。"

历史上的无为而治，以汉初的黄老之术最为有名，萧规曹随，最终造就了文景之治。贾母的无为而治，让她成了最轻松、最懂得享受的大家长。

所谓无为而治，实际上是决策层要有意弛缓组织行为的张力。在层次上，这种无为而治肯定是上层无为而下层有为，这一关系是不可颠倒的。一旦下层无为而上层有为，组织就进入了某种病态。

北宋的王安石变法，失败原因有多种，但有一点不能忽视，就是民间对变法基本上没有热情，变法的着眼点是增加国库收益，老百姓得不到多少实惠。结果是剃头挑子一头热，下面执行中的阻力过大，扭曲过多，葬送了变法。

另一种，一旦上下都有为，雄心勃勃要干一番大事业，那么就有可能短期收到显著成效，但时间久了，老百姓就受不了。商鞅变法的成功，就是上下的有为凝结成了巨大的力量。而秦王朝的快速覆灭，恰恰是这种全面有为耗尽了民力。西汉前期的无为而治，正是接受了秦朝的教训而出现的。

对于当代的企业，弄清无为而治的含义具有现实意义。

首先，积极性必须来自于下层。如果下层没有积极性，处于无为状态，而上层火急火燎要干事业，上层的有为多半要撞上南墙。

其次，不能上下全部有为，如果上下"一心"有为，没有刹车和缓冲，那就有可能冲出轨道。

最后，一旦整个组织上下都信奉无为而治，那么组织的生命力就会消失。

贾母身为四大家族之一的史家名门闺秀，虽不一定饱读史书，但自幼耳濡目染,对治理家族也有了自己的认识。贾母在文中曾自称自己年轻时比凤姐"还来得呢",可想,她年轻时管理家政很有才干。

她对刘姥姥称:"我不过是能吃口子就吃,能乐会子就乐的一个老废物罢了。"这样的话足见其成竹在胸的底气与久经历练的气魄。

作为顶层的领导,贾母所发挥的作用是震慑下层,平日里几乎不管事,但下面人都知道她的威严。这便是现代企业家所追求的境界,所谓不怒而威、不令而行。待自己年岁大了,新的领导人培养成了,她大胆提拔新人,不把权力紧紧抓在手里,授权给家族企业更年轻的领导人。她看准王熙凤的能干泼辣,将大权交给她,自己则在幕后,只把握整个家族的大方向。

无为而治的局面并不是一蹴而就的,它要经过两个层次才能真正做得到。

第一层是有所为。

任何的组织在建立初期都要有所为。有所为的主要表现形式就是制度,一个没有制度或制度不能够严格执行的组织,连管理都说不上,哪里还能无为而治?所以有所为是无为而治的基础。

贾母虽看起来整日享受生活,但贾府的组织架构都是她一手搭建的,人事都是她一手任命的。她现在的无为是在她已经有所为之后才大胆实施的。

第二个层是有所为,有所不为。

作为管理者,有的事情是要做的,有的事情是不要做的。如果什么事情都做都掌握在你的手里,就很难把管理做好,西汉开国功臣曹参就是深得这一点。

公元前209年,曹参跟随刘邦在沛县起兵反秦,身经百战,屡建战功。刘邦称帝后,对有功之臣论功行赏,曹参功居第二,封为平阳侯,仅次于萧何。因曹参德高望重,刘邦请他去任齐王(刘邦的长子)的相国,由他来辅佐齐王治理齐国。曹参到齐国担任相国时,齐国是一个拥有七十座城市的大封国。当时,刘邦刚刚夺得天下,建立汉朝。经过秦末战乱,加上四年的"楚汉战争",社会经济一片破败凋零,简直就是一个烂摊子。对于这样的局面,曹参召集当地的能吏来想办法,大家提出了很多想法,但都无从下手。正当曹参发愁的时候,有人说,胶西的盖公有治国的才能,曹参便亲自去拜访,盖公对曹参说:"只要上面的官府清静,不生事,不扰民,那么下面的老百姓自然就生活安定了。百姓安定后,社会经济就能得到恢复和发展,国家也就能治理好了。"曹参听了他的话后得到了很大的启发,他制定了简单可行的政策,不准官员去打扰百姓,严惩做坏事祸害百姓的官员,起用一批老成持重又爱护民力的官员。原来动荡不安的社会日趋稳定,百姓过上了安稳的太平日子。

公元前193年,西汉丞相萧何年老病危,汉惠帝亲自去探视。汉惠帝估计萧丞相的病好不了了,所以就问萧何,将来谁可以代替他的丞相职位,萧何推荐曹参。曹参到朝廷担任汉丞相后,依然遵照治理齐国时的清静无为的方针治国,要求丞相府的官员对萧何所制定的政策法令,全部照章执行,不得随意改动。对萧何所任用的官员,一个也不加以变动,原有官员依然各司其职。曹参对他们按职权范围处理的事情,从不加以干预,因此在朝廷丞相变动的关键时刻,没有引起任何波动,朝中君臣和原来一样相安无事,朝政也和原来一样井然有序。

曹参就是有些事情为,有些事情不为,因而取得了非凡的成就。清朝的乾隆皇帝对此也有深刻的体会,有一次太子向他请教如何治国,他说:"不聋不瞎不配当家,有的事实要一抓到底,有的事情要放手让别人去做。"

在现代管理中,有所为、有所不为的管理方式也越来越被重视,管理者的大部分工作不是去控制员工,而是去帮助员工,要少做监工多做推手。

哈佛大学教授、全球领导力与变革大师约翰·科特说:"在变革时代,企业不论大小都应该既有管理又有领导,成功的关键75%~80%靠领导,其余20%~25%靠管理,绝对不能倒过来。"

管理就是有所为,领导就是有所不为。通过有所为,有所不为,然后就能慢慢地靠近无为而治的态势,虽然它很难达到,但它是我们奋斗的目标。现在很多企业给优秀员工股份,就是想让员工自动自发地做好工作,推广企业文化价值观也是同样的道理。

老子将统治者分了三六九等,最好的统治者,是人们根本不知道他的存在,这时人民自然可以过着舒服安逸的生活,君主不会轻易地发号施令,不会轻易地大兴土木,一切都顺其自然。即使统治者不在了,国家也照样会很安定,人民还是像以前一样各司其职,这就是治理国家的最高境界。

6.学会授权,让自己从琐事中解放出来

圣人之治,虚其心,实其腹,弱其志,强其骨。常使民无知无欲。使夫智者不敢为也。为无为,则无不治。

——《道德经》第三章

圣人的治理之道是:使大家的心灵虚静,生活务实。心志淡泊,平安

健壮。常常使大家不去刻意追求知识和欲望。让智巧聪明的人没有特殊的目的和机会去妄为。以顺应时机并且不住相的作为去治理，则不可能治不好。

老子最经典的智慧就是"为无为，则无不治"。老子在这里讲的"无为"并不是无所作为之意，更不是什么都不做。这里的"无为"是指不妄为、不随意而为、不违道而为。相反，对于那种符合道的事情，就必须以"有为"为之。所以，老子的这种"无为"，不仅不会破坏事物的自然进程和自然秩序，而且还有助于事物的成长和发展。

学会授权是企业领导者所必须具备的基本素质。因为你无力控制所有事情，也无法制定全部决策，所以当你试图控制所有事情的时候，往往会做得既效率低下，又容易造成混乱。因此，你最好能让自己的下属去执行，因为他们可能比你更了解情况。

《圣经》中有一个故事，说当年摩西带领犹太人走出埃及时，拥有一支几十万人的庞大队伍。摩西为了保障族人的安全和号令的统一，不厌其烦，事必躬亲。从队伍的行进路线及日程安排到族人内部鸡毛蒜皮的小争端，都由他亲自处理。摩西为此大受族人爱戴和尊敬，可是他自己却终因劳累过度而日渐消瘦，甚至一度觉得自己都支撑不下去了。他的岳父叶忒罗对此很是揪心，因而向摩西建议，部族内部的小争端及一些基本的组织动员与号令发布之类的工作，可交由可靠而精干的族人去处理，自己只对事关本族前途命运的重大事项亲自过问，从而减轻负担，提高工作效率和族人的凝聚力。

摩西接受了叶忒罗的建议，将犹太族几十万人的队伍按人口和姓氏划分成不同的分支，任命百夫长、千夫长分层次进行管理，自己则专注于处理有关行进路线、与外族的作战方针，以及对上帝的祭祀等族内至关重要的大事。从此之后，整个队伍的指挥更灵活，号令传达更迅速，也更加团结，更加有实力，而摩西自己的负担却大大减轻，他也能专心于领悟上帝的命令，主持祭祀及指挥战争。犹太人终于克服种种困难，冲破了敌人的围追堵截，到达了富饶的以色列。

《贞观政要》一书中曾经讲到这么一件事：公元630年的一天，唐太宗问萧瑀："我跟隋文帝比起来，你认为怎么样？"

萧瑀想了一小会儿，坦然回答说："隋文帝勤勉治国，批阅全国的书表奏章，往往从黎明直到日落西山。隋文帝召集大臣们进宫议事，常常忘记时间，到吃饭的时候还没有完，就命令侍从把饭送上来，边吃边议事。"

唐太宗开怀大笑，爽朗地说："公只知其一，不知其二，隋文帝总怕大臣对他不忠心，大权小权一人独揽，什么事都由他一个人做主，不肯交给下属去办。他虽很辛苦，事情却不一定办得好。大臣们摸透了他这个脾气，都不敢直言，常常是顺着他的心思说话，口惠而实不至，我怎么敢像隋文帝那样？天下地方那么大，四海的人这么多，国事千头万绪，只有请部门去商量办事，遇到大事报告宰相认真考虑，有了妥当的办法，再报告我准奏，然后执行。天下各种事情，都由皇帝一个人来定，那怎么能行呢？如果皇帝一天处理十桩事，其中五桩事处理得尽善尽美，另外五桩处理得不好，一天出五条差错，日积月累，年复一年，谬误积起来，岂不是要毁掉整个国家吗？把事情交给有才能的人办，自己高瞻远瞩，专事考核官员的功过，于国于己不更好吗？"

唐太宗能充分分权，注重发挥各部门的作用，让他们各司其职，实在难得。很多管理者习惯了大包大揽的管理方式，不能说这样的领导无才，只是其劳多而不得实质性的收效。这种管理者还认为，只有自己对所有的事情很清楚，也只有自己才有可能高效地处理问题。

在人们的眼里，三国时蜀国的丞相诸葛亮是智慧的化身，并且非常勤政,连他自己都说:"鞠躬尽瘁,死而后已。"但他也有一个缺点,就是事必躬亲,蜀军上上下下,事无巨细,都由他亲自过问、领导、布置,小到军队的钱粮支出,他都要一一审查;蜀国的大小将领,也都机器般地听从他的调遣,可以说一切都在诸葛亮的掌握之中。

诸葛亮凡事亲力亲为,从不相信别人,比如对待李严。李严在刘备眼里,其才能仅次于诸葛亮,刘备在临终时说:"严与诸葛亮并遗诏辅少主,以严为中督护,统内外军事,留镇永安。"

刘备目的很明确,让诸葛亮在成都辅刘禅主政务,让李严屯永安拒关并主军务。诸葛亮秉政后,本应充分发挥好李严等人的作用,但他仍是事无巨细,都要一一过问,惹得李严老大不高兴,矛盾日渐加深。后来诸葛亮以第五次北伐为借口削了李严的兵权,调汉中做后勤工作。后来又因运粮事件,"废严为民,徙梓勤郡",自己亲自担任运粮官,结果导致五丈原对峙旷日持久,军心涣散。司马懿闻后断言:"亮将死矣。"果如其言,不久诸葛亮就被活活累死了。

在企业的实际工作中,许多管理者整天忙得焦头烂额,希望每件事情经过他的努力都能圆满完成,这种事事求全的愿望虽好,但常常收不到好的效果。

美国著名的杜邦公司的第三代继承人尤金·杜邦,是个典型的喜欢事必躬亲,大包大揽的人。

尤金·杜邦在掌管杜邦公司之后,坚持实行一种"恺撒式"的经验管理模式,"一根针穿到底",对大权采取绝对控制,公司的所有主要决策和许多细微决策都由他独自制定,所有支票都得由他亲自开出,所有契约也都得由他签订;他还亲自拆信复函,一个人决定利润分配,亲自周游全国,监督公司的好几百家经销商;在每次会议上,总是他发问,别人回答……

　　尤金的绝对式管理,使杜邦公司组织结构完全失去弹性,很难适应变化,在强大的竞争面前,公司连遭致命的打击,濒临倒闭的边缘。

　　与此同时,尤金本人也陷入了公司错综复杂的矛盾之中。1920年,尤金因体力透支去世,合伙者也均心力交瘁,两位副董事长和秘书兼财务长,也相继累死。

　　显然,最终将管理者击垮的不是那些看似灭顶之灾的挑战,而是一些微不足道的鸡毛蒜皮的小事,追其根由,就在于企业管理者不善于授权。这也足以说明,合理授权对于管理者实现企业目标至关重要。

　　事必亲躬,最后积劳成疾,不幸早死的诸葛亮,一直以来成了管理者笑谈的对象。作为一个管理者,不能事必躬亲,要懂得有效授权才行。既然有那么多有才华的下属,为什么不授予他们权力,把事情交给他们来办理呢?这样,既有利于自己集中精力办大事,又有利于增强下属的责任感,充分发挥他们的积极性和创造性。一个企业领导如果不愿意授权或者不善于授权,他领导的企业一定是一个缺乏活力的企业。

　　"无权不揽,有事必废。"一个不愿授权、什么都干的管理者,什么都干不好。因此,领导力培训专家史蒂芬·柯维明确指出:"作为管理者,别揽权在身。"

　　一个聪明的领导人,应该积极授权,借力成事。

　　(1)学会把握授权的时机

　　一个有着远大理想的管理者,如果发现自己总是在重复地做着某些无关紧要的事情,或总是吃力地做一些自己不擅长的事情,而关乎组织竞争力与发展状态的重大事项却总被耽误时,就应该认真考虑是否需要授权了。

　　(2)制订清晰而又有所取舍的详细计划

　　授权作为一种管理方式,体现着管理者的管理、指挥与社交艺术,它需要管理者首先能较好地安排自己的工作,对工作有严密的计划,能较好地意识到自己该做什么,不该做什么,从而了解什么样的事情该授权他人完成,什么样的事情必须不辞辛苦亲自去做。

(3)具备敏锐的洞察力

即善于发现人才,善于了解下属的特长与能力,从而为需要授权之事找到合适的人选。

(4)配合以良好的协调沟通能力

管理者必须能得到下属的信任,善于激励下属的工作热情,擅长协调各部门及各个人之间的利益,合理安排各种资源和信息,从而使下属能与自己配合好,有完成任务的激情与信心。这是一种处理人际关系的艺术,是管理者必须在实践中去揣摩的。

(5)对于什么样的事情可以授权,要有充分的把握

应该将什么样的事情进行授权,对于肩负不同责任的管理者来说,是大不相同的,但有一点值得所有管理者注意,那就是管理者的主要任务是制订计划、做出决策、沟通协调、领导与指导和过程控制。以这五项职能为重心,那些属于日常杂项的事情,如日常行政事务、生活后勤事务,以及一些简单的程序性事务就可以安排他人执行。对于决定的执行和操作,一般都具有专业性和技术性,这也不是专职的管理者应该亲自去做的,哪怕自己懂得这种专业和技术,管理者也只应负监督和检查的责任,并对执行过程中的疑问作出解释或决定。

采用以上的做法,管理者将日常性事务及操作性事务通过授权交由他人去做,而自己则专心于思考与组织前途命运相关的战略、目标、计划、策略等问题,专心于决策、沟通、协调、指导及选拔人才等事务,从而使组织内部分工合理、人尽其才、才尽其用。

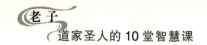

7.和谐是企业发展的必要条件

有物混成,先天地生,寂兮寥兮,独立而不改,周行而不殆,可以为天地母。

——《道德经》第二十五章

有一个东西混然而成,在天地形成以前就已经存在。听不到它的声音,也看不见它的形体,寂静而空虚,不依靠任何外力而独立长存,永不停息,循环运行而永不衰竭,可以作为万物的根本。

"道"究竟是什么?是冥冥之中支配万物生息的规律!然而对企业而言,"道"则是支配企业运行的管理机制。

科学研究表明,到目前为止,在地球上还没有发现比人脑更复杂的事物。人的大脑至少有上千亿个神经细胞,人最简单的一举一动都由这些神经细胞做出反应。目前,虽然计算机的运算速度远远高于人脑,但计算机只能按设定的程序工作,没有任何的创造和情感。

人脑是按自己的程序工作的,而人有七情六欲,因此情感常常影响程序。正因为如此,我们才深深感受到作为万物之灵的人的复杂性,了解人难,认识人难,管理人难,人与人相处更难。人又是一种群居动物,每个人都不可能离开群体。人在群体中怎么与他人和谐相处,成为从古至今人类最关心的话题。

我们生活在一个崇尚"和谐"的土地上。孔子教导我们说:"礼之用,和为贵。"荀子讲得更深刻:"万物各得其和以生。"俗话说,"和气生财""家和万事兴"。从某种程度上讲,和谐是一个企业的文化是否成功的显著标志,也是一个企业在未来能否持续经营、健康发展的关键因素。

和谐是一种特殊的生产力,它能将企业的各种资源有效地整合起来,使之高效运转。人是生产力中最核心的要素,经营企业就是经营人,企业管理的最高目标就是创建和谐的环境,选好人、用好人、管好人,充分调动和发挥人的积极性、创造性,从而为社会、为企业创造最大的价值。

从另一个角度看,如果一个企业内部——部门与部门之间、上级与下级之间、员工与员工之间不能和谐共处,而是各自为政,使得政令不能畅通,文化不能交融,甚至出现内部协调比外部协调还要困难的情况,那这个企业的资源还能够高效利用吗?员工还能够开心工作吗?企业应有的竞争力还能持久吗?答案是否定的。

一个企业一旦失去和谐的氛围,歪风邪气、企业政治的荆棘毒草就会滋生蔓延,就会侵害企业健康的机体,就会把风险和灾难的魔鬼引入企业的大门。

因此,一个企业光有远大的目标是不够的,还要有实现远大目标的战略、机制和文化。机制的功能是激励和约束,文化的功能是熏陶和教育。

从大类上来划分,企业有四种人——人财、人才、人在、人灾。人财是通过自己的聪明才智,不断为企业创造财富的人;人才是通过企业的培养和自身的努力,能为企业做贡献的人;人在,顾名思义,就是人在心不在,出工不出力的人;人灾就是巧言令色、搬弄是非、制造混乱、居心叵测的人。企业很多不和谐的音符都是"人灾"制造的。

企业作为一个经济组织,管理者的终极目标是通过制度、机制和文化让"人财"有更广阔的舞台,让"人才"成长为"人财",让"人在"转化为"人才",让"人灾"远离企业,或者弃恶从善。只有从根本上保证企业的和谐氛围,减少内耗,企业的目标才会落到实处。

正如前文所述,人是最复杂的高级动物,企业的每一位员工都是企业的特殊资产。应当特别注意的是,这种特殊资产不仅有正值、负值之分,而且这种资产和财务报表上的资产区别也很大。人在不同时期、不同环境和不同岗位上,他的正负值会相互转化。好的环境、好的机制会让正值增值,让负值变正值;反之会让正值减值,甚至变为负值,成为巨额亏损。

按照彼得原理,人在晋升过程中,到了德才皆不能胜任的岗位时,他就从正值走向了负值,甚至有可能从"人财"变成"人灾"。一个企业如果让"人财"变成"人灾"是一种不幸的话,那么让"人灾"有生存的空间和发展的土壤,就是一种危机了。因为这种情况一定是企业的制度和机制出了问题。我们都知道,"经营企业就是经营人"。但不同企业经营人的方式是完全不同的。比如一个企业规模小的时候,不要什么制度、机制,一个眼神、半杯咖啡,下属就能心领神会,这种时候,"人治的方法"更好使。但企业发展到一定规模后,就"林子大了,什么鸟儿都有"了,光靠人管人的方式已经无济于事。"人治"一旦成为负值,新的机制又跟不上,"人灾"就会兴风作浪,打破企业宁静和谐的局面,给企业发展造成负面影响。

实际上,人的可变性和可塑性都非常大,企业的组织制度、工作环境、领导风格、上下关系、文化理念都会对员工产生直接影响。对一个企业来说,完全可以做到需要什么样的人,就引进什么样的人、培养什么样的人、塑造什么样的人。一个优秀的企业不仅要生产产品,还要培养人。

企业要培养什么样的人?这是一个关系企业发展战略和百年大计的重大问题。我们都知道,人是最复杂的高级动物,企业究竟该怎么培养呢?

其实很简单:第一,企业要有清晰的用人标准;第二,企业要有完整的引进、培养、考核、淘汰机制;第三,企业要有健康的文化主体。只要有了这几样东西——当然前提是不要作为摆设,而是真正贯彻、落实到具体工作中——就可以肯定地说,"人在"一定不会再东张西望了,而且一定会努力找活干;"人灾"也没有活动的空间了,当然,除非他打定主意想被企业扫地出门。

和谐是企业的愿望,也是员工的愿望;和谐是企业发展的必要条件,也是员工开心工作的精神基础。优秀的企业一定会让他的文化演奏出月光下的小夜曲,而不会让他的员工听见刺耳的噪声。